Sauergräser (S. 156–194) und Binsen (S. 196–204)

Unsere Gräser

Unsere Gräser

Aichele
Schwegler

Über 400
Farbzeichnungen

KOSMOS

Mit 419 farbigen Zeichnungen von Reinhild Hofmann, 1 Farbfoto von Hans E. Laux (Seite 54), alle übrigen 64 von Dietmar Aichele, 4 Schwarzweißfotos und 350 Schwarzweiß-Zeichnungen im Bestimmungsschlüssel von Walter Söllner. Bearbeitung der 12. Auflage: Dr. Mark Bachofer

Umschlaggestaltung von eStudio Calamar unter Verwendung von zwei Farbzeichnungen von Reinhild Hofmann. Die Bilder zeigen einen Saat-Hafer und eine Sand-Segge.

Viele weitere Informationen zu unseren Büchern, Spielen, Experimentierkästen, DVDs, Autoren und Aktivitäten finden Sie unter **www.kosmos.de**

Gedruckt auf chlorfrei gebleichtem Papier

Aktualisierte 12. Auflage
© 2011 Franckh-Kosmos Verlags-GmbH & Co.KG, Stuttgart
Alle Rechte vorbehalten
ISBN: 978-3-440-12573-1
Projektleitung der 12. Auflage: Carsten Vetter
Lektorat: Rainer Gerstle, Anne-Kathrin Janetzky
Produktion: Siegfried Fischer/Markus Schärtlein
Printed in Slovakia / Imprimé en Slovaquie

Unsere Gräser

Vorwort zur 12. Auflage —— 6

Die taxonomische Gliederung der grasartigen Pflanzen —— 8

Die Süßgräser *(Poaceae)* —— 14
Die unterirdischen Organe der Süßgräser —— 16
  Die Wurzeln —— 17
  Die Rhizome —— 20
Die oberirdischen Vegetationsorgane —— 22
  Die Keimscheide —— 22
  Der Halm —— 25
  Die Blätter —— 29
Die reproduktiven Organe der Süßgräser —— 39
  Der Blütenstand —— 42
  Die Blüte —— 44

Die Riedgrasgewächse (Sauergräser, *Cyperaceae*) —— 55
Die reproduktiven Organe der Riedgrasgewächse —— 59

Die Binsengewächse *(Juncaceae)* —— 64

Die Nutzung der grasartigen Pflanzen —— 66
Die Getreide als Kulturpflanzen —— 66
  Der Weizen *(Triticum)* —— 67
  Der Roggen *(Secale cereale)* —— 68
  Der Hafer *(Avena)* —— 69
  Die Gerste *(Hordeum)* —— 69
  Der Mais *(Zea mays)* —— 70

Der Reis *(Oryza sativa)* —— 72
Die Hirsen *(Panicoideae)* —— 72
Das Zuckerrohr *(Saccharum officinarum)* —— 73

Bestimmungskapitel:
Zum Gebrauch des Bestimmungsschlüssels —— 75
Bestimmungsschlüssel —— 76–95
Die Grasarten —— 96–211

Extra:
Ökowerte einiger in Mitteleuropa weitverbreiteter Gräser und Grasartigen —— 212
Zur Beurteilung von Wirtschaftsgrünland —— 216

Register der Gräser —— 219

Einjähriges Rispengras

Vorwort zur 12. Auflage

Das Standardwerk „Unsere Gräser" von den Autoren Aichele/Schwegler liegt bereits in der 12. Auflage vor. Es hat auch heute noch zu Recht seinen festen Platz in der (populär-)wissenschaftlichen Standardliteratur zu den mitteleuropäischen Gräsern. So war die Aufgabe, mit der mich der Kosmos-Verlag bedacht hat, nämlich das Buch im Hinblick auf neue wissenschaftliche Erkenntnisse der letzten Jahre hin zu überprüfen, eine verhältnismäßig einfache. Nur Weniges gab es zu verändern oder zu aktualisieren, einzig in der Taxonomie mussten aufgrund neuerer molekularbiologischer Erkenntnisse einige kleinere Veränderungen vorgenommen werden. Ebenso erfolgte eine Revision der wissenschaftlichen Pflanzennamen, in diesem Bereich führte vor allem die konsequentere Anwendung der Regeln des „International Code of Botanical Nomenclature (ICBN)" zur Änderung von vertrauten Pflanzennamen bzw. der Rückbesinnung auf bereits früher eingeführte Namen, die somit als „gültig" anzusehen sind. Für die deutschen Pflanzennamen erfolgte die Orientierung an „Zander, Handwörterbuch der Pflanzennamen" sowie an den einschlägigen deutschen Bestimmungsfloren. In beiden vorigen Fällen werden aber vertraute, bisher verwendete Namen als Synonymnamen auch weiterhin im Text zu finden sein.

So ist „Unsere Gräser" bestens vorbereitet für die heutige und zukünftige Benutzung durch die deutschsprachigen Pflanzenfreundinnen und -freunde. Mein Respekt gilt den Herren Aichele und Schwegler, die dieses Standardwerk geschaffen haben.

Dr. Mark Bachofer
Bearbeiter

Aus dem Vorwort zur 10. Auflage (1991)

Seit 25 Jahren hat sich unser Buch als zuverlässiger Helfer zum Einstieg in das anspruchsvolle Metier der „Gräserkunde" bewiesen. Zwar wurden manche Auflagen durch Überarbeitung dem neueren Stand der botanischen Forschung angeglichen oder auch gestalterisch modernisiert. Dennoch blieb dabei das bewährte Grundkonzept stets erhalten. Der Zugang zur komplizierten Welt der Grasartigen sollte nicht durch Vereinfachung und Verharmlosung erleichtert werden, sondern durch klare Gliederung und saubere Aufarbeitung des Stoffes. Dabei wurde von Beginn an besonderer Wert gelegt auf die Unterstützung des geschriebenen Wortes durch die Inanspruchnahme aller zeichnerischen und graphischen Gestaltungsmöglichkeiten. Die vom Kosmos-Verlag über Alois Kosch erstmals aufgenommene und anfänglich von der „seriösen" Wissenschaft milde belächelte „Bilderbuchmethode" hat sich inzwischen soweit durchgesetzt, dass sie nicht nur zahlreiche verlegerische Nachahmer gefunden hat, sondern dass auch die meisten Adepten der Biologie derartig gestaltete Werke zumindest für den Anfang vorziehen. Die Bände der Kosmos-Naturführer sind so geschaffen, dass sie interessierten Naturfreunden, Studenten der Biologie oder verwandter Fächer und allen, deren Beruf Kontakt zur Natur erfordert, den Zugang zur natürlichen Umwelt durch sinnvolle Verknüpfung von Bild und Text erleichtern, wobei die einzelnen Kapitel nicht streng lehrbuchmäßig aufeinander aufbauen, so dass der rasche und zeitsparende Quereinstieg überall und jederzeit möglich ist. Diesem Konsens ist auch der nun noch farbiger gewordene Grasführer treu geblieben. Die Dreiteilung in Allgemeine Gräserkunde, Bestimmungsschlüssel und den Speziellen Teil mit der Vorstellung der einzelnen Arten in Wort und Bild ist unverändert. Im ersten Teil erfährt der Neuling in der Botanik einiges über Bau und Leben der in diesem Buch dargestellten Pflanzen.

Hier kann man sich auch über die Bedeutung der wenigen Fachbegriffe informieren, auf die auch eine populärwissenschaftliche Beschreibung nicht ganz verzichten kann; denn Halmknoten, Spelzen und Grannen bei den Süßgräsern oder Fruchtschläuche bei den Seggen sind nun einmal Unikate dieser Gruppen und müssen benannt sein, weil sie nicht nur die einwandfreie Zuordnung zur Gruppe, sondern durch ihre verschiedenartige Ausprägung auch die weitere Untergliederung ermöglichen.

Dies ist besonders wichtig für die Identifikation der einzelnen Arten. Eine weitgehende Vorsortierung kann mit Hilfe des 2. Teiles, dem Bestimmungsschlüssel, erfolgen. Er ist so aufgebaut, dass man unter Beachtung weniger Merkmale über einen der beiden Hauptschlüssel (S. 76–79) und einen einzigen zusätzlichen Nebenschlüssel (S. 80–95) auf die Seite verwiesen wird, auf der die entsprechende Art abgebildet und beschrieben ist. Alle wichtigen Merkmale sind im Schlüssel durch Zeichnungen erläutert. Dass sich die Natur nicht immer in menschliche Begriffskästchen pressen lässt, wurde weitgehend berücksichtigt. So gibt es z. B. durchaus Rispengräser, die auf kargem Boden regelmäßig keine Rispe, sondern eine Traube oder gar einen ährenartigen Blütenstand hervorbringen. Die Leitwege des Schlüssels sind so angelegt, dass der Benutzer in jedem Entscheidungsfall auf dieselbe Pflanze geführt wird. In der neuen Auflage wurde unter Beibehaltung des erprobten Inhalts die Rahmengrafik vereinfacht und eine Farbspur gelegt. Wir glauben, dass durch diese Umgestaltung die Schlüssel noch übersichtlicher geworden sind und damit das Bestimmen noch einfacher gemacht wurde.

Für die allererste Orientierung zeigt ein einfacher Schlüssel auf dem Vorsatz die charakteristischen Stängel von Süßgräsern, Sauergräsern und Binsen sowie die Blütenstände der Untergruppen. Die Seitenzahlen verweisen auf die Seiten im Bestimmungsteil, auf denen Vertreter dieser Gruppen abgebildet und beschrieben sind. Auf dem Nachsatz finden Sie unsere wichtigen Getreidearten abgebildet.

Wie wir aus vielen Gesprächen und Zuschriften erfahren haben, bevorzugt ein großer Teil der Benutzer die Naturführer zum Bestimmen die „Umblättermethode" und hat es darin oft zu großer Vollendung gebracht. Wer einen guten Sinn für das Erfassen von Ganzheitsmerkmalen, dem sogenannten Habitus, besitzt, kommt durch Vergleich beim raschen Umblättern des 3. Teils oft sicher und sehr rasch zum Identifizierungserfolg. Letzte Gewissheit bringt dann noch der Textvergleich auf der gegenüberliegenden Seite. Dort erfährt die- und derjenige, der/dem es nicht nur um den Namen der Pflanze geht, weiteres Wissenswerte über Bau, Vorkommen und Verwandtschaft des Fundes, sowie eventuell spezielle Besonderheiten.

Dieser Text-/Bildteil wurde mit der neuen Auflage tiefgreifend verbessert durch die mit großer Sorgfalt und klarem Blick für das Wesentliche gemalten Farbtafeln unserer wissenschaftlichen Zeichnerin Reinhild Hofmann. Frau Hofmann hat es verstanden, aus dem ihr vorliegenden Material den Arttypus zu erfassen und ihn in künstlerisch hervorragender Manier auf ihren Darstellungen umzusetzen, denen in der derzeitigen populärwissenschaftlichen Literatur Deutschlands wohl nichts gleichkommt. So hat sie zur Neugestaltung und Verbesserung dieses Werkes den wichtigsten Teil beigetragen.

Ehningen/Backnang
D. Aichele, H.-W. Schwegler

Die taxonomische Gliederung der grasartigen Pflanzen

Wenngleich uns heutzutage die grasartigen Pflanzen von der Wuchsform her eindeutig als eine geschlossene Gruppe erscheinen – das Altertum kannte sie offensichtlich noch nicht. Wenigstens gab es damals für sie noch keine besondere Bezeichnung. Das lateinische Wort „herba" bedeutet sowohl „Kraut" als auch „Gras", „Halm" und „Unkraut". In all diesen Bedeutungen wurde es von Plinius gebraucht. Einen ähnlichen Sinn hat auch das lateinische Wort „gramen". Es entstammt wahrscheinlich derselben indogermanischen Wortwurzel wie Gras, und zwar einer Erweiterung von „gher", das „hervorstechen" bedeutete. Verbal verwendet hieß es ursprünglich „wachsen", „grünen". Davon ausgehend wurde es im vorwissenschaftlichen Gebrauch zur Sammelbezeichnung für schmalblättrige, aufschießende, meist niedrige Pflanzen und Halmgewächse. Bemerkenswerterweise wird es im älteren Mittelhochdeutschen mit einem gewissen Vorzug auf die jungen, schmalen Blätter des sich eben bestockenden Getreides angewendet. So ist es zu verstehen, wenn Walther von der Vogelweide singt:

Von grase wirdet halm ze strö,
er machet manic herce frö,
er ist guot nider unde ho.

Erst allmählich setzte sich „Gras" als ausschließliche Volksbezeichnung für Rasen- und Wiesenpflanzen durch. Mit welch schlagendem Erfolg, wird einem deutlich, wenn man erlebt, wie sehr sich manche Städter wundern, erfahren sie zufällig, Weizen und andere Getreide seien Gräser.

Selbstverständlich ging die wissenschaftliche Gruppenbezeichnung „Gras" und „Gräser" aus dem Volksgebrauch hervor. Zunächst war die Bezeichnung keineswegs eindeutig. So schreibt H. Bock in seinem „Kreutterbuch" im Jahre 1539:
„... das Grasz der Gersten ist breyter, vnd freydiger anzusehen, dann des Weyszens." Offensichtlich verwendet er das Wort hier als morphologischen Ausdruck, der das Blatt im Unterschied zum Halm meint. Andererseits bezieht er es augenscheinlich auch auf einzelne Arten. So spricht er von einem Gras, das „... dem Habern nit ungleich" ist. An einer anderen Stelle rügt er Plinius und schreibt: „... diese beiden Gras (Riedgras und Weggras) hat Plini undereynander als eyn Gewächs vermischet."
Wiewohl Bock bei dieser Unterscheidung schon einen Gruppenunterschied in den Griff bekommen hat, so hat er ihn doch nicht als einen solchen, sondern nur als „Artunterschied" gehandhabt.
Bemerkenswerterweise benutzte er „Gras" außer im angeführten Sinne noch in einer Weise, die der Volksmund bis heute kennt, nämlich im Unterschied zu „Kraut" (= Arznei- und Küchenkraut) als „Unkraut", so, wenn er sagt: ... eyn schendtlich bösz saurs Gras vff den Wisen ..." Von daher wird die immer noch gebräuchliche Wendung „Kraut und Gras" verständlich, ebenso wenn etwa Angler alles, was sich am Köder verhakt und grün aussieht, „Gras" nennen, ob es sich nun

Bilder 1–2: Verwandtschaftsverhältnisse innerhalb der Einkeimblättrigen Pflanzen *(Monocotyledoneae)*: 1 nach Kimura, 2 nach Hutchinson

Bild 1

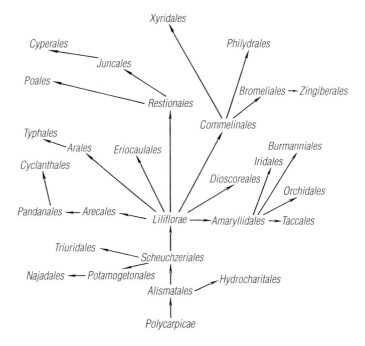

Bild 2

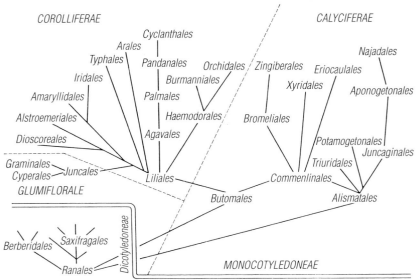

Bild 3

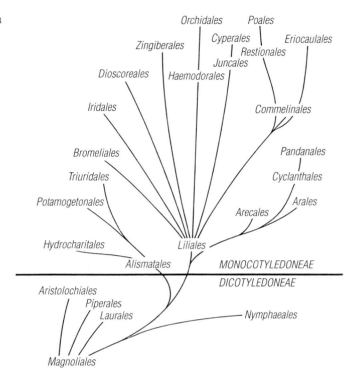

Bild 3: Verwandtschaftsverhältnisse innerhalb der Einkeimblättrigen Pflanzen *(Monocotyledoneae)*: 3 nach Takhtajan

um Algen, Laichkräuter oder wirklich einmal um ein untergetaucht wachsendes Gras handelt; und bekanntlich „grast" man seinen Garten aus, wenn man in ihm Unkraut jätet. Im Grunde ist der außerwissenschaftliche Gebrauch von „Gras" auch in der modernen Umgangssprache bei der Anwendung stehen geblieben, die schon Bock vor 400 Jahren kannte. Es meint in erster Linie die Wuchsform, wobei schmale Blätter, die – oberflächlich betrachtet – unmittelbar aus der Erde sprießen, ebenso bestimmendes Merkmal sind, wie der Standort der Gewächse in Rasen und Wiese. Zugleich schwingt in dem Begriff „Gras" eine scheinbare Undifferenziertheit und Gleichförmigkeit mit; denn schon die unübersichtliche Fülle, mit der sich Gräser im Rasen untereinander verfilzen, macht es nahezu unmöglich, auf den ersten Blick ein einzelnes Pflänzchen zu unterscheiden, geschweige denn kennzeichnende Besonderheiten an ihm zu entdecken. Gerade wer die Botanik der Gräser erst kennen lernen will, besitzt von ihnen einen Begriff, der viel weiter greift als der wissenschaftliche. Da ein Anfänger noch nicht wissen kann, wodurch sich ein „echtes" Gras von einer Segge, Simse oder Binse unterscheidet, die er doch nach ihrem Äußeren unvoreingenommen samt und sonders „Gras" nennen würde, haben wir in diesem Buch unter dem Titel „Unsere Gräser" alle graswüchsigen Pflanzen zusammengefasst. Die Fachkollegen mögen uns diese Ungenauigkeit nachsehen und es billigen, dass wir so den Neulingen in unserer Wissenschaft den Zugang zur Welt der Grasartigen erleichtern wollen.

Wenn sie einen Blick in die Geschichte der Taxonomie und in die der Pflanzen selbst werfen, fällt ihnen dies gewisslich leicht. Erst im 18. Jahrhundert setzte sich eine in den Hauptzügen anerkannte Gruppierung des Pflanzenreichs durch. Damals wurden auch die Grastaxa – wenngleich z. T. unter anderem Namen – umschrieben, denen die hier behandelten Arten im wesentlichen angehören.

Schon bevor die Erkenntnisse, die man anhand molekularbiologischer Arbeiten (Vergleich von repräsentativen DNA-Abschnitten) in die Taxonomie und die Phylogenie (Abstammungslehre) Einzug hielten, wurde die verwandtschaftliche Beziehung der Grastaxa kontrovers diskutiert und im Laufe der Zeit fanden immer wieder andere, als „gültig" anerkannte Modelle in die Literatur Einzug. Einen Eindruck hiervon geben die Bilder 1 bis 3, die Stammbäume zeigen, die lange Zeit – teils nebeneinander, teils kontrovers diskutiert – in der botanischen Forschung als Standardmodelle dienten. So war noch bei der letzten Überarbeitung dieses Buchs Stand der Forschung, dass die Süßgräser *(Poaceae)* in der Ordnung der Grasartigen *(Poales)* der Ordnung der Riedgrasartigen *(Cyperales)* mit der einzigen Familie Riedgrasgewächse *(Cyperaceae)* gegenüberstehen. Die Stellung der Binsen (Familie *Juncaceae*) erfolgte – je nach wissenschaftlicher Schule – in einer eigenen Ordnung *(Juncales)* oder innerhalb der *Cyperales*. Eine interessante Stellung in der Stammesgeschichte nahm bei diesen Diskussionen oft die Ordnung der *Restionales* (nach anderer Auffassung die Familie der *Restionaceae*) ein, die in Südafrika und Australien die Süß- und Riedgräser vertritt. Ebenso Stoff für Diskussionen boten Pflanzengruppen wie die Rohrkolbengewächse *(Typhaceae)* und der Igelkolbengewächse *(Sparganiaceae)*, die rein oberflächlich betrachtet „grasähnlich" wirken. Auch ihre Stellung innerhalb der Einkeimblättrigen (z. B. als Bindeglied zwischen *Poales* und *Cyperales* einerseits und den Lilienartigen *(Liliales)* andererseits, war Thema zahlreicher wissenschaftlicher Untersuchungen.

Rückblickend muss an dieser Stelle erwähnt werden, dass die Untersuchung der systematischen Beziehungen für diese Gruppen einer besonderen Schwierigkeit unterlagen: Solchen Untersuchungen lagen (bevor molekularbiologische Methoden Einzug hielten) in besonderem Maße vergleichende Untersuchungen zu den Eigentümlichkeiten des Blütenbaues zugrunde. Gerade im Blütenbau weisen die Riedgrasgewächse und die Süßgräser Besonderheiten auf, die sich nicht ohne weiteres schematisch deuten lassen, wie das bei den Angehörigen der meisten übrigen Ordnungen der Blütenpflanzen möglich ist. Wie noch im einzelnen gezeigt wird, sind bei ihnen die Blütenglieder nach Bau und Zahl rückgebildet. Zweifellos hängt dies mit der extremen Windblütigkeit zusammen, die alle diese Gewächse auszeichnet. Leider erschweren die Rückbildungen auch das Erkennen der verwandtschaftlichen Zusammenhänge, die innerhalb der Grasartigen und zwischen ihnen und den übrigen Einkeimblättrigen bestehen.

Ebenso erwähnenswert ist folgender wissenschaftlicher Disput der Vergangenheit: Letztendlich wurde die These widerlegt, die Riedgrasgewächse und die Süßgräser besäßen eine stammesgeschichtlich alte, d. h. „ursprüngliche" Blütenform. Manche Anhänger dieser Meinung fassten beide Ordnungen gerne als „Glumiflorae" zusammen, wobei

Bild 4

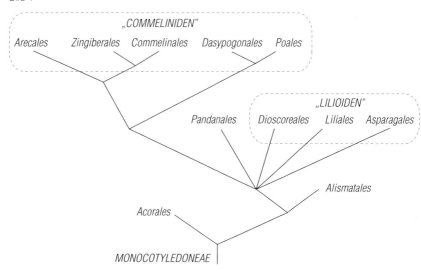

Bild 5

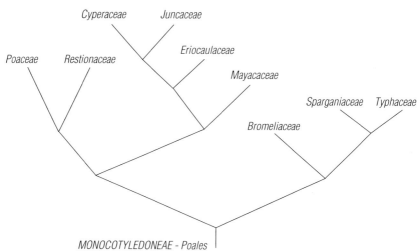

Bild 4: Verwandtschaftsverhältnisse der Einkeimblättrigen Pflanzen *(Monocotyledoneae)* nach der „Angiosperm Phylogeny Group",
Bild 5: Familien innerhalb der *Poales* nach der „Monocot Phylogeny Group"

sie überdies auf die oftmals erstaunliche Ähnlichkeit im äußeren und inneren Bau von Ried- und Süßgräsern als weitere Gemeinsamkeit und damit als Beweis für allerengste Verwandtschaft hinwiesen. Die Wissenschaft kennt jedoch viele Beispiele dafür, wie sich ähnliche Vegetationsorgane in der Stammesgeschichte als Anpassung an eine bestimmte Lebensweise herausgebildet haben. Wahrscheinlich war dies auch der Fall bei den beiden Entwicklungslinien, deren heutige Endglieder Süßgräser und Riedgräser sind.

Nach diesem Exkurs in die Geschichte der botanischen Taxonomie soll nun aber noch dargestellt werden, von welchem Modell der Verwandtschaftsbeziehungen die botanische Wissenschaftsgemeinde derzeit ausgeht. Wichtigste Basis dieser Stammbäume sind die bereits mehrfach erwähnten molekularbiologischen Untersuchungen von repräsentativen DNA-Abschnitten, deren Ergebnisse im Idealfall mit anatomischen, morphologischen, biochemischen und ökologischen Daten korreliert werden. Als Standardreferenz soll hier die „Angiosperm Phylogeny Group" genannt werden, die die taxonomisch-systematischen Forschungsergebnisse stets auf aktuellem Stand zusammenfasst und im Internet (www.mobot.org/MOBOT/research/APweb/) publiziert.

Der Stammbaum der Einkeimblättrigen in der Übersicht ist in Bild 4 dargestellt, die Stellung der „Gräser" auf Familienebene ist in Bild 5 zu sehen. Interessant und abweichend von früheren Modellen ist die Tatsache, dass alle in diesem Buch als „Gräser" behandelten Gruppen in derselben Ordnung der *Poales* zu finden sind und diese gleich vier Schwestergruppen, u. a. den *Liliales* und *Asparagales* gegenübersteht. Innerhalb der Ordnung der *Poales* werden nun (im Vergleich zu früheren Lehrmeinungen überraschend) die Rohr- und Igelkolbengewächse (*Typhaceae* und *Sparganiaceae*, zusammen mit den Bromelien, *Bromeliaceae*) den eigentlichen „Gräsern" gegenübergestellt. Diese wiederum gliedern sich in die zwei Hauptgruppen der Süßgräser *(Poaceae)* mit den *Restionaceae* einerseits und den Riedgräsern *(Cyperaceae)* und Binsen *(Juncaceae)* andererseits. Ebenso zu den letzteren werden noch die *Eriocaulaceae* (grasähnliche Familie aus v. a. Amerika) sowie die *Mayacaceae* („Mooskräuter", eine Gruppe von Wasserpflanzen aus Nordamerika und Westafrika) gestellt.

Die Zukunft wird zeigen, inwiefern dieses oben dargestellte und momentan so sicher belegt scheinende Modell „endgültig" für die Taxonomie dieser Pflanzengruppe sein wird. Nichtsdestotrotz bestätigen alle erwähnten Modelle, dass die uns als „Gräser" erscheinenden Gruppen der Süßgräser, Riedgräser und Binsen sowie ferner die Rohr- und Igelkolben nicht nur anhand äußerlicher Merkmale sondern auch anhand verwandtschaftlicher Beziehungen zu Recht in diesem Buch gemeinsam behandelt werden.

Die Süßgräser (Poaceae)

Es ist nun an der Zeit, dass wir Angehörige der Süßgräser mit Namen vorstellen, damit wir wenigstens mit Anschaulichem verbinden, was wir im folgenden über diese Familie erfahren. Die Bilder 6 und 7 zeigen das Einjährige Rispengras *(Poa annua)*. Wir sehen unterirdische Organe, sodann Sprosse aus Blättern, Halmen und Blüten- bzw. Fruchtständen. Einzelheiten erkennen wir nicht. Zwei wichtige Kennzeichen mag man mehr erahnen als deutlich sehen: den runden Halmquerschnitt und die wulstartige Verdickung am Halm, den Knoten. Bei einigen wenigen Arten, so z. B. beim Knäuelgras *(Dactylis glomerata)* ist der Halm nicht rund, sondern leicht seitlich zusammengedrückt. Niemals jedoch ist er dreikantig. Bei manchen Arten ist der obere und weitaus größere Teil der Halme knotenlos. Ein Paradebeispiel hierfür ist das Pfeifengras *(Molinia caerulea)*, das gerade der Knotenlosigkeit seinen Volksnamen verdankt: Zu Großvaters Zeiten wurde es nämlich zum Reinigen der langen Pfeifen benutzt. Natürlich besitzt auch das Pfeifengras Knoten. Nur befinden sie sich bei ihm am untersten Ende des Sprosses. Daher stecken sie tief im Horst und bleiben dem oberflächlichen Betrachter, der „zur Kontrolle" allenfalls noch den Halm aus der obersten Blattscheide zieht, für gewöhnlich verborgen. Wie man bei näherer Betrachtung feststellt, befindet sich an jedem Knoten die Ansatzstelle eines Blattes, das allerdings den Halm zunächst röhrig

Bild 6 (links) zeigt das Einjährige Rispengras *(Poa annua)* am Standort.

Bild 7 (Mitte) zeigt die ganze Pflanze. Wir sehen auf Bild 7 die spärlich entwickelten unterirdischen Organe, auf beiden Bildern 6 und 7 Sprosse aus Blättern, Halmen und Blütenständen.

Bild 8 (rechts): Weiche Trespe *(Bromus hordeaceus)*. Am unteren Ende der recht langen Blattscheide ist der Knoten gut zu erkennen. Von dem zur Scheide gehörenden Blatt sieht man oben noch den unteren Teil der Spreite.

umschließt, ehe es sich ausgebreitet von ihm abspreizt (Bild 8). Alle Süßgräser besitzen derartige Knoten am Halm, wogegen sie den Riedgrasgewächsen und den Binsengewächsen wenigstens in der typischen Ausprägung fehlen. In den Knoten und in den runden, meist hohlen Halmen haben wir ein gutes Kennzeichen für die Süßgräser, mit dessen Hilfe wir mühelos verschiedenartige

Süßgräser in Feld, Wald und Wiese aufspüren können. Auch durch den Ansatz der Blätter am Halm verrät sich ein Süßgras. Die Blätter stehen bei ihm nur an zwei gegenüberliegenden Seiten des Halmes. Dies zeigt das Knäuelgras *(Dactylis glomerata)* oder das Kapuzengras *(Poa chaixii)* deutlich.

Bereits bei solchen, vorwiegend orientierenden Bestimmungsübungen bekommen wir einen Eindruck von der Formenmannigfaltigkeit, die in dieser Familie herrscht. Immerhin gehören die Süßgräser mit rund 10 000 Arten in 620 Gattungen zu den größten Familien im Pflanzenreich. Allerdings kommen die meisten Arten in Mitteleuropa nicht vor. Süßgräser gibt es nahezu an allen Standorten, an denen Blütenpflanzen überhaupt gedeihen: In den alpinen Matten und auf Felsbänken ebenso wie auf den Dünenwällen am Meer und im Schilfgürtel der Binnengewässer, in den arktischen Tundren sowohl als auch in den Regenwäldern der Tropen und in den baumbewachsenen Savannen. Wiesen, Weiden und die Rasen des Kulturgrünlandes verdanken letztlich ihnen ihr Gesicht, desgleichen die Steppen in Afrika und Asien, die Paramos der Anden, die Pampas in Süd- und die Prärien in Nordamerika. Selbst in der Wüste sprießen sie nach den seltenen Regengüssen da und dort aus dem Sand, obgleich sie hier ihren Lebenskreis in wenigen Wochen von der Keimung bis zur Fruchtreife durchlaufen müssen.

Auch in unseren Breiten sind manche Arten einjährig, viele hingegen sind zwei- und mehrjährig. Es gibt sogar Süßgräser, die bei flüchtigem Zusehen eher Sträuchern ähneln als dem, was man gemeinhin als Gras anzuerkennen bereit ist. Obgleich sie unserer Flora nicht angehören, sind sie uns allen doch wohlbekannt. Es sind – woran man zunächst kaum denkt – die Bambusarten. Wir werden ihnen, da sie nicht nur in ihrem Strauchcharakter ein Extrem darstellen, später noch einige Male begegnen.

Schließlich sind alle Getreide Süßgräser, ob es sich nun um die uns vertrauten Arten handelt oder um solche, die in anderen Klimazonen angebaut werden wie die Hirsearten oder der Reis. Ihnen wollen wir in einem gesonderten Kapitel unsere Aufmerksamkeit schenken.

Welches der hier aufgezählten oder in der freien Natur aufgefundenen Süßgräser wir auch ins Auge fassen: stets hat es unterirdische Organe, Blätter, Halme und Blüten- bzw. Fruchtstände. Sie wollen wir nacheinander in ihren Besonderheiten kennenlernen.

Die unterirdischen Organe der Süßgräser

Wie viele andere Blütenpflanzen haben auch die Süßgräser zwei voneinander grundsätzlich verschiedene unterirdische Organe: Wurzeln und Rhizome. Die Rhizome sind vom Aufbau und Organisationstypus her unterirdische Stängel. Obwohl sie sich im typischen Fall durch mehrere Eigentümlichkeiten von Wurzeln unterscheiden, sind sie doch am leichtesten an ihrer Fähigkeit kenntlich, Blätter anzusetzen; meist handelt es sich dabei um scheidige Niederblätter (vgl. S. 33). Wurzeln hingegen tragen niemals Blätter.

Die Wurzeln

Die Bewurzelung eines Graskeimlings verläuft anders, als wir erwarten, wenn wir unsere Vorstellung vornehmlich durch Beobachtungen an Zweikeimblättrigen Pflanzen gewonnen haben. Zwar wächst aus dem Gras„samen" auch eine Keimwurzel hervor, wie das bei Samen von Zweikeimblättrigen –

z. B. bei Erbse oder Bohne – der Fall ist. Indessen entdeckt der geschulte Beobachter, vor allem wenn er Dünnschnitte von keimenden Graskörnern mikroskopisch untersucht, eine für die Süßgräser kennzeichnende Umhüllung der Keimwurzel, die Koleorhiza (Bild 9). Welchen der uns von den übrigen Blütenpflanzen vertrauten Organen sie gegebenenfalls gleichzusetzen wäre, ist

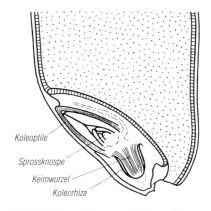

Bild 9: Medianer Längsschnitt durch den unteren Teil eines Weizenkorns. Nach Strasburger, verändert.

noch immer ungeklärt. Wenngleich die Keimwurzel in vielen Fällen schwache, einfach bleibende Seitenwurzeln hervorzubringen vermag, erstarkt sie bei den Süßgräsern wie auch bei den meisten anderen Einkeimblättrigen niemals zu einer Haupt- oder Pfahlwurzel, aus der im späteren Verlauf zahlreiche wieder und wieder verzweigte Seitenwurzeln entspringen und die damit zum natürlichen Mittelpunkt des Wurzelsystems wird. Vielmehr entwickeln sich schon aus dem ganz jungen Grashalm sprossbürtige „Kronenwurzeln" (Bilder 10–13). Sie sprießen jeweils über einem Knoten rings aus der Achse hervor und gleichen in einem gewissen Entwicklungsstadium den Zacken einer Krone. Im typischen Fall ist die junge Sprossachse stark gestaucht. Die Zwischenräume zwischen den Knoten, die Internodien, sind kurz, die Knoten liegen also dicht beisammen. Da den Gräsern ein Dickenwachstum, wie wir es von Bäumen her kennen, fehlt, die ganze Pflanze jedoch Festigkeit braucht, legt die Jungpflanze zunächst immer dickere Internodien und Knoten an. Dieses „primäre Dickenwachstum", das zwar von allgemeinen Gesichtspunkten her Beachtung verdiente, wollen wir in seinem Ablauf nicht verfolgen, sondern unser Augenmerk darauf richten, welche Voraussetzungen es für die Bewurzelung bietet. Sie liegen auf der Hand: Je größer der Sprossdurchmesser infolge des primären Dickenwachstums geworden ist, desto mehr Wurzeln haben jeweils über den Knoten Platz. In der Tat finden wir auf den ersten „Knotenstockwerken" ganz junger Sprosse von Gräsern oft nur vier bis sechs achsenbürtige Wurzeln, an erstarkten indessen ein Dutzend oder gar deren zwei, wie es beim Mais der Fall sein kann. Auch nimmt der Durchmesser der Kronenwurzeln zu, je dicker die „Stockwerke" sind, denen sie entstammen. Keine der Wurzeln wird ungewöhnlich lang. Bei freistehenden Getreidepflanzen hat man schon Wurzeln von Meterlänge gemessen. Die meisten sind wesentlich kürzer. Aber alle verzweigen sich mehr oder minder stark in Seitenwurzeln erster, zweiter, dritter oder gar noch höherer Ordnung. Deswegen erreicht die Gesamtwurzellänge, die man bei Gräsern ermittelt hat, viele Kilometer! Dieser Wert muss höchstes Erstaunen hervorrufen, wenn man ihn erstmals erfährt. Er wird in seiner Ausgefallenheit allerdings sofort verständlich, wenn man sich kurz ins Gedächtnis ruft, welchen Aufgaben das Wurzelsystem im Leben der Gräser gewachsen sein muss.

Bekanntlich dienen die Wurzeln sowohl der Wasser- und Nährsalzaufnahme als auch der Verankerung der oberirdischen Pflanzenteile im Boden. Gerade bei den Gräsern mit ihren schlanken Halmen und im Verhältnis oft gewichtigen Fruchtständen bereitet dies zweifellos erhebliche Schwierigkeiten. Die recht dürftige Keimwurzel mit ihren schwächlichen Seitenwürzelchen – sofern sie überhaupt welche trägt – vermöchte den Ansprüchen naturgemäß nicht zu genügen, wenn nicht die im wahrsten Sinn des Wortes „unterstützenden" sprossbürtigen Wurzeln hinzukämen. Sie verankern die junge Graspflanze umso vollkommener, als sie ja fast nach Maß angelegt werden; denn mit dem primären Dickenwachstum, von dem ja die Zahl der pro Knotenstockwerk erzeugten Kronenwurzeln abhängt, ist auch die Höhe verknüpft, die ein Halm innerhalb des für eine bestimmte Grasart erblich festgelegten Rahmens erreichen kann. Mit anderen Worten: Ein primär stärker in die Dicke gewachsener Halm schießt höher auf als ein dünngebliebener derselben Art, und meist wiegen die Früchte, die er zu tragen hat, entsprechend mehr. Aber er verfügt auch über eine größere Anzahl von Wurzeln als die kürzer gewachsene Pflanze und besitzt dadurch eine ausreichende Stütze. Ja, das Gerüst aus den jüngeren sprossbürtigen Wurzeln ist in der Regel so tragfähig, dass die Keimwurzel und die älteren Stamm-

Bild 10 (oben): Bewurzelung einer jungen Maispflanze. Die Keimwurzel ist schon bei jungen Maispflanzen nicht mehr sicher von den sprossbürtigen Wurzeln zu unterscheiden. Gelegentlich hängt an ihr noch ein Rest des Maiskorns, aus dem die Pflanze hervorgegangen ist.

Bild 11 (unten): Stängelbasis eines jungen Maissprosses. Die Blattscheiden sind abpräpariert. Links erkennt man eine schon kräftige, in der Mitte eine ganz junge Kronenwurzel.

Bild 12 (oben): Junge Kronenwurzeln, die die Blattscheiden durchbrochen haben. Rechts zweigt ein Tochterspross ab.

Bild 13 (unten): Die sprossbürtigen Kronenwurzeln krallen sich geradezu ins Erdreich. Sie geben der Maispflanze Halt. Die Wurzeln des obersten Stockwerks erreichen oftmals den Boden nicht mehr.

und Wurzelstücke zugrunde gehen können, ohne die Graspflanze in ihrem Stand zu gefährden. Das mechanische Problem ist, wie gesagt, nur einer der Gründe, aus denen Gräser ein so ungewöhnlich entwickeltes Wurzelsystem brauchen. Der andere hängt mit der Wasserversorgung zusammen. Je mehr Blätter eine Graspflanze entwickelt, desto höher steigt ihr Wasserverbrauch. Wasser muss aber aus dem Erdreich nachgeführt werden. Jetzt macht sich die verhältnismäßig geringe Länge der Einzelwurzeln nachteilig bemerkbar; denn Böden führen nur in größeren Tiefen beständig Grundwasser. Indessen ist auch die zunächst dünn angelegte und meist in der Erde steckende Stängelbasis von Nachteil, zumal sie bekanntlich nicht nach Art der Holzpflanzen in die Dicke wachsen kann. Folglich können in diesem Stängelabschnitt auch die wasserführenden Leitbündel weder vermehrt noch erweitert werden. Auf den Nachschubbedarf der ausgewachsenen Pflanze für Wasser sind sie keinesfalls zugeschnitten. Mit Hilfe der höher an der Achse im Bereich kräftiger Erstarkung angelegten Kronenwurzeln begegnen die Gräser erfolgreich auch diesem Mangel.

Die Wurzeln dringen nicht tief in die Erde ein: man zählt die Gräser zu den Flachwurzlern. Wasser wird ausschließlich an der Spitze der Wurzeln in der Zone der Wurzelhaare aufgenommen. Abgesehen von den Pflanzen, die extreme Bodentrockenheit ertragen, sind die Gräser während der Vegetationszeit auf eine oberflächliche Bo-

Gesamtlänge des Wurzelsystems bei Gräsern
(nach Pavlychenko 1937 und H. Walter 1950)

Wurzelsystem einer Roggenpflanze (Mittelwerte)	Einzelpflanzen in 3 m Abstand		Drillsaat in 15 cm Abstand	
	Keimlingswurzeln	Kronenwurzeln	Keimlingswurzeln	Kronenwurzeln
Zahl der Wurzeln	5	168	4,8	13
Ihre Länge ohne Seitenwurzeln	6,82 m	53,50 m	4,48 m	4,25 m
Größte Tiefe	1,57 m	1,57 m	1,16 m	1,07 m
Zahl der Seitenwurzeln				
1. Ordnung	4484	21 000	2517	2619
Ihre Länge	1041 m	5890 m	220 m	102 m
Zahl der Seitenwurzeln				
2. Ordnung	280 000	2 068 000	5790	10 800
Ihre Länge	10 740 m	61 300 m	558 m	86 m
Gesamtlänge	11 788 m	67 243 m	782 m	193 m
Gesamtlänge des Wurzelsystems bei				
Roggen	79 031 m		975 m	
Weizen	71 111 m		867 m	
Flughafer	86 334 m		977 m	

denbenetzung angewiesen. Dabei sind häufige Niederschläge, die durchaus nicht ergiebig zu sein brauchen, von Bedeutung. Nicht umsonst sind die samtigen, saftigen Rasen im regenreichen England und auf der „grünen" Insel Irland mit ihrem „schaurigen" Klima weltberühmt, und wer sich – auf einer Hangkuppe wohnend – um einen gepflegten Rasen gemüht und abgerackert hat, weiß vom Wasserbedarf der Gräser ein Lied zu singen. Die Ansprüche der Gräser an das Niederschlagsklima sind charakteristisch. In vielen Regionen der Welt decken sich entsprechende Niederschlagsklimata mit dem Vorkommen von Steppen und Grasfluren. Deswegen hat H. Schimper solchen Landschaften schon vor mehreren Jahrzehnten ein „Grasflurklima" zugeschrieben und dieses einem „Gehölzklima" gegenübergestellt. So sehr diese Einteilung zunächst bestechend wirken kann, so wenig vermag sie leider in allen Fällen zu befriedigen.

Die Rhizome

Die unterirdischen Stängelteile sind neben ihrer Rolle als Ansatzstelle für die Kronenwurzeln von größter Bedeutung hinsichtlich der Wuchsform der einzelnen Grasarten. Außerdem zweigen von ihnen bei vielen Arten „Ausläufer" ab, die – wenn sie die Verbindung zur Mutterpflanze verlieren – Anlass zur Bildung eigenständiger Pflanzen geben und insofern der vegetativen Vermehrung dienen. Bei vielen Arten wachsen die Ausläufer ausschließlich unterirdisch (u. a. Wald-Flattergras *(Milium effusum)*, Gewöhnliche Quecke *(Elymus repens)* und Wiesen-Rispengras *(Poa pratensis))*, bei anderen hingegen kriechen sie auf der Erdoberfläche bzw. im Grassoden (z. B. Gemeines Rispengras *(Poa trivialis)*, Weißes Straußgras *(Agrostis stolonifera))*. Gleichwohl behandeln wir sie – um unnütze Wiederholungen zu vermeiden – an dieser Stelle gemeinsam, zumal sie bei den fraglichen Arten gleiches leisten.

Teile der Rhizome und der im „Rasen" steckenden untersten Stängelabschnitte werden streckenweise von jenen häutigen Blattgebilden (Niederblättern) umhüllt, die den Scheiden der „normalen" Grasblätter baulich entsprechen; derartige Scheiden gibt es an der untersten Halmbasis ebenfalls. Da Blütenpflanzen, also auch die Gräser, Knospen nur in den Achseln von Blättern anzulegen vermögen, bilden sie solche Knospen infolgedessen auch in den Achseln jener untersten Blattscheiden aus. Für die entstehenden Seitensprosse bleiben nur wenige Möglichkeiten des Auswachsens, von denen eine üblicherweise erblich festgelegt ist und das Wuchsbild der betreffenden Art entscheidend bestimmt:

1.a. Der junge Seitentrieb durchbricht die Scheide und wächst extravaginal. So ist es bei allen Ausläufern. Diese bilden zunächst für eine gewisse, die Arten kennzeichnende Zeit nur Niederblätter, die an unterirdischen Ausläufern nicht selten die Ausläuferachse kuppeldachartig überragen, wie z. B. beim Schilf. Dadurch schützen sie die empfindlichen Teilungs- und Wachstumsgewebe, die sich im Vegetationspunkt an der Spitze der Ausläuferachse befinden, gegen Schädigungen beim Durchbohren des Erdreichs. Selbstverständlich schlagen auch die Ausläufer Wurzeln, wobei die Kronenwurzeln oberhalb der Knoten entspringen. Schließlich ändert der Ausläufer seine Wuchsrichtung. Er richtet sich auf, die Wurzelbildung verstärkt sich, Halme und Blätter sprießen empor. Jetzt geht meist die Verbindung zur Mutterpflanze verloren. Eine neue Pflanze, ein „Ableger", ist entstanden. Natürlich bildet auch dieser wieder Ausläufer, und dieser Prozess kann sich über mehrere Stationen fortsetzen. Steht am Anfang einer derartigen Kette eine Graspflanze, die sich aus einem Samenkorn entwickelt hat, so beobachtet man häufig, wie die Ausläufer von Station zu Station stärker werden, bis sie schließlich die für die Art charakteristische Dicke erreicht haben („Ausläufergras").

1.b. Wie im eben geschilderten Fall durchbrechen die Seitenzweige auch hier die Blattscheide. Allerdings wachsen sie nur eine kurze Strecke horizontal weiter, weswegen man hier nicht von Ausläufern sprechen kann. Dann richten sie sich auf, wurzeln kräftig, schossen Halme und bilden Blätter aus. Dieser Vorgang wiederholt sich. Dadurch schließen sich die „einzelnen Graspflanzen" zu einem Rasen zusammen („Rasengras"), der um so dichter ist, je öfter die betreffende Art veranlasst wird, ihre Seitenknospen in der Achsel der untersten Blattscheiden auszutreiben, um damit neue Pflanzen anzulegen usw. Dem kann man bekanntlich nachhelfen, wenn man einen Rasen häufig schneidet. Dadurch wird im komplizierten System der physiologischen Wechselwirkungen zwischen Halmwachstum und Knospenruhe letztendlich die Bildung von (Tochter-) Sprossen gefördert und somit durch häufigen Schnitt der Rasen verdichtet.

Ein typisches und allbekanntes Rasengras ist das Englische Raygras *(Lolium perenne)*, das in kaum einer Rasenmischung fehlt. Es erträgt häufigen Schnitt besonders gut, weil bei ihm die Seitenknospen nur in den allerunstersten Blattscheiden angelegt werden und deshalb tief im Rasen geschützt liegen. Auch diese Seitenknospen gliedern, ehe sie zur Blüte gelangen, am Grunde nochmals zwei bis drei Seitensprosse aus, welche die Scheide nicht durchbrechen. Da diese indessen schnell verrotten, werden sie bald frei. Nicht zuletzt verdankt das Englische Raygras der tiefen Knospenlage auch seine Trittfestigkeit.

1.c. Wenn die Seitensprosse nicht waagerecht weiterwachsen, sondern in die Höhe schießen, nachdem sie die Scheide durchbrochen haben, vermag sich natürlich kein Rasen zu bilden. Statt dessen entsteht eine Anhäufung von Halmen mit den dazugehörigen Blättern, ein lockerer bzw. mehr oder minder dichter Horst („Horstgras").

2. Erst recht ist dies der Fall, wenn die Seitenzweige die Blattscheiden nicht durchbrechen, sondern intravaginal nach oben wachsen. Solche Gräser bilden stets dichte Horste. Ein sehr eindrucksvolles Beispiel für diese Wuchsform ist das Borstgras *(Nardus stricta)*, desgleichen der Schaf-Schwingel *(Festuca ovina)*. Glücklicherweise gehören auch unsere Getreide zu den Horstgräsern, obgleich ihre Horste sehr locker sind. Dadurch wachsen aus einem gekeimten Korn mehrere Halme hervor. Weil bei unseren Getreiden die Hauptachsen in einem bestimmten Zeitpunkt ihren Entwicklungsgang außerordentlich verlangsamen, während die Seitensprosse sich mit unveränderter Geschwindigkeit weiterentwickeln, holen diese den durch die Altersdifferenz zwischen Haupt- und Nebentrieb bedingten Rückstand auf: Das Getreide hat sich bestockt. Erst wenn dies geschehen ist, schossen die Halme. Daher vermögen sie alle zur selben Zeit ihre Früchte zu reifen, obgleich sie – jeden Halm für sich genommen – durchaus nicht gleich alt sind.

Die oberirdischen Vegetationsorgane

Bei Blütenpflanzen bestehen die vegetativen Sprosse aus Stängeln und Blättern. In kaum einer Familie sind sie bei den verschiedenen Arten so einheitlich gebaut wie bei den Süßgräsern. Hätten sie nicht einige Besonderheiten und bei einigen Arten gestaltliche Eigenheiten – letztere kann man sogar als Schlüsselmerkmale zum Bestimmen verwenden –, wäre es nachgerade langweilig, sie zu beschreiben. Um so problematischer und im Urteil der Fachleute bis heute umstritten ist eine Bildung am Keimling der Süßgräser: die Keimscheide oder Koleoptile. Sie ist das erste, was man vom Spross eines keimenden Grases mit bloßem Auge wahrnimmt. Zudem darf sie für sich den „Ruhm" in Anspruch nehmen, eines der Standarduntersuchungsobjekte in der Botanik zu sein. Ihr wollen wir uns zuerst zuwenden, dann von den Halmen sprechen und zuletzt den Blattbau kennenlernen.

Die Keimscheide

Wer sich über das Aussehen einer Graskoleoptile (Bild 14) am Objekt orientieren will, versuche es mit Freilandbeobachtungen besser nicht. Er müsste sich unnötig herumschlagen, und womöglich wäre zu guter Letzt all sein Mühen vergeblich, weil Keimscheiden im dichten Gefilz eines Grassodens nahezu unentdeckbar verborgen bleiben. Eher könnte er Koleoptilen finden, wo oberflächlich liegendes Getreide auskeimt. Aber Getreidekoleoptilen kann er auch zu Hause und bequemer haben. Er braucht nur zwei übereinandergreifende flache Glas- oder Kunststoffschalen, (sogenannte Petrischalen; erhältlich im Laborzubehörhandel, z. B. bei www.biologie-bedarf.de), einige Blätter Fließ-

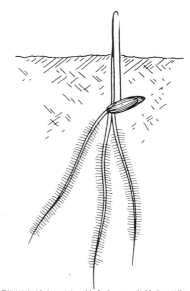

Bild 14: Keimendes Haferkorn mit Koleoptile

papier, Wasser und einige Getreidekörner: Weizen, Gerste oder Hafer, dessen Keimscheide besonders gut untersucht ist. Der Boden der kleinen Schale wird mit Fließpapier belegt, dieses gut nass gemacht (nicht bloß feucht), und die Getreidekörner werden in lockerer Verteilung daraufgelegt. Die zweite Schale dient als Deckel. Schon nach etwa 2–3 Tagen – durch die hellgrüne Farbe und den nach oben gerichteten Wuchs deutlich von den Wurzeln unterschieden – bilden sich an den Körnern die Keimscheiden als zylindrische, oben stumpfe Röhren, die relativ kräftig in die Höhe wachsen (Deckel abheben, dunkel stellen), bis sie schließlich vom ersten Laubblatt des nachdrängenden Sprosses durchstoßen werden. So wenigstens sieht es das bloße Auge.
Eine genauere Untersuchung enthüllt mehr. Die Keimscheide ist schon im ungekeimten Getreidekorn nachweisbar. Dort umgibt sie wie eine Haube die Sprossknospe des Embryos (vgl. Bild 9). Wenn die Keimung einsetzt, ereignen sich in der Keimscheide zunächst zahlreiche Zellteilungen. Dadurch schiebt sie sich aus dem gequollenen und aufgeplatzten Korn heraus. Sobald sie etwa 5 mm lang geworden ist, nimmt die Neubildung von Zellen außerordentlich stark ab. Dennoch fängt zu dieser Zeit das augenfälligste Längenwachstum der Keimscheide an. Jetzt beginnen sich, in einiger Entfernung von der Keimscheidenspitze, die bis dahin nach jeder Richtung des Raumes etwa gleich großen – „isodiametrischen" – Zellen der Keimscheide in der Längsrichtung des Organs zu strecken. Die Zellstreckung nimmt am unteren Ende der Koleoptile ihren Anfang und schreitet nach oben fort, bis die Keimscheide 4–6 cm lang geworden ist. Sie bleibt allerdings kürzer, wenn sie viel Licht bekommt. Die Zellen der eigentlichen Spitzenregion werden nicht von der Streckung erfasst. Sie behalten vielmehr ihre isodiametrische Gestalt.
Wodurch wird den Zellen in der Keimscheide der Streckungsbefehl übermittelt? Schneiden wir die Scheidenkuppe ab, unterbleibt nahezu jede Verlängerung. Setzen wir sie wieder auf, so beginnt sie erneut. (Damit das Gewebe nicht vertrocknet, macht man diesen Versuch am besten in einer feuchten Kammer (Glasglocke (Einweckglas) über die Pflanze stülpen, nassen Wattebausch neben Pflanze legen)). Folglich muss von der Spitze ein Reiz ausgehen, der die Zellstreckung auslöst. Dabei kann es sich nur um einen von der Spitze zur Basis wandernden Stoff handeln. Dies lässt sich beweisen: Man setzt die abgeschnittene Koleoptilspitze auf einen Würfel aus gequollenem Agar (Material aus Rotalgen, das im biologischen Labor häufig für gelartige Nährböden eingesetzt wird). Gesetzt den Fall, die obige Annahme sei richtig gewesen, dann müsste in

unserem Experiment der vermutete „Streckungsauslöser" in den Block hineinwandern, dieser also die Spitze in ihrer wuchsfördernden Wirkung vertreten können. Offensichtlich ist dies so. Bringt man den Agarwürfel auf dem Koleoptilstumpf seitlich an, dann wird – wie zu erwarten – nur die Streckung der Zellen gefördert, die unterhalb vom Würfel liegen; die Koleoptile krümmt sich infolgedessen (Bild 15, Mitte u. rechts). Seit der holländische, später in „Natur" umstritten? Alle Gebilde an einer Pflanze lassen sich aufgrund entwicklungsgeschichtlicher Gemeinsamkeiten und gesetzmäßiger Lagebeziehungen prinzipiell auf die drei pflanzlichen Grundorgane: Wurzel, Stängel, Blatt oder auf Teile von ihnen zurückführen. Bei der Koleoptile bereitet dies indessen Schwierigkeiten. Im Gras- und Getreidekorn ist sie an ei-ner Stelle an die Keimachse angefügt, die keine eindeutige Aussage darüber zulässt, ob es sich bei

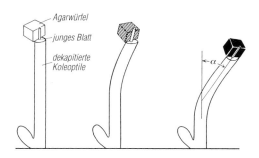

Bild 15: Bestimmung der Wuchsstoffkonzentration mit Hilfe des Krümmungstestes an der Haferkoleoptile. Der Krümmungswinkel ist dem IES-Gehalt im Agarwürfel proportional. Links: Koleoptile, der man an der Seite einen Agarwürfel ohne IES aufgesetzt hat. Mitte: Die Koleoptile krümmt sich leicht; der Agarwürfel enthält nur wenig IES. Rechts: Der Agarwürfel enthält Wuchsstoff in höherer Konzentration. Dementsprechend ist die Krümmung der Koleoptile stärker.

den USA lebende Botaniker Frits Went dieses Experiment 1928 erstmals durchführte, sind Tausende von Arbeiten über die Natur des Wuchsstoffes in der Haferkoleoptile und über die Vorgänge beim Streckungswachstum von Zellen durchgeführt worden. Manche Einzelfragen blieben bis heute unbeantwortet, andere stellten sich neu, viele wurden geklärt, so auch, wie die Förderung des Streckungswachstums vor sich geht. Sie wird durch das pflanzliche Wuchshormon β-Indolylessigsäure (IES) bewirkt. Diese wandert von der Keimscheidenspitze nach unten. IES vermag noch in der unglaublich geringen Menge von 0,0000000002 g, die man einseitig auf den Stumpf einer Haferkoleoptile aufträgt, diesen zu einer Krümmung von 10° zu veranlassen. Inwiefern ist aber, obwohl so zahlreich untersucht, die Keimscheide in ihrer der Keimscheide um einen Teil des allerersten Blattes, also des einzigen Keimblattes handelt oder aber um eine Art von Niederblatt. Verschiedene Forscher, z.B. McGahan, haben die erste Ansicht zu beweisen versucht, ohne freilich allgemein Zustimmung zu finden.

Der Halm

Wie wir schon erwähnten, lassen sich die Süßgräser am Bau ihrer Halme leicht von anderen grasartigen Pflanzen unterscheiden. Halme der Süßgräser sind:
1. rund (nur wenige Arten haben einen leicht seitlich zusammengedrückten Halm),
2. in Knoten und Internodien gegliedert (gelegentlich sind die Knoten wie beim Pfeifengras im Horst verborgen),

3. in den Internodien meist hohl. In den Knoten durchziehen stets quergestellte Scheidewände (Diaphragmen) als durchgängige Gewebe den Innenraum der Halme (im Formenkreis der Hirsen *(Panicoideae)* befinden sich bei etlichen Arten mehr oder minder ausgedehnte Markgewebe in den Hohlräumen der Internodien. Beim Mais und beim Zuckerrohr ist der mächtige Stängel durchweg markig).

Man muss nicht Biologe sein, sondern nur einen offenen Sinn besitzen und das Wundern, das naive Erstaunen nicht verlernt haben, das am Anfang allen naturwissenschaftlichen Forschens steht, dann stellen sich einem hinsichtlich des Grashalms die Fragen gewissermaßen von selbst: Aufgrund welcher Baueigentümlichkeiten vermag ein Grashalm seinen verhältnismäßig schweren Fruchtstand zu tragen und ihn, Wind und Wetter zum Trotz, letzten Endes aufrecht zu halten? Wie wächst denn ein Grashalm, da er doch in Knoten gegliedert ist und überdies oft schon in jungen Stadien einen Blütenstand anlegt, wonach das an der Halmspitze befindliche Teilungsgewebe seine Tätigkeit einstellt? Wie richtet sich ein vom Wind niedergedrückter Halm wieder auf?

Pflanzen haben kein Skelett. Ihr Körper wird durch die mechanischen Eigenschaften der Zellwände gefestigt, daneben noch durch den Turgor, worunter man die Zellspannung als Auswirkung osmotischen Wassereinstroms versteht, sowie durch die Gesamtspannung der aneinandergrenzenden Gewebe. Die beiden zuletzt genannten Faktoren spielen bei der Festigung des Grashalms eine nur untergeordnete Rolle. Die Hauptlast haben hier die Zellwände zu tragen, vor allem die der Stützzellen, die im Verband „mechanische Gewebe" bilden. Die Kollenchymzellen vermögen schon im Leben ihre volle Stützwirkung zu entfalten, die Sklerenchymzellen erst, nachdem sie abgestorben sind.

Die Ursache davon ist im Wandbau zu suchen. Die Zellen beider Gewebe sind faserartig langgestreckt. Hauptbaustoff der Wände ist, wie bei Blütenpflanzen üblich, Zellulose. In den Wänden liegt sie in feinsten Strängen vor, den Fibrillen, die man nur unter dem Elektronenmikroskop sichtbar machen kann. Die Fibrillen sind miteinander verflochten oder untereinander mehr oder minder parallel gerichtet. In den Wänden der faserigen Stützzellen lagern immer mehrere Fibrillenschichten übereinander, wobei die Fibrillen der aneinanderliegenden Schichten häufig über kreuz und innerhalb der Schicht spiralig verlaufen. Aus diesem Feinbau erklärt sich die hohe Dehnungsfähigkeit und Elastizität einer derartigen Wand. Wird sie unter Zug beansprucht, so dehnen sich die Spiralwindungen, während die Schichten zunehmend stärker aufeinander drücken. Lässt der Zug nach, nehmen die Fibrillen wieder die ursprüngliche Anordnung ein. Elastizität und Dehnungsfähigkeit werden noch durch Wandverdickungen gesteigert. Bei den Zellen des Kollenchyms sind entweder nur die Zellkanten verdickt (Kanten- oder Eckenkollenchym) oder die beiden der Halmoberfläche parallelen Zellwände (Plattenkollenchym). Dadurch behält die Kollenchymzelle die Möglichkeit zum raschen Stoffaustausch durch die unverdickten Zellwände. Sie bleibt trotz der abschrankenden Verdickungen am Leben, ja, sie kann sich erheblich strecken und wird so zur idealen Stützzelle der wachsenden Gewebe. Allerdings vermag sie diesen nicht die Festigkeit zu geben, die ein reifer Grashalm braucht.

Dafür sorgen die Sklerenchymfasern. Wie die Kollenchymzellen sind sie langgestreckt. Im Gegensatz zu diesen besitzen sie allseits verdickte Wände. Ihr Zellinnenraum ist meist nur unbedeutend. Sein lebender Inhalt braucht sich bei der Herstellung des Wandbaumaterials gänzlich auf. Eine Zelle mit derartig dicken, undurchbrochenen Wänden könnte den zum Leben nötigen Stoffaustausch mit der Umgebung gar nicht aufrechterhalten. Zudem ist bei den Sklerenchymfasern zwischen die Zellulosefibrillen in höherem oder geringerem Grade Holzstoff (Lignin) eingelagert. Einerseits gewinnt dadurch die Faser an Druckfestigkeit und „Rückgrat", andererseits drosselt gerade die Verholzung den Stoffaustausch besonders rasch und stark. Sklerenchymfasern ist eine Tragfähigkeit eigen, die immerhin der des besten Schmiedeeisens entspricht, und hinsichtlich der Dehnbarkeit übertreffen sie dieses um das 10- bis 50fache. Diese günstigen mechanischen Eigenschaften des Baumaterials kommen indessen erst durch die räumliche Verteilung der festigenden Gewebe im Grashalm voll zur Geltung. Bei fast allen Arten erstreckt sich, einige Zellschichten unter dem äußeren Abschlussgewebe, ein geschlossener und mehrschichtiger Ring aus sklerenchymatischem Gewebe (Bild 16), dem oftmals nach außen Sklerenchymleisten aufgesetzt sind, deren Querschnitt keil- oder T-förmig ist. Dieser Anordnung verdanken die Grashalme ihre wahrhaft erstaunliche Biegefestigkeit. Wie leicht nachprüfbar, kann man eine Roggenpflanze an der Ähre fassen und in weitem Bogen zur Erde biegen, ohne sie zu knicken. Dabei ist ein gut gewachsener Halm immerhin 1,80 m lang und an der Basis nur ungefähr 4 mm dick.

Zweifellos muss die Halmkonstruktion hier ganz Erstaunliches leisten. Es kommt jedoch ein schiefes Bild zustande, wenn man, wie es häufig geschehen ist, solche Werte auf Bauwerke wie z. B. den Fernsehturm in Stuttgart umrechnet. Schon ein einfacher Überschlag zeigt, wie schlecht dabei der menschliche Baumeister wegkommt. Hierauf hat als erster W. Rasdorsky hingewiesen. Er zeigte, dass ein größerer Körper unmöglich eine vergrößerte Kopie eines kleineren sein kann, da die Kräfte, die auf ihn einwirken, rascher zunehmen als seine Ausmaße. Soll der größere Körper denselben Sicherheitsgrad besitzen wie der kleinere, so muss er aus mechanischen Gründen umso plumper sein, je länger er wird.

Biegt man einen massiven Stab, so muss sich dessen Außenseite verlängern, die Innenseite verkürzen. Seine zentrale Achse wird hingegen mechanisch kaum beansprucht. Die hohlen Internodien schwächen infolgedessen die Biegefestigkeit der Halme nicht. Durch die Gewichtseinsparung wirken sie sich vielmehr günstig aus. Bei Gräsern mit Sklerenchymleisten, die wegen ihrer Verankerung im Sklerenchymring den Schienen mit Doppel-T-Querschnitt entsprechen, wird die Biegsamkeit noch erhöht; schließlich sind in der Technik T- oder Doppel-T-Träger nicht umsonst die bevorzugten Bauelemente, wenn es gilt, einseitige Belastungen aufzufangen. Der Steg wird dabei mechanisch verhältnismäßig wenig beansprucht und dient vornehmlich dazu, die beiden Flansche auseinanderzuhalten. Wiewohl der Sklerenchymring im Wortsinn das „Rückgrat" des Grashalmes bildet, würde man seine Statik doch unvollständig beschreiben, vergäße man die diesbezüglichen Wirkungen der restlichen Gewebe. Zweifellos erfüllen auch die in den Internodien parallel und innerhalb des Sklerenchymrings verlaufenden Wasserleitungsbahnen Stützaufgaben, denn ihre Wände sind ebenfalls verholzt. Überdies werden sie häufig von sklerenchymatischen Scheiden eingefasst. Außerhalb des Sklerenchymrings (gegebenenfalls also zwischen den Sklerenchymleisten) liegen Gewebe, deren Zellen unverholzte Wände besitzen, desgleichen innerhalb dieses Gürtels bis hin zur Höhlung des Halms. Wie wir gesehen haben, sind unverholzte Zellulosewände besonders elastisch. Erst dieser Verbundbau aus hochelastischen und festen Elementen verleiht dem Halm seine bei menschlichen Bau-

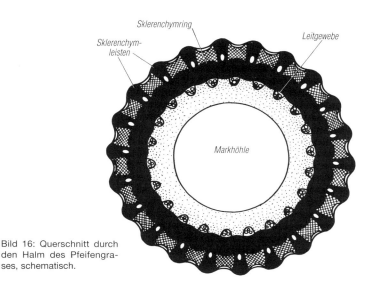

Bild 16: Querschnitt durch den Halm des Pfeifengrases, schematisch.

(Beschriftungen: Sklerenchymleisten, Sklerenchymring, Leitgewebe, Markhöhle)

werken bislang unerreichte Biegefestigkeit.

Nichtsdestoweniger haben auch Grashalme ihre schwachen Stellen. Jeder Junge weiß das. Er zieht nur an der Spitze des Halms, und schon bricht dieser oberhalb eines Knotens. Allerdings muss der Halm jung und noch im Wachstum begriffen sein; denn was dem Zug nicht standhält, ist ein zartes, teilungsfähiges Gewebe. Teilungsgewebe heißen Meristeme. Liegen sie an der Spitze eines Organs, spricht man von Spitzenmeristemen. Liegen sie zwischen der Spitze und der Basis des wachsenden Organs, werden sie „interkalar" genannt. Das interkalare Meristem erkennt man am herausgezogenen Halm ohne alle Hilfsmittel an seiner helleren Färbung. Solche interkalaren Meristeme befinden sich an der Basis aller Internodien. Sie sind die Voraussetzung für das sprichwörtliche Wuchstempo der Süßgräser. An ihren Halmen sind gleichzeitig mehrere Wuchszonen tätig und nicht nur eine an der Sprossspitze. Im Gegensatz zu den interkalaren Meristemen, die es bei einem Teil der übrigen Blütenpflanzen gibt, bestehen die der Grashalme neben einer Zone der Zellstreckung auch aus einem Bereich, in dem bis kurz vor dem Absterben der Halme Zellen durch Teilung neu entstehen. Deshalb bleiben die interkalaren Meristeme der Gräser so lange funktionstüchtig. Dadurch wird das Spitzenmeristem frühzeitig für die Blütenbildung frei. „Gras wachsen hören", wie es das Sprichwort meint, kann freilich niemand. Aber jeder kann mit geringer Mühe messen, um wie viel sich ein Grashalm im Tag verlängert. Schossender Roggen vermag sich in 24 Stunden um rund 2–3 cm höher zu schieben. Allerdings muss, wenn hoher Zuwachs erfolgen soll, die Lufttemperatur in der Nähe des Optimums liegen; zudem muss sowohl im Boden als auch in der Luft genügend Feuchtigkeit vorhanden sein.

Den absoluten Rekord an täglichem Zuwachs unter allen Pflanzen hält ein Gras, und zwar eine Bambusart *(Bambusa oldhamii)*. An einem Exemplar dieses tropischen „Baumgrases" hat man 1953 auf Kuba als Höchstleistung 31,4 cm Zuwachs in 24 Stunden gemessen. Die durchschnittliche Wuchsleistung betrug 24,9 cm pro Tag. Auch hinsichtlich ihrer Größe sprengen die Bambusarten den Rahmen, der den übrigen Gräsern gezogen ist. Natürlich hängt das mit der Holzbildung in ihrem Halm zusammen, die wir eingangs schon erwähnt haben. So erreichen etliche Arten regelmäßig die selbst für einen Baum ansehnliche Höhe von 20 m, und von Exemplaren mit mehr als 30 m Höhe wurde mehrfach berichtet. Man stelle sich das an einem Vergleichsobjekt vor. Immerhin ragt der Turm manch stattlicher Dorfkirche auch nicht höher zum Himmel.

Wie winzig mutet dagegen eines der kleinsten Gräser an, die Hirseart *Panicum isachnoides*, die auf Mooren in Hawaii lebt. Mitsamt seinem etwas verkümmerten Blütenstand wird dieses Gras nur 3–4 cm hoch. In unserer Flora findet man nicht so ausgeprägte Extreme, aber doch immerhin eine Bandbreite zwischen 8 m Höhe beim Schilf *(Phragmites australis)* und maximal 5 cm Höhe beim seltenen Scheidenblütgras *(Coleanthus subtilis)*. Allerdings sind doch Unterschiede weit geringeren Ausmaßes sogar von wirtschaftlicher Bedeutung. In der Grünlandwirtschaft unterscheidet man hochwüchsige Obergräser von den Untergräsern. Die Obergräser (z. B. Glatthafer *(Arrhenatherum elatius)*, Knäuelgras *(Dactylis glomerata)*, Wiesen-Fuchsschwanzgras *(Alopecurus pratensis)*) treiben verhältnismäßig viele blütentragende und gelegentlich auch blütenlose Halme aus. Der Bauer sieht sie gerne; denn sie bringen ihm, da es sich meist um Gräser mit hohem Futterwert handelt, nicht nur gutes, sondern vor allem auch viel Heu. Unter besonders günstigen Bedingungen wachsen die Obergräser so rasch und in so dichtem Halmstand, dass sie andere Wiesenpflanzen zu unterdrücken vermögen. Die Untergräser haben vergleichsweise wenig Halme, dafür aber mehr Blätter, die – da sie an nicht sofort aufschießenden Jungtrieben stehen – oftmals besonders fein und zart sind. Wegen der kurzbleibenden Jungtriebe ertragen die meisten Untergräser Beweidung recht gut. Alle in Deutschland wichtigen Weidegräser sind zugleich Untergräser, so das Englische Raygras *(Lolium perenne)*, das Wiesen-Rispengras *(Poa pratensis)* und der Rot-Schwingel *(Festuca rubra)*. Untergräser sind aber auch in der Mähwiese gern gesehen, obwohl sich dort nicht alle gleich gut durchzusetzen vermögen, je nachdem, welche Arten den Obergrasbestand bilden.

Vor allem im dichten Bestand und unter dem Einfluss einer stickstoffreichen Ernährung sind Gräser in der Gefahr, vom Wind niedergedrückt zu werden; kurz vor dem Vergilben der Halme im Sommer sind Äcker mit „lagernder" Frucht leider nichts Seltenes. Unmittelbar nach stürmischen Regengüssen sieht ein derartiges Getreidefeld in der Tat wie niedergewalzt aus. Besichtigt man den Schaden indessen nach etwa 8 Tagen erneut, bemerkt man mit Erstaunen, wie die meisten Halme oben bogig aufgerichtet sind (Bild 17). Untersucht man genau die Knoten, löst sich das Rätsel: Die Knoten vermögen, sobald sie längere Zeit in der Waagrechten liegen, auf ihrer Unterseite zu wachsen. Dadurch verlängert sich diese im Verhältnis zur Oberseite, und infolgedessen wird das starr ansitzende Internodium nach oben gewinkelt. Rechtwinkliges Aufbiegen an einem einzelnen Knoten ist selten. Da sich jedoch die Wuchskrümmungen mehrerer Knoten addieren, gelangt die Ähre schließlich wieder in die Senkrechte. Wie das einseitige Wachstum am

Knoten zustande kommt und abläuft, ist noch nicht bis in alle Einzelheiten geklärt.

Im Grunde genommen ist der Knoten, mit welchem Wort wir üblicherweise eine „Anschwellung des Halmes" bezeichnen, gar kein Stängelteil, sondern eine Blattbildung. Hervorgerufen wird sie nämlich durch die Scheide des Blattes, das am Knoten entspringt. Ehe wir uns indessen im nächsten Kapitel den Blättern der Süßgräser zuwenden, soll noch kurz erwähnt sein, dass die Querscheiben im Knoteninnern die Abzweigstellen für die Gefäßbündel darstellen, die vom Halm in das Blatt eintreten. Gleichzeitig kreuzen sich hier die in den Internodien gestreckt verlaufenden Wasserleitungsbahnen und vernetzen sich durch kleine Querverbindungen untereinander.

Bild 17: Niedergedrücktes Weizenfeld. Durch das einseitige Wachstum der Knoten richten sich die Halme wieder auf.

Die Blätter

Für alle grünen Pflanzen sind die Blätter die wichtigste Produktionsstätte, in der aus einfachen anorganischen Stoffen körpereigene Stoffe aufgebaut werden. Grundlage all dieser Vorgänge ist die Erzeugung von Zuckern aus Kohlendioxid (CO_2) und Wasser (H_2O), wozu Lichtenergie gebraucht wird, die das Blattgrün (Chlorophyll) in chemische Energie umwandelt. So ist es auch bei den Gräsern. Gleichwohl haben Blätter auch noch andere Aufgaben, die sie dank ihres besonderen Baues erfüllen können. Mit beidem, Bau und Aufgaben, wollen wir uns jetzt beschäftigen.

Wie wir schon hörten, vermögen nur Stängel, niemals jedoch die Wurzeln Blätter auszugliedern. Die Blattbildung erfolgt stets am Spitzenmeristem eines Stängels, am Vegetationskegel. An ihm erkennt man die Blattanlagen zunächst als wulstartige Vorwölbungen. Schon im reifen Samenkorn ist das der Fall. An der Achse des Embryos, die Stängelcharakter hat, werden die jungen und zarten Blattanlagen von der Keimscheide schützend überdacht. Sie fängt alle mechanischen Beanspruchungen auf, wenn sich der Spross einen Weg aus dem Erdreich hinaus ins Licht bohrt. Bekanntlich wächst aber die Keimscheide nur wenige Zentimeter. Dann übernehmen die um den Vegetationskegel stehenden und noch nicht entfalteten Blätter diese Aufgabe: Sie bilden eine Knospe. Zunächst gliedert der jetzt über die Erde gehobene Vegetationskegel noch weitere Blätter aus. Dann aber erfährt er eine Umstimmung, aufgrund derer er einen Blütenstand anlegt (Bild 18). Auch dessen junges Gewebe wird noch lange von Blättern umhüllt und geschützt. Grundsätzlich können die jungen Blätter den Vegetationskegel in der Knospe in zwei voneinander verschiedenen Weisen umlagern: eingerollt oder gefaltet (Bild 18). Bei Pflanzen, die nicht an einer Eigenheit leicht kenntlich

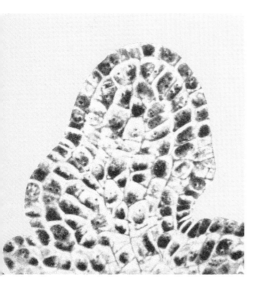

Bild 18: A Medianer Längsschnitt durch den Sprossvegetationskegel des Weizens. Die linke Anschwellung ist eine Blütenanlage. Aus der kleineren, rechten Vorwölbung entsteht eine Spelze. Die größeren Anschwellungen im unteren Teil des Bildes sind ältere Blütenanlagen. B, C, D: Freigelegte Vegetationskegel des Weizens. Die Altersstadien folgen einander von links nach rechts. Alle drei Aufnahmen zeigen Stadien der Blütenbildung. Man beachte die zunehmende Oberflächenfurchung. Im letzten Bild kann man schon die voneinander getrennten Organe deutlich unterscheiden (Aufnahmen von Dr. Barnard und The Division of Plant Industry, Commonwealth Scientific and Industrial Research Organisation Australia).

sind, ist man für jedes trennende Merkmal dankbar. Deswegen benutzt man selbst die Knospenlage der Blätter zum Bestimmen. Allerdings ist sie nicht immer leicht zu erkennen. Dienlich ist stets ein Querschnitt durch einen jungen Trieb. Guten Beobachtern wird bei der Untersuchung solcher Querschnitte nicht entgehen, dass bei manchen Arten die Blätter zwar gefaltet, an den Rändern zusätzlich aber noch eingeschlagen sind. Wer nicht lange suchen will, sehe sich daraufhin die Aufrechte Trespe *(Bromus erectus)* an. Oftmals vermag man mit ein wenig Einfühlungsgabe noch vom fertigen Blatt abzulesen, wie es in der Knospe gelagert war: Blätter, die in der Knospe gefaltet waren, neigen auch weiterhin zur Faltung. Manchmal sind sie deutlich gekielt und – auf den Kiel bezogen – vor allem genau symmetrisch. Dies lässt sich, falls das Blatt gerieft ist, leicht an den Kerben und Leisten abzählen. Bei einigen Arten breitet sich das Blatt an der Spitze nicht flach aus. Vielmehr ist es dort verwachsen, wodurch es wie der Bug eines Kahns aussieht. Derartige Blattspitzen nennt man, je nach dem Verwachsungsgrad, kahn- oder kapuzenförmig; sehr deutlich kann man dies z. B. beim Kapuzengras *(Poa chaixii)* sehen (Bild 19). Symmetrie ist bei Blättern mit gerollter Knospenlage sehr selten. Auch sind sie im Querschnitt meist nicht starr winkelig. Entweder flachen sie sich vollständig ab oder zeigen weiterhin die Neigung, ihre Hälften mehr oder minder deutlich am Rande umzurollen. Bei manchen Arten verdrehen sie sich auch um die Längsachse. Die typische Form des Grasblattes wird sichtbar, wenn es sich aus der Knospe entfaltet hat und zu endgültiger Gestalt und Größe heranwächst. Wirklich verstehen können wir seinen Bau erst, nachdem wir Einzelheiten am Blatt begrifflich festgelegt haben und das Grasblatt dem Blatt einer zweikeimblättrigen Pflanze, etwa dem eines Pflaumenbaumes, gegenüberhalten. Verfolgt man bei diesem die Anlage eines Blattes am

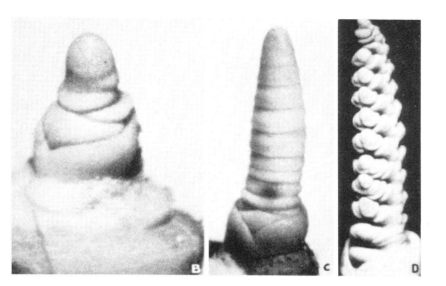

Vegetationskegel, so sieht man, wie der vorgewölbte Wulst alsbald ein wenig eingeschnürt und dadurch in einen unteren stängelnahen und in einen der Spitze zu liegenden Abschnitt geteilt wird. Damit ist die Blattanlage in Unter- und Oberblatt gegliedert. Im Fortgang der Entwicklung lässt sich nun beobachten, welche Teile des fertigen Blattes aus dem Gewebe des Unterblattes, welche aus dem des Oberblattes entstehen. Aus dem Unterblatt entwickeln sich bei der Pflaume ausschließlich der Ansatz des Stieles am Zweig, der Blattgrund und die Nebenblätter. Aus dem Oberblatt hingegen gehen alle Teile hervor, die wir unvoreingenommen „das Blatt" nennen würden: der Stiel und die flächige Blattspreite.

Auch bei den Gräsern vermag man an den Blattanlagen des Vegetationskegels eine Sonderung in Unter- und Oberblatt festzustellen. Beide entwickeln sich indessen nicht im selben Verhältnis weiter, wie wir es von den Zweikeimblättrigen her kennen. So wächst bei den Gräsern das Unterblatt als Scheide verhältnismäßig stark. Ein Stiel fehlt ganz. Die Spreite, die aus dem Oberblatt hervorgeht, sitzt der Scheide meist übergangslos an. Als eine Besonderheit finden wir am Spreitenansatz bei vielen Arten das Blatthäutchen (die Ligula).

Die Scheide sitzt dem Halm am Knoten an. Von dort umhüllt sie ihn mehr oder minder weit aufwärts. Bei fast allen Süßgräsern ist die Blattscheide offen. Dann überlappen sich ihre Ränder. Immerhin gibt es aber einige einheimische Gräser, bei denen die Scheide zu einer geschlossenen Röhre verwachsen ist, so u.a. beim Zittergras *(Briza media)*, bei den Arten der Gattung Perlgras *(Melica)*, bei den Trespen *(Bromus)* und beim Flutenden Schwaden *(Glyceria fluitans)* (Bild 21 und 22). Auch bei diesen Arten können die Blattscheiden gelegentlich aufschlitzen, vor allem, wenn sich ein Blütenstand aus ihnen herausschiebt; beim Zittergras ist dies dann sogar die Regel (Bild 23). Abgesehen

von wenigen Ausnahmen umgeben die Scheiden den Halm ziemlich fest (Bild 25). Da sie dank der Tätigkeit eines eigenen interkalaren Meristems dem Halm im Wachstum oft kräftig vorauseilen, schützen, stützen und führen sie ihn, solange er wächst, und zwar gerade an den Stellen, an denen seine Gewebe noch jung und ungefestigt sind. Von der Stützwirkung kann man sich leicht überzeugen. Man braucht nur von einem jungen Halm die Scheiden vorsichtig abzulösen und ihn dann ein wenig umzubiegen: schon knickt er bei geringer Belastung um, sofern einem das Abknicken nicht ungewollt unterläuft.

Die blattähnlichen Hüllorgane, die wir am Rhizom und an der Stängelbasis schon früher entdeckt haben, gleichen den Blattscheiden nicht nur in der Funktion, sie entsprechen ihnen auch

Bild 19 (links): Das Kapuzengras *(Poa chaixii)* verdankt seinen deutschen Artnamen den Blattspitzen, die „kapuzenförmig" zusammengezogen sind.
Bild 20 (rechts): Schilf *(Phragmites australis)*. Das jüngste Blatt ist noch deutlich eingerollt.

im Bau. Im Grunde handelt es sich um Blätter, die auf dem Scheidenstadium stehengeblieben sind. Ihnen fehlt also die eigentliche Blattfläche, die Blattspreite. Ihrer Lage am Stängel wegen und weil es sich gestaltlich um eindeutige, wenn auch unvollkommen ausgebildete Blätter handelt, nennt man sie Niederblätter. Oftmals sind auch die zuoberst am Halm stehenden Blätter kleiner als die „normalen" Blattorgane. Sie nennt man Hochblätter, das unmittelbar unter dem Blütenstand stehende auch Tragblatt.

Bilder 21 und 22: Bei den Süßgräsern sind verwachsene Blattscheiden verhältnismäßig selten. Bild 21 (links) zeigt die Blattscheide vom Nickenden Perlglas *(Melica nutans)*, Bild 22 (rechts) diejenige der Weichen Trespe *(Bromus hordeaceus)*.

An den Trieben erwachsener Graspflanzen kann man – sofern sie überhaupt vorhanden waren – Niederblätter und Scheiden der untersten, längst abgestorbenen Blätter nicht mehr voneinander unterscheiden. Meist fasern sie bald auf, doch bleiben sie bei gewissen Arten als Faserschopf lange erhalten. Auch die knollen- oder zwiebelartigen Verdickungen, die es bei einigen Gräsern (z. B. Knollen-Rispengras *(Poa bulbosa)*) an der Stängelbasis gibt, werden von Scheiden gebildet. Die Blattspreite wächst schon in der Knospe stark heran. Dennoch erreicht sie ihre endgültige Größe dort meist nicht. Vielmehr wächst sie gleich der Scheide mit Hilfe eines interkalaren Meristems noch eine Zeitlang weiter. Die Entfaltung der Spreite aus der Knospenlage geht ziemlich rasch vor sich. Bei den meisten Gräsern wirken hierbei in erster Linie osmotische Vorgänge als Entfalter. So ist es beim Knäuelgras *(Dactylis glomerata)*. Es besitzt an der Oberseite seiner Blätter sowie am Spreitenansatz in der Mittelrinne Gelenke (Bild 26) aus schwellfähigem Spannungsgewebe. Ihre Zellen saugen bei der Blattentfaltung vermehrt Wasser ein. Dadurch weiten sie sich aus, und mit ihnen dehnt sich die Oberfläche des Blattes in die Breite, wodurch die gesamte Spreite am Scheidenansatz nach unten geklappt wird. Gleichzeitig klappen die Blatthälften auseinander. Leidet die Pflanze, die

solche Spannungsgewebe besitzt, unter Wassermangel, so legen sich die Blätter wieder zusammen und richten sich auf. Sie verringert auf diese Weise die Erwärmung und damit den Wasserverlust durch die Blätter. Aufgrund eines ähnlichen Mechanismus verdrillen sich die Blätter zahlreicher Arten, wenn ihnen Wasser entzogen wird und sie zu welken beginnen. Bei manchen Gräsern, so beim Flutenden Schwaden *(Glyceria fluitans)*, tritt dies schon einige Minuten nach dem Pflücken ein.

Da die Gräser bekanntlich flachwurzelnde Pflanzen sind, finden wir bei ihnen auch noch andere Schutzeinrichtungen gegen Wasserverlust. Mit gewisser Einschränkung darf man hierzu die Verkleinerung der Blattfläche zählen, sicherlich aber die Ausbildung borstlicher Blätter, die für eine ganze Reihe von Arten charakteristisch sind. Gräser trockener Standorte drosseln ihre Verdunstung, indem sie die Blattränder nach unten umrollen, oder sie dichten die Oberhaut ihrer Blätter mit einem wachsartigen Überzug gegen Wasserverlust ab (z. B. Schaf-Schwingel *(Festuca ovina)* und Graues Schillergras *(Koeleria glauca))*. Bei manchen Trockengräsern wird die Wasserabgabe auch durch die besondere Lage der Spaltöffnungen eingeschränkt. Beim Hundszahn *(Cynodon dactylon)* und bei einigen Hirse-Arten aus der Gattung Panicum sind sie z. B. in die Blattober-

Bild 23 (links): Blütenstand des Zittergrases *(Briza media)*

Bild 24 (Mitte): Blütenstand des Nickenden Perlgrases *(Melica nutans)*. Man sieht auf beiden Bildern deutlich die aufgeschlitzte Blattscheide, aus der sich der Blütenstand herausschiebt.

Bild 25 (rechts): Beim Honiggras *(Holcus lanatus)* ist die Blattscheide „aufgeblasen". Sie liegt dem Halm nicht eng an, wie dies bei den meisten anderen Gräsern der Fall ist.

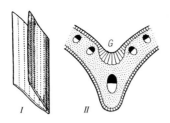

Bild 26: Spannungs- und Schwellgewebe vom Knäuelgras *(Dactylis glomerata)*. I: Blattstück am Beginn der Entfaltung. II: Blattquerschnitt mit Spannungsgewebe (G: Gelenk). (II nach Löv; aus Troll, Allgemeine Botanik).

fläche eingesenkt. Beim Federgras *(Stipa capillata)*, beim Schaf-Schwingel *(Festuca ovina)*, beim Silbergras *(Corynephorus canescens)* und bei einigen anderen Arten werden sie von Papillen überwölbt; auch dies mindert die Verdunstung ganz erheblich. Durch derartige Einrichtungen wird selbstverständlich nicht jegliche Wasserabgabe unterbunden, denn ein – wenn auch geringer – Wasserdurchstrom ist für die Pflanze aus verschiedenen Gründen lebenswichtig. Allerdings ist bei Gräsern mit wachsüberzogenen Blättern die Wasserabgabe auf die Spaltöffnungen beschränkt. Deren Öffnungsweite kann jedoch von der Pflanze verändert und in weiten Grenzen den Umweltverhältnissen angepasst werden. Da die Spaltöffnungen vorwiegend an der Unterseite der Blätter liegen, besitzen solche Gräser einen besonders wirksamen Verdunstungsschutz, die, wie z. B. das Wimper-Perlgras *(Melica ciliata)*, ihre bereiften Blätter nach unten umrollen. So grenzen die Spaltöffnungen nämlich an eine Röhre, in der kaum Luftmassenwechsel erfolgt. Deswegen kann sich hier wasserdampfgesättigte Luft lange halten. Der Unterschied in der Dampfspannung zwischen dem Hof der Spaltöffnung und der unmittelbar angrenzenden Luft ist also nicht groß, und daher bleibt der Wasserverlust niedrig, selbst wenn die relative Luftfeuchtigkeit in der Atmosphäre gering ist. Gräser feuchter Standorte brauchen mit dem Wasser nicht in dem Maß hauszuhalten. Das in frischen bis feuchten Wäldern wachsende Wald-Flattergras *(Milium effusum)* dreht sogar regelmäßig die mit Spaltöffnungen weit dichter besetzte Blattunterseite nach oben. Möglicherweise führt dies zu einer Steigerung der Verdunstung; doch fehlt hierfür noch der Beweis, denn man kann nicht jede Seitendrehung mit einer Verdunstungssteigerung erklären. Schließlich gibt es eine ganze Reihe Gräser, die auf recht trockenen Standorten wachsen und ebenfalls ihre Blätter verdrillen. So drehen z. B. die Fieder-Zwenke *(Brachypodium pinnatum)* und die Reitgras-Arten (Calamagrostis) ihre Blätter nach links, der Rot-Schwingel *(Festuca rubra)* nach rechts. Ob Anlagen zur Fähigkeit, die Blätter zu drehen, in der Stammesgeschichte der Gräser durch die Selektion ausgesiebt wurden, ob also Gräser mit gedrehten Blättern unter bestimmten Bedingungen einen Vorteil gegenüber Arten mit gestreckten Spreiten haben, steht dahin.

Wie vorsichtig man mit übereilten Deutungen sein muss, kann man beim Schilf erkennen. Wenige Gräser stehen an feuchteren Standorten als dieses. Was also läge näher, als zu vermuten, dem Schilf stehe überreichlich Wasser zur Verfügung, und deswegen werde es eine hohe Verdunstung aufweisen. Genaue Untersuchungen, die Antipov durchgeführt hat, ergaben das Gegenteil: Das Schilf hat eine verhältnismäßig geringe Wasserabgabe. Antipov erklärt diese „Trockenheitsanpassungen" verblüffend einfach: Da in dem hohlen Halm nur eine bestimmte Anzahl Leitbündel Platz finden, begrenzt deren Leitfähigkeit den Wasserverbrauch und nicht etwa der Feuchtigkeitsgehalt im Boden.

Der Ansatz der Blattspreite an der Blattscheide bietet für die Bestimmung vieler Arten unentbehrliche Merkmale. Unglücklicherweise hat sich für diesen Abschnitt des Grasblattes in den Bestimmungswerken der Ausdruck „Blattgrund" eingebürgert, der besser dem Scheidenteil vorbehalten bleiben sollte. Trotz mancher Bedenken übernehmen wir diese inkonsequente Ausdrucksweise. Verführen wir anders, würden wir nicht nur nichts bessern, sondern weit eher Missverständnissen und Missdeutungen Vorschub leisten. In diesem Abschnitt und in den Beschreibungen der Einzelpflanzen bedeutet demnach „Blattgrund" nichts anderes als „Spreitengrund".

Bei manchen Arten geht die Spreite mit Ausbuchtungen in die Scheide über. Sind diese sichelig erweitert, nennt man sie „Öhrchen". Sehr schön sieht man sie beim Riesen-Schwingel (*Festuca gigantea*, Bild 27) und beim Weizen. Gelegentlich fallen am Blattgrund durch andere, meist hellere Färbung die Gelenke auf, die das Blatt entfalten. Dies ist z. B. beim Knäuelgras *(Dactylis glomerata)* der Fall.

Größte Bedeutung als Bestimmungsmerkmal kommt indessen dem Blatthäutchen, der Ligula, zu. Da sie bei fast allen Grasarten ausgebildet ist, gilt selbst ihr Fehlen als kennzeichnend. Die Blatthäutchen unterscheiden sich von Art zu Art vor allem durch ihre Größe. Sehr kurze Blatthäutchen erkennt man erst, wenn man die Blattspreite samt der Scheide vom Halm ablöst. Sind sie etwas länger, so sieht man sie schon, wenn man den Spreitenansatz von schräg oben betrachtet. „Lange" Blatthäutchen sind fast ebenso lang wie breit. Die mehrfache Länge ihrer Breite erreichen Blatthäutchen selten. Bei einigen Arten, z. B. beim Schilf *(Phragmites australis)*, steht an Stelle des Blatthäutchens ein Haarkranz (Bilder 28–33). In vielen Fällen ist der obere Rand der Ligula charakteristisch ge-

Bild 27: Blattöhrchen beim Riesen-Schwingel *(Festuca gigantea)*

formt: Er kann gerade, gezähnt, gefranst oder zungenförmig hochgezogen sein. Da die Randbeschaffenheit überdies regelmäßig oder unregelmäßig, deutlich sichtbar oder kaum angedeutet sein kann, ergibt sich eine Fülle eigentümlicher Kombinationen, in denen der Wert des Blatthäutchens als Kennzeichen begründet ist. Umstrittener ist, ob das Blatthäutchen irgendeinen Vorteil für die Pflanze darstellt. Angeblich soll es verhindern, dass Wasser und somit auch Krankheitskeime in die Scheide eindringen können. Eine Deutung, die

28 29 30

Bilder 28–33: Nicht immer ist das Blatthäutchen so gut zu erkennen wie beim Knäuelgras (*Dactylis glomerata*, Bild 28) oder beim Wald-Flattergras (*Milium effusum*, Bild 29). Beim Wiesen-Rispengras (*Poa pratensis*, Bild 30) ist dies schon wesentlich schwieriger. In solchen Fällen ist es gut, wenn man das Blatt leicht vom Stängel löst. Dann kann man am Blatthäutchen selbst Einzelheiten beobachten, die man sonst nur schwer sieht. So hat z.B. die Weiche Trespe (*Bromus hordeaceus*, Bild 31) keinen glatten Rand, wie er für das Blatthäut-

wohl nicht stichhaltig ist. Die Ligula müsste sehr viel dichter anliegen, als sie es tut, wenn sie eine Schutzwirkung besitzen sollte. Andere Forscher sehen im Blatthäutchen einen haubenartigen Verschluss der Scheide, die als letzte die noch nicht ausgewachsene Grasknospe umhüllt. Ob darin eine „Aufgabe" besteht, darf man füglich bezweifeln. Vielleicht ist das Blatthäutchen für die heutigen Gräser längst unwichtig geworden, falls es je von Bedeutung war.

Die reproduktiven Organe der Süßgräser

Blattform und Halmbau verraten bekanntlich auf den ersten Blick, ob ein Gewächs zu den Süßgräsern zählt. Will man wissen, um welche Art es sich handelt, so muss man es meist recht eingehend aus der Nähe betrachten. Der „Steckbrief" für die einzelnen Gattungen steckt nämlich nahezu aus-

chen des Gewöhnlichen Rispengrases (*Poa trivialis*, Bild 32) typisch ist. Beim Schilf (*Phragmites australis*, Bild 33) nimmt ein Kranz aus kurzen Haaren die Stelle des Blatthäutchens ein.

schließlich in Bau und Anordnung der reproduktiven Organe. Deswegen wollen wir uns ihnen recht ausführlich widmen, wenngleich für die Artbestimmung Eigentümlichkeiten im Blatt- und Stängelbau, desgleichen Wuchsform und Lebensdauer ebenso wichtig sind wie Gestaltmerkmale in der reproduktiven Zone.

Die reproduktive Zone ist der Bereich der Pflanze, in der die Blüten angelegt und entwickelt werden und in der später Früchte und Samen reifen. Dabei ist die Anordnung der „Blüten" bei den Gräsern weit auffallender und klarer zu erkennen als ihr Aufbau. Wir wollen auch dann noch von „Blütenständen" sprechen, wenn strenggenommen schon Fruchtstände vorliegen. Die eigentliche Blütezeit der Süßgräser ist verhältnismäßig kurz; außerdem sind gerade die für die Bestimmung wesentlichen „Blütenteile" auch noch während der Fruchtreife vorhanden.

Bilder 34–41: Das Englische Raygras (*Lolium perenne*, Bild 34) und die Gewöhnliche Quecke (*Elymus repens*, Bild 35) erkennt man leicht als Ährengras. Schwieriger ist das Zuordnen schon beim Kammgras (*Cynosurus cristatus*, Bild 36) und beim Gewöhnlichen Ruchgras (*Anthoxanthum odoratum*, Bild 37). Auf den ersten Blick könnte man beide als Ährengräser ansehen. Da die Ährchen bei diesen Gräsern aber gestielt sind, rechnet man sie zu den Ährenrispengräsern. Zu den bekanntesten Gräsern dieser Gruppe zählt der Wiesen-Fuchsschwanz

38

39

(*Alopecurus pratensis*, Bild 38). Ein typisches Rispengras ist – worauf schon der Name hinweist – das Wiesen-Rispengras (*Poa pratensis*, Bild 39). Auch beim Zittergras (*Briza media*, Bild 40) ist die Rispe deutlich zu sehen. Hingegen erkennt man erst bei näherem Betrachten, dass auch das Nickende Perlgras (*Melica nutans*, Bild 41) einen rispigen Blütenstand besitzt. Gerade die „schwierigen" Beispiele zeigen, dass es notwendig ist, bei der Gräserbestimmung ganz genau hinzusehen.

40

41

Der Blütenstand

Die Zeichnungen in Bild 42 zeigen die hauptsächlichen Blütenstandstypen, die bei Süßgräsern vorkommen. Es ist immer etwas „faul", wenn man eine Zeichnung noch erläutern muss. So auch hier. Die Zeichnungen geben nämlich die tatsächlichen Verhältnisse außerordentlich vereinfacht wieder. Doch ermöglicht die Vereinfachung beim Bestimmen der Gräser eine Aufschlüsselung, die praktisch leicht zu handhaben ist und die sich deshalb mit nur geringen Abweichungen in allen einschlägigen Bestimmungsbüchern durchgesetzt hat. Von „Ährengräsern" sprechen wir, wenn die „Ährchen" (dieser neue Begriff wird auf Seite 46 erläutert) ungestielt der Hauptachse ansitzen (z. B. Quecke *(Elymus repens)*). Zwar ist dies bei den „Ährenrispengräsern" scheinbar auch der Fall. Biegt man jedoch die Ähre über den Finger, so erkennt man deutlich, wie die Ährchen auf kurzen und oftmals sogar noch verzweigten Stielchen sitzen (z. B. Wiesen-Fuchsschwanz *(Alopecurus pratensis)*), dessen buschige Blütenstandsform für die meisten Ährenrispengräser kennzeichnend ist). Bei wenigen heimischen Gräsern bilden mehrere ährenartige Teilblütenstände, meist fingerartig genähert, den Gesamtblütenstand am Halmende. Solche Gräser, zu denen die Bluthirse *(Digitaria sanguinalis)* gehört, nennt man „Fingergräser".

Die „Rispengräser" tragen ihre Ährchen stets an langen Stielen (z. B. Wiesen-Rispengras *(Poa pratensis)*), von denen wenigstens einige verzweigt sein müssen. Sind alle Stiele einfach, dann liegt ein „Traubengras" vor. Mit Einschränkung lassen sich hierzu aus unserer Flora Dreizahn *(Danthonia decumbens)* und das einseitswendige Nickende Perlgras *(Melica nutans)* rechnen, ob-

Bild 42: Häufigere Blütenstandstypen bei Gräsern, schematisch. Von links nach rechts: a. Dichte Ähre, lockere Ähre, b. Ährenrispe, c. Rispe, d. Traube, e. Einseitswendige Traube.

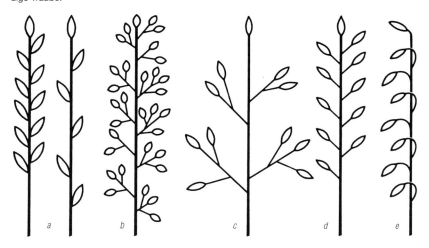

Bild 43 (links): Blütenstand des Knäuelgrases *(Dactylis glomerata)* vor der Blüte

Bild 44 (Mitte): Blühendes Knäuelgras

Bild 45 (rechts): Knäuelgras nach der Blüte

wohl ersterer oft, letzteres fast immer schwache Verzweigungen im unteren Blütenstandsbereich aufweisen. Andererseits bildet manches Rispengras auf ungünstigem Standort nur eine Traube aus (oft z. B. die Weiche Trespe *(Bromus hordeaceus)*). Wie die Bilder 34–41 zeigen, gibt es neben „eindeutigen Fällen" auch solche, bei denen Natur und Schemazeichnung nicht ganz in Übereinstimmung gebracht werden können. Wenn man die Blütenstandsform für das Bestimmen sicher ansprechen will, sollte man in allen Zweifelsfällen stets mehrere Individuen der fraglichen Art untersuchen. Bei Rispengräsern ist die Zahl der Äste auf dem untersten Stockwerk nicht selten geringer als auf den mittleren und damit untypisch. Fast stets sind die obersten Stockwerke ärmer an Aufzweigungen als die mittleren. Bei manchen Gattungen erstrecken sich die Äste bevorzugt in eine Hauptrichtung. Überdies sehen bei vielen Gräsern die Blütenstände vor, während und nach der Blütezeit unterschiedlich aus. Besonders schön kann man dies am Knäuelgras *(Dactylis glomerata)* beobachten (Bilder 43, 44 und 45). An den Innenwinkeln der Blütenstandsäste befinden sich Schwellgewebe. Sie halten die Äste gegen die Hauptachse auf Distanz. Da die Schwellgewebe vor der eigentlichen

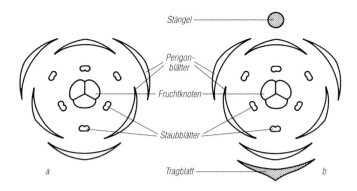

Bild 46: a. Blütengrundriss der Tulpe *(Tulipa sylvestris)*, b. Blütengrundriss des Milchsterns *(Ornithogalum umbellatum)*.

Blütezeit nicht sehr ausgedehnt sind, stehen die Äste oftmals ziemlich aufrecht ab. Mit dem Aufblühen steigt jedoch in den Zellen des Schwellgewebes der osmotische Wert wesentlich an. Infolgedessen nehmen sie Wasser auf und vergrößern ihr Volumen. Dementsprechend dehnt sich das gesamte Schwellgewebe aus und drückt den Blütenstandsast mehr und mehr in die Waagerechte. Wie noch gezeigt wird (ab S. 49), gehen mit diesem Spreizen Öffnungsbewegungen an den Ährchen parallel. Diese begünstigen die Windbestäubung. Nachdem die Blüten bestäubt oder funktionsuntüchtig geworden sind, erschlafft das Schwellgewebe wieder; die Rispe wirkt erneut insgesamt schlanker.

Die Blüte

Eigentlich haben alle Süßgräser „zusammengesetzte" Blütenstände; denn bei den Ährchen handelt es sich nicht um Blüten, sondern um Teilblütenstände. Selbst wenn scheinbar „Einzelblüten" vorliegen wie beim Einblütigen Perlgras *(Melica uniflora)*, spricht man besser von einblütigen Ährchen. Den Grund hierfür muss man im Bau der Grasblüte suchen. Von ihm sagten wir schon, er sei nicht einfach zu begreifen. Deswegen schlagen wir einen Umweg ein und besprechen erst den Blütenbau, der für die Liliengewächse kennzeichnend ist. In ihm lernen wir gleichzeitig den Blütenbau der Binsengewächse *(Juncaceae)* im Prinzip kennen. Eines der bekanntesten Liliengewächse ist die Tulpe. Ihre Blüte besteht aus 6 gefärbten Blütenblättern (da man hier nicht zwischen grünen Kelch- und gefärbten Kronblättern unterscheiden kann, werden die gefärbten Blätter Perigonblätter genannt), sowie aus 6 Staubblättern und aus einem Fruchtknoten. Diese Blütenglieder fügen sich in immer gleicher Ordnung der Blütenachse ein. Auf dem untersten Stockwerk sitzen 3 Perigonblätter. Die anderen stehen in einem dreizähligen Wirtel auf Lücke unmittelbar darüber. Auch die Staubblätter bilden zwei dreizählige Wirtel, die ebenfalls sowohl unter sich als auch dem obersten Perigonwirtel gegenüber auf Lücke stehen. Der Fruchtknoten der Tulpe ist dreifächerig, da er aus drei Fruchtblättern verwachsen ist. Bild 46 a zeigt den Blütengrundriss der Tulpe, Bild 46 b den des Milchsterns *(Ornithogalum).* Bei ihm stehen die Blüten nicht wie bei der Tulpe nur am Ende der Hauptachse, sondern vielmehr an Seitenzweigen. Die Achse, aus der diese entstammen, ist durch den schraffierten Punkt über dem Grundriss symbolisiert. Wie es bei den Blütenpflanzen die Regel ist, entspringen auch beim Milchstern die Seitenzweige aus der Achse eines Tragblattes, das im Grundriss unter der Blüte wiedergegeben ist. Manchem Blumenfreund mag es vermessen erscheinen, wenn die Botaniker das Wesentliche solch prächtiger Blüten in einem derart nüchternen Diagramm eingefangen haben wollen. Immerhin erlauben uns Diagramme, da Übereinstimmung mit Leichtigkeit festzustellen, wo sie formen- und farbenfreudiger Sinn auf den ersten Blick nur schwer entdeckt: Entgegen dem ersten Augenschein besitzen Milchstern (Bild 47) und Hainsimse (Bild 48) tatsächlich denselben Blütengrundriss. Nur sind bei den Binsengewächsen die Perigonblätter außerordentlich stark rückgebildet und prägen nicht, wie bei Tulpe und Milchstern, das Gesicht der Pflanze. Bei den insektenblütigen Pflanzen, zu denen Tulpe und Milchstern gehören, locken die Perigonblätter durch Farbe oder Helligkeit Insekten an. Bei den windblütigen Binsengewächsen brächte eine derartige Ausstattung des Perigons der Art keinerlei biologischen Vorteil. Große Perigonblätter wären bei der Übertragung des Blütenstaubes eher von Nachteil. Was für die Binsengewächse gilt, trifft für die windblütigen Süßgräser ebenfalls zu. Sie „brauchen" kein auffallendes Perigon. Statt dessen dürften in der Stammesgeschichte all die Vorfahren unserer Süßgräser bei der Fortpflanzung begünstigt worden sein, bei denen sich die Blüte aufgrund von Erbänderungen an die Windbestäubung angepasst hatte. Kleine oder fehlende Perigonblätter darf man als eine derartige Anpassung deuten, desgleichen alle Einrichtungen, die Ausbreitung oder Einfangen des Blütenstaubs erleichtern. Ohne hier auf Für und Wider einzugehen, wollen wir den Vorfahren unserer Süßgräser einen Blütenbau zuschreiben, der im Grundriss dem der heutigen Liliengewächse sehr ähnlich war, sofern er ihm nicht gar gleichkam.

Mit diesen Voraussetzungen, die uns bei der Deutung helfen sollen, fragen wir nach dem Bau eines Grasährchens. Am besten untersuchen wir ihn an einem Süßgras, das wir alle gut kennen, am Weizen.

Sein Blütenstand ist bekanntlich ährig, wobei die Ährchen (Bild 50) die Stelle der Blüten bei einer „Blütenähre" einnehmen (Bild 49), wie wir sie von manchen Zweikeimblättrigen kennen (z. B. Schlangen-Knöterich *(Bistorta officinalis)*). Beim reifen Weizen stecken in den Ährchen die Körner, die aus den Fruchtknoten der Blüten hervorgegangen

Bild 47: Doldiger Milchstern *(Ornithogalum umbellatum)*

Bild 48: Blütenstand der Wald-Hainsimse *(Luzula sylvatica)*

Bild 49: Weizenähre *(Triticum aestivum)*

Bild 50: Ährchen des Weizens *(Triticum aestivum)*. Die beiden Hüllspelzen am Grund des Ährchens sind deutlich zu erkennen.

Bild 51: Spelzen eines Weizenährchens. Von links nach rechts: Hüll-, Deck- und Vorspelze.

sind. Sie werden, wie schon das Sprichwort weiß, beim Dreschen von der „Spreu" gesondert. Mit Spreu meint man die schuppigen, beim reifen Getreide strohig-derben Spelzen (Bild 51), die die Körner umschließen. Beim blühenden Getreide sind sie noch grün und weich. Allenfalls in ihnen vermöchte man unvoreingenommen Perigonblätter zu erkennen. Eine genaue Unter-

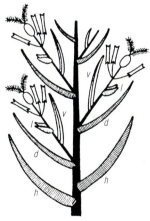

Bild 52: Längsschnitt durch ein Grasährchen mit drei entwickelten Blüten: h Hüllspelzen, d Deckspelzen, v Vorspelzen, l Lodiculae (Aus Strasburger, Lehrbuch der Botanik für Hochschulen).

suchung zeigt indessen, wie voreilig und unberechtigt eine solche Vermutung wäre (Bild 52). Jedes Ährchen hat eine zwar sehr kurze, aber gerade noch erkennbare Achse. An ihr stehen zuunterst stets zwei Spelzen, in deren Achsel sich niemals Blüten entwickeln. Ihnen folgt eine weitere Spelze, die in ihrer Achsel eine kurzgestielte Blüte trägt. An dieser Achse steht, mit dem Rücken zur Ährenachse, eine weitere dünnerschalige Spelze. Erst dann kommt die Blüte, die an ihren drei Staubblättern und dem mit zwei federigen Narben ausgestatteten Fruchtknoten leicht kenntlich ist. Unterhalb der Staubblätter entdeckt man bei genauem Zusehen zwei weißliche Gebilde, die Schwellkörperchen (Lodiculae). An der Ährchenachse stehen beim Weizen drei bis vier Einzelblüten, und zwar jeweils in der Achsel einer Spelze. Von den obersten Blüten des mehrblütigen Weizenähr-

Bild 53: Ährchen vom Glatthafer *(Arrhenatherum elatius)* während der Blüte

chens sind in der Regel nur die Spelzen ausgebildet. Form und Anzahl der Spelzen charakterisieren in vielen Fällen die Grasarten (Bilder 53 und 54). Deshalb müssen wir die einzelnen Spelzen benennen. Damit ist aber eine Deutung ihrer Natur verbunden, die sich auf die relative Stellung der Spelzen an den verschiedenen Achsen bezieht (Bilder 51, 52).

Mindestens bei den beiden untersten Spelzen kann es sich keinesfalls um Perigonblätter handeln; denn sie stehen ja an der Basis einer verzweigten Achse, die es in Blüten niemals gibt. Sie ist vielmehr für Blütenstände typisch. Demzufolge ist das Ährchen eindeutig ein Teilblütenstand. Die Spelzen an seiner Basis können nur solchen Blattgebilden entsprechen, die an normalen Blütenständen dieselbe Stellung einnehmen, also den Hochblättern. Da die beiden untersten Spelzen das junge Ährchen wie ein Paar Knospenschuppen umhüllen, nennt man sie oft Hüllspelzen. Wesentlich einfacher als die Deutung der Hüllspelzen ist die der Deckspelzen. So nennt man die Spelzen, in deren Achsel jeweils eine Blüte entspringt. Die Deckspelzen sitzen also im selben Verhältnis an der Blütenstandsachse wie die Tragblätter der Blüten beim Milchstern, und folgerichtig können wir sie als Tragblätter deuten. Die letzte Art von Spelzen schließlich verrät ihre Natur durch ihre Stellung im Verhältnis zur Deckspelze. Stets setzt sie ihr gegenüber am „Blütenstiel" an und wendet ihren Rücken der Ährenachse zu. Eine solche Stellung ist für „Vorblätter" auch bei anderen Blütenpflanzen typisch. Deshalb fasst man diese Spelzen auch als solche auf und nennt sie Vorspelzen. Manche Autoren sind der Meinung, die Vorspelze der Süßgräser sei ursprünglich aus zwei Blattgebilden zu einem verwachsen. Als Stütze für ihre Auffassung verweisen sie darauf, dass in der Gattung *Streptochaeta*, die in den Urwäldern von Südamerika vorkommt, zwei getrennte Vorblätter auftreten.

Das Ergebnis unserer Überlegungen ist also: Bei den Süßgräsern entsprechen die Spelzen im Gegensatz zu den ähnlich geformten Gebilden bei den Binsengewächsen nicht den Perigonblättern. Wo haben wir diese dann zu suchen? Den Stellungsverhältnissen nach nur in den beiden Lodiculae. Sie fassen wir als zwei der wohl ursprünglich sechs Perigonblätter auf. Bei einigen Gattungen, z. B. beim Mais, fehlen die Lodiculae, d. h. ihre Anlagen sind allenfalls noch nachzuweisen, wenn man die Blütenentwicklung an Dünnschnitten mikroskopisch verfolgt. Bei anderen Gattungen, z. B. beim Federgras *(Stipa)* und bei einigen Bambusgewächsen, werden drei Lodiculae ausgebildet, beim Perlgras *(Melica)* hingegen nur eines. Bei einer ausländischen Grasart *(Ochlandra)* hat man sogar acht und mehr Lodiculae gefunden. Der gewichtigste Zeuge unter den heute lebenden Gräsern, der für eine Deutung der Schwellkörperchen als umgewandelte Perigonblätter spricht, ist die vorher schon erwähnte südamerikanische Gattung *Streptochaeta*. Bei ihr stehen nämlich an Stelle der Lodiculae noch drei Perigonblättchen. Die Schwellkörperchen haben freilich eine ganz andere Aufgabe als sonst die Perigonblätter. Ähnlich wie die Schwellkörper an den Blütenstandsästen vieler Süßgräser sorgen sie für eine Vergrößerung der Angriffsfläche für den Wind. Sie nehmen während der Blütezeit ebenfalls osmotisch Wasser auf, schwellen dadurch stark an und drücken Vor- und Deckspelze auseinander. Auf diese Wei-

Bild 54: Ährchen vom Nickenden Perlgras *(Melica nutans)*

se können die Staubblätter aus dem Ährchen herauswachsen, und auch die Narben der Fruchtknoten werden so freigelegt (Bild 55). Die Perigonschuppen von *Streptochaeta* vermögen die Spelzen selbstverständlich noch nicht auseinanderzuspreizen.

Die Blüte des Weizens hat, wie es für eine Grasblüte typisch ist, drei Staubblätter. Bei einigen ausländischen Süßgräsern kommen weniger oder mehr Staubblätter vor. Reis *(Oryza)* hat bemerkenswerterweise oftmals sechs Staubblätter, die in Wirteln angeordnet sind. Jedes Staubblatt besteht aus einem Staubfaden (Filament) und einem Behälter für den Blütenstaub, der verwickelt gebaut ist und den man Anthere nennt. Während der Blütezeit verlän-

Bild 55: Rispe des Wolligen Honiggrases *(Holcus lanatus)* während der Blüte. Die Rispenäste werden durch Schwellkörper stark abgespreizt. Bei einem Teil der Ährchen drücken die Lodiculae die Spelzen weit auseinander. In diesem Zustand bietet die Rispe dem Wind besonders viel Angriffsfläche.

gern sich die Staubfäden außerordentlich rasch und schieben dabei die Antheren aus den Spelzen hinaus. Ja, man kann das Wachstum geradezu mit bloßem Auge verfolgen. Ein besonders dankbares Objekt für derartige Beobachtungen ist blühender Roggen. Der Versuch ist höchst einfach: Kommt man Ende Mai an einem blühenden Roggenfeld vorbei, dann braucht man nur einige der eben aufblühenden Ähren, aus denen die ersten Staubblätter gerade schon heraushängen, durch die geschlossene Hand zu ziehen und so alle Staubblätter abzustreifen. Bereits nach 10–15 Minuten, bei warmem, feuchtem Wetter sogar schon früher, sieht man, wie aus den Spelzen jene Staubgefäße geradezu hervorkriechen, die durch die Spelzen vor dem Abgestreiftwerden geschützt waren. Allerdings muss man schon Frühaufsteher sein, wenn man diese Beobachtung mit Sicherheit machen will. Meist wachsen beim Roggen die Staubfäden schon morgens zwischen 6 und 7 Uhr, solange die Spelzen noch geschlossen sind. Die Lodiculae spreizen die Spelzen erst einige Stunden später auseinander. Sie schrumpfen aber schon am späten Vormittag wieder; als Folge davon schließen sich die Spelzen.

Wiewohl die Gräser demnach ihre Staubblätter stets richtig in den Wind hängen, braucht es doch großer Mengen an Pollenkörnern, um die Bestäubung auf alle Fälle zu sichern. So hat Pohl beim Roggen *(Secale cereale)* in jedem Staubblatt rund 19 000 Pollenkörner gezählt, in jeder Blüte also 57 000. Damit kommen also auf jede befruchtungsfähige Eizelle rund 57 000 Pollenkörner! Da jede Ähre mehr als 70 Blüten enthält, erzeugt sie rund 4 200 000 Pollenkörner! Beim Glatthafer *(Arrhenatherum elatius)* hat man den Pollengehalt eines Staubblatts mit 6 200, den einer Blüte mit 18 600 und den einer Rispe mit 3 700 000 ermittelt. Bei anderen Gräsern liegen die entsprechenden Zahlen in derselben Größenordnung. Da die Pollen außerordentlich leicht sind (z. B. 0,25 µg beim Mais oder 0,014 µg beim Knäuelgras), vermögen sie lange in der Luft zu schweben und können über weite Strecken verweht werden. So hat man bei zwei Roggenäckern, auf denen zwei verschiedene Sorten angebaut waren und die rund 600 m voneinander entfernt waren, noch Einkreuzung festgestellt. Die große Pollenmenge, die statistisch auf eine befruchtungsfähige Eizelle kommt, und die hervorragende Schwebefähig-

keit sichern also die Befruchtung bzw. deren Wahrscheinlichkeit recht gut.
Viele Gräser haben selbststerile Blüten, d. h. die Pollen der eigenen Staubgefäße können den Fruchtknoten nicht befruchten. Im Grunde wird dies durch die hängenden Staubbeutel und oft auch durch die spätere Spelzenöffnung ohnehin weitgehend vermieden. Bei anderen Gräsern, zu denen auch der Weizen *(Triticum)* gehört, bestäuben sich die Blüten selbst.

Bei vielen Menschen äußert sich die Pollenverbreitung der Gräser auf eine recht unangenehme Weise: Sie verursacht den „Heuschnupfen". Hierbei handelt es sich um eine allergische Reaktion des Organismus auf Eiweißstoffe, die in der Wand der Pollenkörner enthalten sind. Der Heuschnupfen wird hauptsächlich von den Pollen des Wiesen-Lieschgrases *(Phleum pratense)*, des Englischen Raygrases *(Lolium perenne)* und des Roggens *(Secale cereale)* hervorgerufen; doch können zweifellos auch die Pollen anderer Grasarten und sonstiger windblütiger Pflanzen Schnupfenreiz und andere Symptome auslösen, sofern eine genügende Menge in der Luft enthalten ist.

Im Gegensatz zu dem Fruchtknoten der Liliengewächse, der drei Samenfächer besitzt, ist derjenige der Süßgräser einfächrig. Bemerkenswerter macht hier wiederum *Streptochaeta* eine beachtliche Ausnahme. In dieser Gattung besteht der Fruchtknoten nämlich aus drei ziemlich deutlich voneinander abgesetzten Fruchtblättern. Insgesamt rechtfertigt der Blütenbau dieser Gattung eine Ableitung der „Grasblüte" von einem Teilblütenstand der Liliengewächse. Einen Hinweis auf die ursprüngliche Dreifächrigkeit des Grasfruchtknotens könnte man auch im Auftreten von 3 Narben sehen, das bei Angehörigen der Gattung Zittergras *(Briza)* häufig ist. Indessen wird der Wert dieser Besonderheit für die Deutung der Grasblüte etwas gemindert, weil manche Gattungen, z. B. das Borstgras *(Nardus)* regelmäßig nur eine Narbe ausbilden. Der Fruchtknoten enthält nur eine Samenanlage, deren Wand mit der Fruchtwand in einer die Süßgräser kennzeichnenden Weise verwächst und eine „Karyopse" bildet. Streng botanisch gesehen ist also das Korn, allgemein als Grassamen bezeichnet, gar kein Samen, sondern eine (einsamige) Frucht.

Die meisten Gräser haben zwittrige Blüten. Ausnahmen von der Regel stellen nur der Mais *(Zea mays)* und einige nahverwandte Arten dar. Beim einhäusigen Mais ist der oberste Blütenstand männlich, die unteren sind rein weiblich. Zweihäusige Gräser sind selten und kommen in Mitteleuropa nicht vor. Jetzt sind wir in der Lage, von der typischen Grasblüte ein Diagramm zu entwerfen, das nicht nur die noch heute nachweisbaren Blütenglieder berücksichtigt, sondern auch die, die im Verlauf der stammesgeschichtlichen Entwicklung vermutlich verlorengegangen sind (Bild 56). Bild 57 zeigt das Diagramm eines Grasährchens. Bei einigen Gräsern, so bei Varietäten des Alpen-Rispengrases *(Poa alpina* var. *vivipara)* und des Knollen-Rispengrases *(Poa bulbosa* var. *vivipara)* hat es den Anschein, als wüchsen die Samen schon im Blütenstand zu kleinen Pflänzchen aus. Indessen wäre man mit dieser Deutung einem Trugschluss zum Opfer gefallen. Die kleinen Pflänzchen entwickeln sich nämlich nicht aus den Samen, sondern aus Knospenanlagen. Deswegen ist das Epitheton der Varietätsnamen im Grunde unglücklich gewählt; denn es liegt ja keine Viviparie vor, bei der die Samen auf der Mutterpflanze auskeimen, sondern eine vegetative Vermehrung, die der durch Ausläufer vergleichbar ist, wenngleich sie, weil sie den Blütenstand betrifft, als bemerkenswert ganz besonders ins Auge fällt.

Wie wir schon erwähnten, sind Besonderheiten des Ährchen- und Blüten-

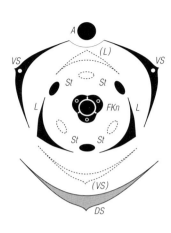
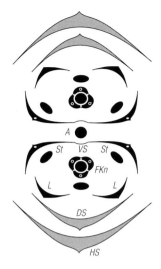

Bild 56: Theoretischer Grundriss der Grasblüte. Die als fehlend (während der Evolution ausgefallen) angenommenen Teile sind gestrichelt gezeichnet. A = Achse des Ährchens, DS = Deckspelze, VS = Vorspelze, L = Lodiculae (Schwellkörper), St = Staubblätter, FKn = Fruchtknoten (nach Strasburger, Lehrbuch der Botanik für Hochschulen; verändert)

Bild 57: Diagramm eines zweiblütigen Grasährchens. Abkürzungen vgl. Abbildung 56; HS = Hüllspelze

baues für das Bestimmen der Gräser von großer Bedeutung. Dabei handelt es sich um die Anzahl der Blüten, die ein Ährchen enthält, um die Art und Anzahl der Spelzen, von denen einige verkümmern bzw. gar nicht mehr ausgebildet werden können, und vor allem um die Begrannung der Spelzen. Die Grannen sind lange, oft gedrehte oder gekniete Auswüchse, die entweder der Spelzenspitze (Schwingel-Arten), dem Spelzenrücken (Hafer-Arten) oder der Spelzenbasis (Schmielen-Arten) entspringen. Häufig finden sich Grannen ausschließlich an den Deckspelzen (Bild 58). Seltener tragen auch die Hüllspelzen Grannen. Dies ist beim Ruchgras *(Anthoxanthum)* der Fall. Bei vielen Arten (z. B. bei den grannenlosen Weizensorten) trägt die Deckspelze eine kleine Spitze, die gegen die eigentliche Spelze etwas abgesetzt ist. Aus Hinweisen solcher Art, aber auch aufgrund anderer Befunde kann man schließen, dass die Granne möglicherweise der Blattspreite, die Spelzen der Blattscheide entsprechen.

Zweifellos kommt den Grannen bei der Verbreitung eine gewisse Bedeutung zu. Deck- und Vorspelze lösen sich bei vielen Arten nur sehr schwer von der Karyopse. Wenn also eine Granne mit ihrer oft rauen Oberfläche im Fell eines Tieres hängenbleibt, so schleppt es nicht nur die begrannte Spelze mit, sondern das ganze Korn. Dies ist umso eher der Fall, als häufig die Ährenachse oder die Rispenäste bei reifen Blütenständen brüchig sind, weshalb bei vielen Gräsern die von den Spelzen um-

Bild 58: Glatthafer *(Arrhenatherum elatius)*: Deckspelze mit Granne

hüllte Karyopse leicht abfällt. Außerdem vermag sich das begrannte Korn bei einigen Arten auch in das Erdreich einzubohren, und zwar aufgrund von Drehbewegungen, welche die in diesen Fällen verdrillte Granne bei wechselnder Luftfeuchtigkeit ausführt.

Als Fraßschutz dürften die Grannen kaum Bedeutung haben. Mit mehr Grund darf man die Derbheit der Spelzen so auslegen: Manche, wenn auch nicht alle Körnerfresser, bevorzugen spelzenlose Grassamen. Gelegentlich kann man dies auch bei Hühnern beobachten, die den „nackten" Weizen der spelzenumhüllten Gerste meist vorziehen.

Ein ganz eigenartiger Samenschutz hat sich bei dem in Ostasien und Indien heimischen „Tränengras" *(Coix lacryma-jobi)* ausgebildet. Wie der Mais, mit dem es näher verwandt ist, besitzt es männliche und weibliche Blütenstände. Am Grund des weiblichen Ährchens bildet sich aus einer Blattscheide eine blasig aufgetriebene Hülle, die das Ährchen nahezu ganz umschließt. Allerdings ist das krug- oder kugelförmige Gebilde an der Spitze durchlöchert. Aus der Öffnung wächst außer der Narbe auch eine gestielte männliche Scheinähre mit einigen zweiblütigen Ährchen heraus. Im Schutz dieses „Kruges" reifen die Samen des Tränengrases heran. Sie fallen mitsamt der Hülle ab. Keimwurzel und Keimscheide müssen ihren Weg durch die Öffnung an der Spitze nehmen. Die Hülle selbst vermögen sie nicht zu durchstoßen. Diese erlangt beim reifen Tränengras vielmehr eine im Pflanzenreich beispiellose Härte: Nach der Mohs'schen Härteskala beträgt diese „7", kommt also der von Quarz gleich. Bekanntlich ist es die Härte, die manchen Mineralien den Charakter von Halbedelsteinen oder Edelsteinen verleiht. Infolgedessen nimmt es nicht wunder, dass die „Krüge" des Tränengrases in Südostasien noch heute zu Schmuck verarbeitet werden und sogar schon als Geld benutzt wurden. Selbst Rosenkränze hat man aus ihnen hergestellt, und in dieser Gestalt sind die „Tränen" des Tränengrases auch in Deutschland bekannt geworden („Moses-Tränen", „Marien-Tränen", „Christus-Tränen", „Josephs-Zacher" – von mittelhochdeutsch Zäher = Zähre, Träne). Übrigens zeichnen sich die Halme und Blätter des Tränengrases keineswegs durch Derbheit aus. Das Tränengras ist vielmehr ein gutes Futtergras. In Indien wird eine Sorte mit bedeutend weicheren Hüllen als Getreide angebaut. Wiewohl wir mit dieser Kuriosität schon die Nutzung der Gräser berührt haben, wollen wir diesen

Gegenstand einem gesonderten Kapitel am Schluss des allgemeinen Teiles vorbehalten. In den nächsten beiden Kapiteln werden wir Leben und Bau der Riedgrasgewächse und der Binsengewächse kennenlernen. Freilich werden wir sie längst nicht so eingehend abhandeln können wie die Süßgräser, und zwar nicht nur aus Platzmangel: Vieles von dem, was wir über Bau und Aufgaben von Stängel, Blatt und z. T. auch der Blütenregion kennengelernt haben, gilt gleichermaßen oder mit nur geringen Änderungen auch für die Angehörigen der Riedgrasgewächse und Binsengewächse. Deswegen straffen wir die Darstellung und vermerken nur, was sie von den Süßgräsern wesentlich unterscheidet.

Die Riedgrasgewächse (Sauergräser, Cyperaceae)

Der aufmerksame Leser, der uns bis hierher gefolgt ist und der, was wir ihm vorgetragen haben, nicht nur schwarz auf weiß, sondern auch möglichst in der Natur sehen will, mag es vielleicht überflüssig finden, wenn wir die Riedgrasgewächse jetzt noch allgemein vorstellen, denn zweifellos ist er ihnen längst begegnet und hat sich mit ihren Kennzeichen vertraut gemacht. Für ihn möge der Steckbrief der Riedgräser als Bestätigung selbstgewonnener Kenntnis dienen.

Der Halm der Riedgräser ist im Gegensatz zu dem der Süßgräser nicht durch Knoten gegliedert, und wo die Blattscheiden am Grunde eine schwache Verdickung zeigen, kann man diese mit typischen Grasknoten eigentlich nicht verwechseln. Bei einheimischen Riedgrasgewächsen ist dies ohnehin kaum der Fall. Zudem unterscheiden sich die Riedgräser von den Süßgräsern durch ihren meist scharf dreikantigen Stängel, der überdies in der Regel nicht hohl, sondern mit Mark gefüllt ist (Bild 59).

Keine Regel ohne Ausnahme! Auch bei den Riedgräsern gibt es Arten mit absolut rundem Stängel, so etwa bei manchen einheimischen Simsen-, Wollgras- und Haarsimsen-Arten. Bei anderen ist der Stängel nur ganz oben schwach dreikantig. Oftmals übersieht man dies, wenn man sich nur vom ersten Eindruck leiten lässt. Hier verschafft nur ein dünner Querschnitt, den man zwischen zwei Objektträgern gegen das Licht hält, endgültige Klarheit, da selbst das Tastgefühl in diesen Grenzfällen nicht fein und zuverlässig genug ist. Indessen braucht man sich ob dieser nicht allzu seltenen Ausnahmen von der Regel kein Kopfzerbrechen zu machen, sofern es einem nur darum zu tun ist, Riedgräser nicht mit Süßgräsern zu verwechseln: Die angeführten Arten weichen im Gesamtbild nämlich stark von den „echten" Gräsern ab; auch wer seinen Blick nur wenig geschärft hat und erst Neuling auf botanischem Gebiet ist, kommt kaum in Gefahr, diese Arten bei den Süßgräsern einzuordnen. Eher könnte man sie noch für Angehörige der Binsengewächse halten, die jedoch an ihrem ganz anderen Blütenbau gut kenntlich sind. Allerdings lässt sich eine Entscheidung hier manchmal nur nach eingehendem Betrachten fällen.

Aufgrund des abweichenden Stängelbaues sitzen bei den Riedgräsern auch die Blätter anders am Stängel als bei den Süßgräsern: An deren rundem Halm standen sie bekanntlich einander mehr oder minder streng gegenüber und bildeten zwei Längsreihen am Stängel (zweizeilige Blattstellung). Bei den Riedgräsern setzen sie jeweils an den Breitseiten des Stängels an. Die Riedgrasgewächse besitzen also meist eine dreizeilige Blattstellung (Bild 60). Selbst die Blattscheiden sind bei Süßgräsern und Riedgräsern verschieden. Bekanntlich sind die Ränder der Blattscheiden bei den Süßgräsern nur bei wenigen Arten miteinander verwachsen (meist offene Blattscheiden). Im Gegensatz dazu sind die Blattscheiden bei den meisten Riedgräsern am Rande verwachsen und dadurch geschlossen (Bild 61). Ein wohlausgebildetes Blatthäutchen fehlt den Riedgräsern. Allenfalls findet sich an seiner Stelle ein mehr oder minder deutlicher, häutiger Saum.

Trotz der geringeren Artenzahl sind die Riedgräser unter sich gestaltlich kaum weniger verschieden als die Süßgräser. Immerhin umfasst die Familie etwa 5500 verschiedene Arten, die in ca. 100 Gattungen gegliedert werden. Auch hinsichtlich der Standorte weisen die

Bild 59 (links): Bei der Fuchs-Segge *(Carex vulpina)* ist der dreikantige Stängel besonders gut zu sehen.

Bild 60 (rechts): Bei den Seggen stehen die Blätter an drei Seiten des Stängels. Blaugrüne Segge *(Carex flacca)*.

Riedgräser nicht die Besiedlungsbreite auf wie die Süßgräser. Ihr eigentliches Reich sind die Moore und Riede, deren Gesicht sie wesentlich mitbestimmen, und insofern ist ihr Name passend gewählt. Leider kann man dies in anderer Hinsicht nicht sagen. Das Wort „Ried" ist nämlich aus dem mittelhochdeutschen „riet" hervorgegangen, das „Schilf" bedeutet. Schilf *(Phragmites australis)* ist aber bekanntlich ein Süßgras, wenngleich es zugegebenermaßen in „Rieden" und Mooren, wie überhaupt in allen Verlandungszonen eine Charakterpflanze ist.

Auch die Bezeichnung „Sauergräser", die man oft für die Riedgräser verwendet, kann von hier aus verstanden werden: Die Böden der Moore und Riede reagieren oftmals sauer. Freilich ist diese Auslegung eher eine Eselsbrücke als eine wirkliche Erklärung für „Sauergras"; denn in der Zeit, in der dies Wort entstand, wusste man von saurer Bodenreaktion noch nichts. Eines allerdings wusste man: Das Vieh verschmäht die meisten Riedgräser als Futter. Sie schmecken also nicht gut, nicht „süß", und daher erklärt sich sowohl die Bezeichnung „Sauergras" als auch „Süßgras". Leider kann man „Sauergras" nicht auch als Eselsbrücke für den hohen Kieselsäuregehalt der Riedgräser gebrauchen, wiewohl er zugegebenermaßen mit schuld daran ist, dass die meisten Riedgräser als Futter ungeeignet sind; denn es gibt

Bild 61 (links): Im Unterschied zu den Süßgräsern besitzen die Seggen stets geschlossene Blattscheiden. Blattscheide der Behaarten Segge *(Carex hirta)*.

Bild 62 (rechts): Lange Ausläufer sind typisch für die Blaugrüne Segge *(Carex flacca)*.

auch zahlreiche Süßgräser, die Kieselsäure in beträchtlicher Menge enthalten. Als Fraßschutz der Riedgräser wirken vornehmlich feine, sägezahnartige Auswüchse an den Blatträndern und auf der Blattfläche, die oftmals so kräftig sind, dass man sich daran schneiden kann. Auf diese Eigenschaft bezieht sich auch der deutsche Name der Gattung *Carex* = Segge, der sich von der indogermanischen Wurzel sek = schneiden ableitet.
Bemerkenswert zahlreiche Riedgrasarten kommen in Wäldern vor, wenngleich sie auch hier feuchte Standorte bevorzugen, an denen sie gelegentlich Massenbestände bilden. Indessen haben sich manche Arten auch an ausgesprochen trockene Standorte angepasst und besiedeln selbst extreme Trockenböden. Sogar auf bloßen Sanddünen finden wir noch Vertreter der Familie, und die Sand-Segge *(Carex arenaria)* ist bestimmt jedem bekannt, der seinen Urlaub an der sandigen Nord- oder Ostseeküste verbracht hat.
Bei den Riedgräsern finden wir nahezu alle Besonderheiten im Blattbau, die wir bei den Süßgräsern kennengelernt haben. Den Hauptwuchsorten entsprechend sind Trockenheitsanpassungen viel seltener als Anpassungen an feuchte Standorte. So sind für viele feuchtigkeitsliebende Sauergräser große Lücken im Zellgewebe (weite Interzellularen) und regelrechte Luftgänge typisch, die als Bündel weiträumiger

Zellen zwischen den Strängen des Festigungsgewebes verlaufen, also ein recht leistungsfähiges Durchlüftungssystem bilden. Die meisten Riedgräser sind mehrjährig. Einjährige Arten sind selten (z. B. einige der einheimischen Zypergräser *(Cyperus)*). Holzpflanzen, die den Bambusgewächsen vergleichbar wären, gibt es nicht.

Bei den Riedgräsern finden wir grundsätzlich dieselben Wuchsformen wie bei den Süßgräsern: Einzelpflanzen mit und ohne Ausläufer (Bild 62), rasen- und horstbildende Arten (Bilder 63–66). Die letzteren sind besonders häufig, und bei manchen Arten erreichen die Horste eine recht ansehnliche Größe (z. B. Bülte der Steifen Segge *(Carex elata)*). Die Art, wie die Wuchsformen zustande kommen, ähnelt der, die wir bei den Süßgräsern eingehend besprochen haben (s. S. 21ff.). Überhaupt gibt es außer den erwähnten Besonderheiten im Bau auch hinsichtlich der Aufgaben der einzelnen Organe bei den Riedgräsern nichts, was so grundlegend anders als bei den Süßgräsern wäre, dass es einer ausführlichen Darstellung bedürfte.

Ganz anders ist dies beim Blütenstands- und vor allem beim Blütenbau. Deswegen wollen wir uns beiden im nächsten Kapitel zuwenden.

Bild 63 (oben): Die Wuchsform der Wald-Segge *(Carex sylvatica)* kann man rasig oder lockerhorstig nennen.

Bild 64 (unten): Kleine Horste bildet die Finger-Segge *(Carex digitata)*.

Bild 65 (oben): Große Horste, wie bei der Steifen Segge *(Carex elata)* fallen auf.

Bild 66 (unten): Bei der Erd-Segge *(Carex humilis)* sieht man deutlich, dass die Basis dichter Horste oft von den abgestorbenen Blättern des Vorjahres gebildet wird.

Die reproduktiven Organe der Riedgrasgewächse

Wie die Süßgräser besitzen auch die Riedgräser zusammengesetzte Blütenstände, wobei die Teilblütenstände hier wie dort ein- oder mehrblütige Ährchen sind. Diese unterscheiden sich indessen, wie noch gezeigt wird, von den Ährchen der Süßgräser z. T. recht wesentlich. Oftmals sind sie zu Teilblütenständen höherer Ordnung zusammengefasst. Dabei spielt die Ähre die größte Rolle. Aber auch Köpfchen und Spirre kommen vor. Im Grunde ist das Köpfchen nichts weiter als eine Ähre, bei der die Achse so stark gestaucht ist, dass sie zu einem mehr oder minder breiten Gebilde geworden ist, dem die Blüten, d.h. hier die Ährchen, aufsitzen. Auch die Spirre lässt sich als Abwandlung eines uns schon bekannten Blütenstandes verstehen: der Rispe. Nur ist bei der Spirre die Hauptachse geringer entwickelt als die untersten ihrer Seitenauszweigungen, weshalb sie von diesen übergipfelt wird. Die Teilblütenstände, gleich welcher Ordnung, sind letzten Endes in Ähren, Spirren, Köpfchen oder Trauben angeordnet. Innerhalb der Riedgräser ist die Vielfalt im „Blütenbau" wesentlich größer als bei den Süßgräsern. Dies mag zunächst verwirrend erscheinen. Indessen hilft uns gerade dies, die „Blüte" zu deuten. Die lückenlose Vorfahrenkette der Riedgräser, in der wir die schrittweise Herausbildung der heutigen Blütenformen hätten verfolgen können, ist uns unbe-

Bild 67 (links): Die weißen Haare des Schmalblättrigen Wollgrases *(Eriophorum angustifolium)* fallen schon von weitem auf.

Bild 68 (rechts): Das Schmalblättrige Wollgras gehört zu den Riedgräsern mit rundlichem Stängel.

kannt. Daher sind wir auf ein ähnliches Schlussverfahren angewiesen, wie wir es bei der Deutung der Grasährchen mit Erfolg angewendet haben. Hinsichtlich der Herausbildung der Riedgrasblüte herrscht unter den Taxonomen keine Einigkeit. Darauf haben wir schon im 1. Kapitel hingewiesen. Wir folgen hier den Forschern, die meinen, die Riedgrasblüte sei durch Rückbildungen aus einer Blüte entstanden, die grundsätzlich dem Bau der Liliaceenblüte entspricht. Außer Acht lassen wir Auffassungen, die mit einer stammesgeschichtlichen Blütenbildung aus vordem zwittrigen Blütenständen rechnen. Dennoch räumen wir ein, dass auch für diese Auffassung manche Gründe sprechen, besonders wenn man vornehmlich die Seggen-Blüte ins Auge fasst.

Im Gegensatz zu den Süßgräsern sind bei den Riedgrasgewächsen eingeschlechtige Blüten nicht selten. In der einheimischen Flora haben die zahlreichen Seggen-Arten durchweg eingeschlechtige und obendrein stark rückgebildete Blüten. Immerhin fehlen Gattungen mit zwitterblütigen Arten in der Familie durchaus nicht. So haben z. B. die Simsen *(Scirpus)* oder die Sumpfbinsen *(Eleocharis)* Zwitterblüten. Obgleich auch ihnen ein typisches Perigon fehlt, so erlauben sie doch schon ohne viel Phantasie den Vergleich mit einer Blüte eines Liliengewächses; denn die Stelle der Perigonblätter wird offensichtlich durch sechs Borsten eingenommen, die Widerhaken tragen, mit der Frucht verbunden bleiben und deren Verbreitung durch Tiere erleichtern. Offensichtlich haben sich auch die auffallenden Haare der Wollgräser *(Eriophorum)* aus dem Perigon gebildet (Bilder 67, 68). Wenigstens nehmen die Haare dieselbe Stellung an der Zwitterblüte ein, die bei den Simsen den Borsten zukam. In all diesen Gattungen umstehen nur drei Staubblätter den Fruchtknoten. Also muss, sofern die Vorfahren unserer heutigen Riedgrasgewächse einen ähnlichen Blütenbau gehabt haben wie die Liliengewächse, ein Wirtel mit drei Staubblättern im Zuge der stammesgeschichtlichen Entwicklung ausgefallen sein. Für seine ursprüngliche Ähnlichkeit mit den Liliengewächsen spricht hingegen wieder der Bau des Fruchtknotens, der aus drei Fruchtblättern verwachsen ist. Allerdings ist er nur einfächrig und enthält nur eine einzige Samenanlage, deren Wand wie bei den Süßgräsern mit der Fruchtwand verwächst. Statt dessen reift der Fruchtknoten zu einer Nuss heran.

Der Bau der eingeschlechtigen Seggenblüten (Bilder 69–77) ist wesentlich schwieriger zu verstehen. Die männliche Blüte besteht aus drei Staubblättern, die in der Achsel eines Deckblattes stehen. Hier wären also bis auf einen dreigliedrigen Staubblattkreis alle anderen Blütenglieder ausgefallen! Die weibliche Blüte sieht bei der Segge noch ungewöhnlicher aus als die männliche. Wie diese steht sie in der Achsel eines Deckblattes. Während der eigentlichen Blütezeit erkennt man, zumindest mit einer Lupe, unschwer die drei, bei manchen Arten auch nur zwei Narben, und oft einen mehr oder minder langen Griffel. Scheinbar entspringt dieser einem bauchigen „Fruchtknoten", aber eben nur scheinbar. In Wirklichkeit ist das bauchige Gebilde das zusammengewachsene Tragblatt der weiblichen Blüte, das den Fruchtknoten als „Schlauch" umgibt.

Zu den o. g. Narben muss folgendes erläutert werden: Die Zahl der Narben spielt bei der Artbestimmung der Seggen eine Rolle. Leider kann man Narben in der Regel nur während der verhältnismäßig kurzen Blütezeit sicher zählen. Aber oftmals will man eine schon fruchtende Segge kennen lernen. Was tun, wenn man nach der Anzahl der Narben gefragt wird? Ein kleiner Kniff hilft da weiter. Bei den Arten mit nur zwei Narben ist der Fruchtknoten nicht, wie sonst üblich, aus drei Fruchtblättern verwachsen, sondern nur aus zweien. Infolgedessen ist er auch nicht dreikantig, sondern mehr oder minder linsenförmig flach. Sind also die Narben abgefallen, so kann man trotzdem ihre Zahl ermitteln, wenn man den Fruchtknoten oder die Frucht genau ansieht. Allerdings braucht man dazu nebst einer Lupe etwas Fingerspitzengefühl: Man muss den Fruchtknoten nämlich erst aus dem „Schlauch" (s. o.) vorsichtig herauspräparieren.

Nun aber zurück zum Fruchtschlauch, der als umgebildetes Tragblatt gedeutet wird: Zu dieser Deutung weist uns das Nacktried *(Elyna myosuroides)* den Weg, das auf alpinen Matten vorkommt und im deutschen Alpengebiet, vor allem im Allgäu, nicht allzu selten ist. Bei ihm ist nämlich das Tragblatt nur im unteren Teil verwachsen. Beim Seggenartigen Schuppenried *(Kobresia simpliciuscula)*, das bei uns nur in den Berchtesgadener Alpen wächst, ist der Fruchtknoten sogar noch vollständig frei und das Tragblatt flach. Gleich wie bei einem einblütigen Grasährchen, auf das man den Ausdruck „Blüte" ja auch nicht anwenden sollte, müsste man folgerichtig auch bei der weiblichen Seggenblüte verfahren; denn auch sie ist im Grunde ein aufs äußerste vereinfachter Blütenstand, wie aus dem Vorhandensein eines Tragblattes deutlich hervorgeht. Darauf weist auch hin, dass beim Ährenried *(Elyna myosuroides)* das Ährchen jeweils eine weibliche und eine männliche Blüte enthält, und bei dem Riedgras *Schoenoxiphium*, das in Mitteleuropa nicht vorkommt, ist das Ährchen sogar noch vielblütig.

Bilder 69–77: Wenn ein Laie Blütenstände von Seggen unterscheiden soll, so macht ihm das besondere Schwierigkeiten. Am einfachsten hat er es noch bei Verschiedenährigen Seggen. Bei ihnen gibt es an der Spitze des Stängels ein oder mehrere männliche Ährchen.

Bild 69: Blütenstand der Blaugrünen Segge *(Carex flacca)*. Die männlichen Ähren sind zur Blütezeit leicht an den gelblichen Staubblättern zu erkennen. An den weiblichen Ährchen fallen die weißen Narben auf.

Bild 70: Die weiblichen Ährchen sitzen oft tiefer am Stängel an und sind dann leicht anzusprechen. Blaugrüne Segge *(Carex flacca)*.

Bild 71: Doch auch wenn sie unmittelbar an männliche Ährchen anschließen, verraten sie sich durch ihre aufgeblasenen Schläuche. Berg-Segge *(Carex montana)*.

Bild 72: Missbildungen, die uns unsicher machen könnten, weil der untere Teil des Ährchens weiblich, der obere männlich ist, sind glücklicherweise recht selten. Blaugrüne Segge *(Carex flacca)*.

Bild 73: Bei einigen Arten, so bei der Haar-Segge *(Carex hirta)* sind die Schläuche lang geschnäbelt. Selten sind sie, wie hier, auch noch behaart, sodass auch dieses Kennzeichen ein arteigentümliches Unterscheidungsmerkmal ist. Die Blütenstände der Gleichartigen Seggen sind meist viel gedrungener. In den einzelnen Ährchen kommen stets weibliche und männliche Blüten vor.

67	68	69
70	71	72
73	74	75

Bild 74: Bei der Hasenpfoten-Segge *(Carex ovalis)* sind die oberen Blüten im Ährchen weiblich, die unteren männlich.

Bild 75: Die Sparrige Segge *(Carex muricata)* gehört zur anderen Gruppe, bei der im Ährchen die männlichen Blüten über den weiblichen stehen.

Bild 76: Als Ausnahme von der Regel hat die Winkel-Segge *(Carex remota)* einen sehr aufgelockerten Blüten- (und Frucht-)stand.

Bild 77: Fruchtstand der Zittergras-Segge *(Carex brizoides)*, die in manchen Wäldern dichte und ausgedehnte Bestände bildet.

78　　　　　　　　　　79　　　　　　　　　　80

Die Binsengewächse (Juncaceae)

Diese Familie erwähnen wir nur der Vollständigkeit halber an dieser Stelle, einmal, weil ihre Angehörigen aufgrund des über die Süß- und Riedgräser Gesagten eigentlich schon per exclusionem beschrieben sind, zum andern, weil wir die wichtigsten ihrer Kennzeichen tatsächlich schon mehr oder minder ausführlich erwähnt haben: die schmucklose Liliaceenblüte und den gras- bzw. binsen- bzw. simsenartigen Wuchs. Mit den Riedgrasgewächsen teilen die Binsengewächse die Vorliebe für feuchte Standorte, jedoch besiedeln manche Hainsimsen-Arten auch ausgesprochen trockene Böden. Der Verbreitungsschwerpunkt der Binsengewächse liegt eindeutig in den gemäßigten und kalten Zonen. Die Familie gehört nicht zu den großen Familien im Pflanzenreich. Man schätzt sie auf nur etwa 400 Arten, von denen etwa $^7/_{10}$ in Deutschland beheimatet sind. Unsere heimischen Binsengewächse gehören entweder zur Gattung Hainsimse (*Luzula*, Bilder 78–80), die durch grasartig flache und oft behaarte Blätter sowie durch spirrige Blütenstände ausgezeichnet ist, oder zur Gattung Binse (*Juncus*, Bilder 81–83), deren Arten z. T. ebenfalls flache Blätter besitzen (z. B. Zarte Binse *(Juncus tenuis)*). Andere Vertreter der Gattung haben die typischen Binsenblätter: halmartig hohle oder markerfüllte Blätter, die von einem Stängel nicht zu unterscheiden sind.

81 82 83

Bild 78: Blütenstand der Feld-Hainsimse *(Luzula campestris)*. Die Spirre ist klein und wenig verzweigt, fällt aber durch die dunkle Farbe auf.

Bild 79: Für die Hainsimsen ist die Behaarung der Blätter und Blattscheiden charakteristisch. Die Aufnahme zeigt die Blattscheide der Busch-Hainsimse *(Luzula luzuloides)*.

Bild 80: Blütenstand der Weißen Hainsimse *(Luzula luzuloides)*. Die Spirre ist stark verzweigt.

Bild 81: Horst der Blaugrünen Binse *(Juncus inflexus)*

Bild 82: Blütenstand der Blaugrünen Binse *(Juncus inflexus)*

Bild 83: Horst der Glanzfrüchtigen Binse *(Juncus articulatus)*

Die Namengebung für die Simsen und Binsen ist im Deutschen bedauerlicherweise „in die Binsen gegangen", denn Klarheit gibt es hier keineswegs. So, wie die mundartlichen Bezeichnungen wechseln, liest man bei einem Botaniker „Binse" für eine Pflanze, die ein anderer „Simse" nennt, und womöglich steht dabei noch eine Begründung, warum es so und nicht anders heißen müsse. Natürlich waren wir gezwungen, uns zu entscheiden. Wir haben uns weitgehend der Benennung in „Zander, Handwörterbuch der Pflanzennamen" angeschlossen, auch in der Hoffnung, damit einen Beitrag zum möglichst einheitlichen Gebrauch auch der deutschen Pflanzennamen zu leisten.

Die Nutzung der grasartigen Pflanzen

Unternähme es einer, all die Zwecke aufzuzählen, zu denen der Mensch grasartige Pflanzen nutzt, so stünde er vor einer nahezu unlösbaren Aufgabe. Schon ein Blick in unseren Alltag macht dies recht anschaulich. Brot und Teigwaren, Graupen, Grieß und Mehl, Reis, Haferflocken und Cornflakes, Rohrzucker, Malzkaffee, Bier und selbst Whisky, Arrak oder Rum sind aus Rohstoffen gemacht, die Gräser liefern. Dazu kommt die Nutzung der Grasartigen als Streu und vor allem als Futterpflanzen. Darum sind Rind-, Schaf- und Schweinefleisch, sowie die Grillhähnchen nebst Eiern, Butter und Käse in der Hauptsache oft nichts anderes als umgewandeltes Gras bzw. Getreide. So gesehen gehören auch Leder und Wolle in diese Liste. Vor allem aus vegetarischen Kreisen wird heutzutage immer wieder auf die ernährungswissenschaftlich belegte Tatsache hingewiesen, dass bei der Tiermast mit Getreideprodukten, die auch für die menschliche Ernährung geeignet sind, eine ungeheure Verschwendung an Nahrungsmitteln stattfinde. Zur Erzeugung einer Fleischmenge im Nährwert von 1 kJ werden Pflanzenprodukte mit einem Nährwert von 4 bis 7 kJ benötigt (Faustregel: 1 „Tierjoule" braucht zum Aufbau 5 „Pflanzenjoule"). Allerdings muss betont werden, dass in steigendem Maße (Pflanzen-) Produkte zur Tiermast herangezogen werden, die speziell für diese Zwecke angebaut wurden und auch effektiver sind, aber für die direkte menschliche Ernährung nicht taugen (Getreidesubstitute). Ihr Einsatz verlagert den Grundsatzstreit allerdings nur: vom Produkt zur benötigten Anbaufläche.

Weniger bekannt ist bei uns die Verwendung von Grasartigen als Baumaterial (z. B. Bambus, Schilf und anderes Röhricht – man denke an die „Brücke am Kwai" oder Thor Heyerdahls Ra II) oder Werkstoff (Flecht-, Dämm- und Verpackungsmaterial, Polster- und Kissenfüllung, Besen- und Bürstenrohstoff) sowie als Lieferanten für Aromatika, Duftöle, einiger Heilmittel und von Grundmaterial für die Papier- und Pappeherstellung.

So vielfältig man eine derartige Liste auch gestalten mag: die größte Bedeutung hat die Familie der Süßgräser. Binsen und Hainsimsen, Riedgräser, Rohr- und Igelkolben stehen dagegen weit zurück. Bei der Beschreibung der Arten (S. 96ff.) weisen wir auf frühere oder bestehende Nutzung hin. Von den Hauptkulturgräsern der Erde, den wichtigsten Getreidearten und dem Zuckerrohr, soll in diesem Abschnitt einiges Wissenswerte zusätzlich zusammengestellt werden.

Die Getreide als Kulturpflanzen

Ein Gras wird nicht einfach dadurch zur Kulturpflanze, dass man es anbaut. Es muss vielmehr über viele Generationen hinweg auf die Eigenschaften hin ausgelesen werden, die für den Menschen von Vorteil, für die Wildpflanzen hingegen oftmals von Nachteil sind. Getreide haben z. B. keine brüchigen Ährenspindeln mehr, bei ihnen treten Formen mit nackten Körnern auf, und nicht zuletzt sind sie auf Ertrag, Korngröße und Kornmenge ausgelesen worden. Untersuchungen haben einen Zusammenhang der Kulturpflanzeneigenschaften mit der Anzahl von Chromosomensätzen erwiesen, die im Zellkern enthalten sind: Kulturpflanzen sind oftmals polyploid, d. h. in den Kernen ihrer Zellen befinden sich nicht nur zwei, sondern mehr Chromosomensätze. Dadurch werden nicht nur die Erbanlagen, die ins Plasma der Zelle wirken, vermehrt. In nicht wenigen Fällen wird auch die Vielfalt des Anlagenbestandes vergrößert. Dies trifft immer zu, wenn Polyploidie durch Bastardierung zweier verschiedener Arten entstanden ist (Allopolyploidie). Gerade sie zeichnet z. B. den Weizen aus. Hier liegt eine der Ursachen für den Sortenreichtum und zugleich die Basis für die so überaus erfolgreiche züchterische Arbeit.

Der Weizen *(Triticum)*

Bei kaum einer Nutzpflanze ist es so fragwürdig, wenn man sie als „Art" bezeichnet, wie beim Weizen. Als eine der ältesten Kulturpflanzen hat er eine Entwicklung hinter sich, die wir weder auf einen Blick noch mit der alle Probleme klärenden Sicherheit übersehen können. So rechnen Kulturpflanzenspezialisten allein für die Gegenwart mit etwa 10 000 verschiedenen Weizensorten und -rassen. Diese kann man in drei Hauptformenkreise zusammenfassen, die sich gestaltlich und durch ihre Chromosomenzahl kennzeichnen lassen.

Die Rassen der Einkorn-Reihe besitzen 14 Chromosomen (Satzformel AA), die der Emmer-Reihe 28 (Satzformel AABB) und die der Saat-Weizen-Reihe 42 (Satzformel AABBCC). Die Buchstaben verweisen auf die Herkunft der Chromosomensätze von verschiedenartigen Vorfahren. Der C-Chromosomensatz kommt mit großer Wahrscheinlichkeit von der Wildgrasart *Aegilops triuncialis*. Auch der B-Satz könnte aus einer Art der Gattung *Aegilops* (Gänsefußgras – neuerdings oft mit der Gattung *Triticum* vereinigt) oder aber aus der Gattung *Elymus* (Quecken) eingebracht worden sein. 1944 gelang MacFadden und Sears die Kreuzung von Emmer mit *Aegilops triuncialis*, wobei Allopolyploidisierung auftrat. Die dabei entstandene „synthetische Pflanze" glich nahezu vollständig dem Dinkel *(Triticum spelta)*, der zur Saat-Weizen-Reihe gehört. Wie bei Emmer und Einkorn werden seine Körner noch fest von den Spelzen umschlossen. Er zählt somit zu den urtümlichen Spelzweizen-Formen im Gegensatz zur „zweiten Generation", den Nacktweizen, den heutigen Endgliedern sowohl der Saat-Weizen – wie auch der Emmer-Reihe. Wann die Vorfahren der heutigen Weizen in Kultur genommen worden sind, lässt sich bislang nicht mit Sicherheit feststellen. Vermutlich erfolgte dies nicht früher als etwa 10 000 v. Chr. Immerhin besitzen schon (früh-)jungsteinzeitliche Funde deutliche Kulturpflanzenmerkmale, wie sie nur in vielen Generationen herausgezüchtet worden sein konnten. Nacktweizenkörner (neben Spelzweizen und Gerste) aus Aswad (NW-Mesopotamien) wurden auf ein Alter von knapp 10 000 Jahren datiert.

Der Weizen verdankt seine Vorrangstellung unter den Brotgetreiden – rund 1 % der Erdoberfläche sind Weizenfelder – vor allem der hervorragenden Backfähigkeit des aus seinen Körnern gewonnenen Mehls. Je nach dem Ausmahlungsgrad enthält Mehl verschiedene Bestandteile, die aus den unterschiedlichen Geweben des Korns stammen. Bild 9, S. 17, zeigt einen Schnitt durch ein Weizenkorn. Wie man sieht, bildet der Mehlkörper den Hauptbestandteil der Grasfrucht. Der Rest besteht aus der Aleuronschicht und der mit der Fruchtwand verwachsenen Samenschale sowie dem Embryo. Die Backfähigkeit hängt vor allem vom Gehalt des Mehls an kleberbildenden Proteinen ab. Irrtümlich rechnete man früher hierzu alle Eiweißstoffe im Weizenkeim. Deswegen bezeichnete man, hierin dem Beispiel J. v. Liebigs folgend, die eiweißreiche Aleuronschicht gerne als „Kleberschicht". Indessen handelt es sich bei den Proteinen der Aleuronkörner vornehmlich um Globuline, die wenig verkleben. Das kleberbildende Eiweiß ist vielmehr größtenteils im Mehlkörper enthalten, weswegen auch wenig ausgemahlene Mehle noch backfähig sind. Weißmehl enthält nur Bestandteile des Mehlkörpers, Schwarzmehl auch solche der Aleuronschicht, der Schalen und des Embryos. Vor allem in den Schalen sind Vitamine der B-Gruppe und wertvolle Mineralstoffe. Hierin liegt ein Grund, weshalb Schwarzbrot gelegentlich als „gesünder" empfohlen wird im Vergleich zu Weißbrot. Der etwas größere Eiweißgehalt schlägt dagegen kaum zu Buch. Viel eher gilt das für den stärkeren Rohfasergehalt, den Anteil an unverdaulichen Kohlenhydraten. Zwar wird durch solche „Ballaststoffe" die Darmtätigkeit angeregt; andererseits wirken sie für „magenempfindliche" Menschen eindeutig wenig bekömmlich.

Der Roggen *(Secale cereale)*

Das wichtigste Brotgetreide Nordeuropas ist der kältefeste und hinsichtlich seiner Ansprüche an Bodenqualität genügsame Roggen. Ursprünglich war er, hierin dem Hafer ähnlich, wohl nur als Ackerunkraut nach Europa eingeschleppt worden. Wildroggen kommt nämlich noch heute in den Weizenfeldern der Türkei und des Irans recht häufig als ungebetener Gast vor. Ganz im Gegensatz zum Weizen sind die Wildformen von den Kulturrassen nur wenig verschieden. Das deutet darauf hin, dass der Roggen vor nicht allzu langer Zeit erst in Kultur genommen worden ist. In der Tat stammen die ältesten bekannten Roggenfunde Europas aus der frühen Bronzezeit. In den ersten nachchristlichen Jahrhunderten war Roggen bei Kelten, Germanen und Slawen Hauptbrotfrucht.

Wir können uns recht gut vorstellen, wie es zum Roggenanbau gekommen ist: wahrscheinlich wurden Rassen des Wildroggens mit bruchfester Ährenspindel ungewollt aus dem mit dem Weizen geernteten Saatgut ausgelesen. In unserem Klima vermag sich Roggen nämlich besser durchzusetzen als Weizen. Augenfällig wird dies besonders nach harten Wintern mit starken Auswinterungsschäden; denn durch starke Kälte wird beim Roggen kräftiges Schossen ausgelöst, wogegen Weizenpflanzen bei hartem Frost erfrieren. E. Baur hat dies schlagend bewiesen, indem er in Konkurrenzversuchen Mischsaaten von Roggen und Weizen anbaute. Unter den Klima- und Bodenverhältnissen der Mark Brandenburg verdrängt der Roggen den Weizen ohne jegliches Zutun des Menschen vollständig schon nach drei Jahren, wenn man von einer hälftigen Mischsaat ausgeht. Früher machte man sich diese Überlegenheit des Roggens in kälteren Gegenden zunutze. Vor allem in Osteuropa mischte man dem Weizensaatgut Roggen bei. Dadurch konnte man selbst nach vollständigem Auswintern des Weizens wenigstens noch eine Teilernte von Roggen einbringen.

Wie kaum ein anderes mitteleuropäisches Getreide wurde der Roggen in der ersten Hälfte unseres Jahrhunderts züchterisch verbessert. Der Pettkuser Roggen, der um 1900 herum aufkam, brachte um nahezu 50 % höhere Erträge. Dem schwedischen Erbforscher A. Müntzing gelang die Zucht (auto)polyploiden Roggens, der nicht nur mehr trug, sondern vor allem größere Früchte besaß. So wogen bei der Ausgangsrasse tausend Roggenkörner 31,2 g, bei der tetraploiden Zuchtrasse hingegen 48,2 g. In der UdSSR sollen Sorten mit extremer Kälteverträglichkeit herausgezüchtet worden sein. Angeblich ertragen die Sorten „Amurskaja" und „Omskaja" noch Temperaturen unter −30° C ohne auszuwintern.

Versuche, die Kornqualität des Weizens und die Genügsamkeit des Roggens in einem Gattungsbastard Triticale (= Triticum × Secale) zu kombinieren, führten bislang trotz Überwindung anfänglicher methodischer Schwierigkeiten noch zu keinem überzeugenden Erfolg.

Der Hafer *(Avena)*

In der Gattung Hafer, der unsere Kulturpflanze „Saat-Hafer" *(Avena sativa)* mit seinen zahlreichen Sorten angehört, finden sich Arten unterschiedlichen Polyploidiegrades. Drei Gruppen lassen sich unterscheiden: Die *„strigosa"*-Gruppe mit 14 Chromosomen, die *„barbata"*-Gruppe mit 28 und die *„sativa"*-Gruppe mit 42. Obwohl der Mensch Hafer-Arten aller Polyploidiestufen in Kultur genommen hat, erwies sich auch hier eine Art mit hohem Polyploidiegrad, der hexaploide Saat-Hafer, als die beste Nutzpflanze.

In prähistorischer Zeit wurde Hafer wahrscheinlich nur in Mitteleuropa angebaut. Wenigstens kennt man nur von hier entsprechende Funde. Die ältesten stammen aus der (späten) Bronzezeit. Bekannt geworden sind die Haferfunde aus den Pfahlbauten des Bodensees. Die damals angebauten Rassen hatten Körner, die nur etwa 6 mm lang waren, wogegen die Körner heutiger Sorten nahezu das Dreifache messen. Die Römer lernten den Kulturhafer augenscheinlich erst von den Germanen kennen, bei denen er, nach Plinius, ein beliebtes Nahrungsmittel darstellte. Heute indessen spielt der Hafer in erster Linie mittelbar als Futtergetreide eine Rolle für die menschliche Ernährung.

Da der Saat-Hafer vermutlich in Mitteleuropa vor noch nicht allzu langer Zeit in Kultur genommen worden ist, finden sich in der mitteleuropäischen Flora noch nahe verwandte Wildhafer, die z. T. sogar noch mit den Kulturrassen bastardieren können. Am bekanntesten ist der hier fast überall häufige Flug-Hafer *(Avena fatua)*, in dem wir wohl zu Recht die Stammform des Saat-Hafers erblicken. Wer sich aus eigener Anschauung ein Bild von den Unterschieden zwischen Kultur- und Wildpflanze machen möchte, findet in diesen beiden Arten geeignete Vergleichsobjekte.

Die Gerste *(Hordeum)*

Die Gerste ist wie kaum ein anderes Getreide durch Anspruchslosigkeit ausgezeichnet. Deshalb kann man sie noch in Gegenden anbauen, in denen die Kultur anderer Kornfrucht unmöglich ist. So findet man Gerstenfelder sogar in den trockenheißen Steppen Vorderasiens, wo dieses Getreide selbst auf salzigen Böden gedeiht. Auf den Hochebenen Tibets wächst es noch in mehr als 4500 m Meereshöhe; ja selbst nördlich des Polarkreises lässt es sich auf Dauerfrostböden anbauen, wenn diese nur für wenigstens drei Monate ein Drittel Meter tief auftauen. Vorteilhaft macht sich hier die kurze Vegetationszeit bemerkbar; denn Gerste braucht im günstigsten Fall nur etwa 70 Tage von der Aussaat bis zur Reife. Die Gerste ist eine der ältesten Kulturpflanzen der Menschheit. Funde kennt man aus den mesopotamischen Frühkulturen ebenso wie aus der Zeit der ägyptischen Pharaonendynastien. Ursprünglich diente Gerste in erster Linie der menschlichen Ernährung. Infolgedessen wurden einige Nacktgersten herausgezüchtet. Heute werden in Europa spelzenlose Rassen kaum mehr angebaut, wiewohl sie sich insbesondere in abgelegenen Gebirgstälern noch bis in unser Jahrhundert hinein gehalten hatten („Woaz-Gerstn"). Im Anbau zurückgegangen sind auch die Mehrzeilgersten, vor allem die sechszeiligen Sorten. Die als Futtergetreide häufig angebaute Wintergerste ist meist vierzeilig, wogegen die Braugerste zu den Zweizeilgersten gehört. Von ihr sind rund 150 Varietäten bekannt, von denen einige auf guten Böden höchste Erträge liefern. Bevorzugt werden Rassen mit geringem Eiweißgehalt.

Der Mais *(Zea mays)*

Der Mais, der in vielen Gegenden Deutschlands in den letzten Jahrzehnten vermehrt angebaut wurde, nimmt unter den Getreiden eine Sonderstellung ein. Nicht nur, dass er (bei uns) als Grün- oder Silomais eher wie ein Wiesengras genutzt wird und nur als Körnermais „Getreidestatus" besitzt: Er ist das einzige Getreide, bei dem männliche und weibliche Blüten in getrennten Blütenständen vorkommen und bei dem der Fruchtstand weder Ähre noch Rispe, sondern ein Kolben ist. Als einziges Getreide stammt er aus der Neuen Welt. Überdies wissen wir von keinem so wenig über seine mutmaßlichen Vorfahren, obwohl die Kultivierung von Wildmais wahrscheinlich erst vor 5000 Jahren begann. Als erste Europäer machten zwei Spanier mit dem Mais Bekanntschaft. Sie waren als Kundschafter des Kolumbus 1492 ins Innere Kubas vorgedrungen, von wo sie am 5. November desselben Jahres zur Küste zurückkehrten. Dabei berichteten sie, die Eingeborenen verstünden aus gemahlenen Samen einer unbekannten Grasart wohlschmeckende Speisen herzustellen. Solche Samen hatten sie mitgebracht. Kolumbus taufte die neue Pflanze „Mais" nach ihrem indianischen Namen „mahiz".

Da die langflutenden Quasten aus den Griffeln der weiblichen Blütenstände dem Mais ein exotisches Aussehen verliehen, wurde er in Europa zunächst Mitglied im Raritätenkabinett der Botanischen Gärten. Alsbald aber erkannte man seinen unvergleichlichen Wert, baute ihn mehr und mehr an, und schließlich trat der Mais einen Siegeszug ohnegleichen über die ganze Erde an. 1525 wurde er nachweislich in Andalusien feldmäßig angebaut; 1570 war er z. B. schon in China angelangt. Erstaunlicherweise fand der deutsche Afrikaforscher G. Schweinfurth, der 1870 in damals noch unbekannte Gegenden des innersten Zentralafrikas vorgedrungen war, Mais als ein wohlbekanntes Getreide vor. Offensichtlich war der Mais aus dem Mittelmeergebiet nach Afrika gelangt und dort als wertvolles Handelsgut weitergegeben worden. Heute ist der Mais eines der wichtigsten Getreide überhaupt. In Nord- und Südamerika wird Jahr für Jahr mehr (Körner!) Mais geerntet als irgendein sonstiges Getreide. Noch in den 1980er-Jahren nahm Mais hinter Weizen und Reis die 3. Stelle bei den weltweiten Getreide-Produktionsmengen ein. Inzwischen hat er alle anderen Getreide überflügelt. Im Jahr 2009 wurden laut FAO weltweit 822 Mio. Tonnen Mais produziert, gegenüber 689 Mio. Tonnen Weizen und 685 Mio. Tonnen Reis.

Mais verdankt seine zunehmende Wertschätzung keineswegs der Anspruchslosigkeit; denn bekanntlich verlangt er Sommerwärme und wenigstens leidlich fruchtbare Böden. Deswegen kann er in Nordamerika nur bis etwa 51° n. Br. und in Südamerika bis nahe 4000 m u. d. M. (Bolivien) angebaut werden. In Mitteleuropa ist der Anbau von Körnermais auf klimatisch besonders begünstigte Gegenden, wie z. B. das Oberrheingebiet und das württembergische Unterland, beschränkt. Ausschlaggebend war vielmehr neben hohen Flächenerträgen die Vielseitigkeit des Maises. Man kennt von ihm über 500 verschiedene Sorten, von denen viele auch für den Laien recht deutlich voneinander abweichen. Vor allem differiert oft die Struktur und die Färbung des Kornes. Dabei gibt es innerhalb der Gattung wahrscheinlich nur drei Körnerfarbstoffe. Da aber Fruchtschale, Aleuronschicht und Mehlkörper gefärbt sein können, und zwar in unterschiedlichem Grade und mit verschiedenen Farbstoffen, ergibt sich für die möglichen Tönungen des Kornes eine bunte Palette: In der Fruchtschale konnte ein gelber und ein roter Farbstoff nachgewiesen werden. Der Mehlkörper kann farblos sein oder ein gelbes Pigment enthalten. In der Aleuronschicht kann eine Verbindung eingelagert sein, die verschiedene Tönungen zwischen blau und violett aufweisen kann.

Weit wichtiger als solche Farbvarianten sind für den Menschen natürliche Formen mit unterschiedlichen Inhaltsstoffen. So kennt man Rassen mit besonders stärkereichen Körnern, andere besitzen besonders ölreiche Embryonen (bis zu 30 % Öl in der Trockensubstanz), und endlich werden Rassen mit fast stärkefreiem und stattdessen zuckerhaltigem Mehlkörper angebaut. Unreife Kolben können schließlich als Gemüse verwendet werden. Auch zur Herstellung von Popcorn greift man auf besondere Zuchtsorten zurück. Für die menschliche Ernährung ist Maismehl weniger wertvoll. Es enthält nur geringe Mengen an Protein, das darüber hinaus arm an essentiellen Aminosäuren ist. Es ist auch zur Brotbereitung nicht sehr geeignet. Die Hauptbedeutung liegt auch beim Körnermais in seiner Verwendung als Futtergetreide.

Im mitteleuropäischen Maisanbau spielt die Produktion von reinem Körnermais eine untergeordnete Rolle. Die hier hauptsächlich angebauten Sorten dienen zwar auch der Futtergewinnung, jedoch wird die ganze Pflanze verwertet. Zum (geringeren) Teil wird Mais im Zwischenfruchtfutterbau verwendet, z. B. im Sommer als Stoppelsaat auf Getreidefeldern, die schon zeitig abgeerntet wurden. Der dicht gesäte, noch junge „Grünmais" wird im Herbst gemäht („100-Tage-Mais") und den Tieren als Häcksel verfüttert. Er lässt sich schlecht konservieren. Größere Bedeutung hat der Anbau von „Silomais" im einjährigen Hauptfruchtfutterbau. Das Ernteziel ist ein je etwa hälftiger Anteil von (Gesamt!-)Kolbenmasse und Restpflanzenmasse (Halm und Blatt). Die heute in vielen speziellen Sorten für unterschiedliche Standorte angebotenen Pflanzen bringen hohe Erträge, sind extrem gülleverträglich, relativ leicht zu bewirtschaften und besitzen hervorragende Siliereigenschaften. So nimmt es nicht wunder, dass sich die Maisanbaufläche – wenn auch zum Ärger mancher Naturschützer – von knapp 50 000 ha im Jahre 1960 bis 1990 auf fast das Zwanzigfache vermehrt hat.

Beim Futtergetreide, ob als Körnermais zur Vollreife oder ob als Silomais bei „Teig"reife des Korns geerntet, kommt es vor allem auf einen hohen Flächenertrag an. Indessen war dieser bei der Zucht reiner Rassen nur bis zu einer gewissen Grenze steigerbar. Diese wurde aber erheblich überschritten, als man zum Anbau bastardierten Mais verwandte. Solche „Hybridmaise" übertreffen die Elternrassen im Ertrag bei weitem. In den Hauptanbaugebieten werden heute fast nur noch Hybriden verwendet. Allerdings hält die Ertragssteigerung nur in der ersten Generation vor. Infolgedessen muss Saatgut in besonderen Vermehrungszuchten erzeugt werden.

Trotz des regen Interesses, das zahlreiche Wissenschaftler dem Mais entgegenbrachten, sind die Wurzeln seiner Entstehung noch nicht bloßgelegt. Ein Wildgras, aus dem der Mais in gerader Linie herausgezüchtet worden sein könnte, kennen wir nicht. Vielleicht waren die Vorfahren des Maises in den Anden von Peru oder Bolivien beheimatet. Dort kommen noch heute auffallend viele Varietäten unter den heimischen Kulturmaissorten vor. Sicher besaß der Mais ursprünglich ein bespelztes Korn. Derartiger Spelzenmais dürfte bis weit nach Mittelamerika gehandelt und auch dort kultiviert worden sein. Möglicherweise hat er sich dort mit Arten der Gattung Gamagras *(Tripsacum)* bastardiert. Allerdings wird dieser Möglichkeit von mehreren ernsthaften Maisforschern widersprochen, die eher im Teosintegras *(Euchlaena)* den Bastardierungspartner und in Südmexiko die Wiege des Kulturmaises vermuten. Allgemein wird aber angenommen, dass die eigentliche Stammpflanze unseres Kulturmaises, also der Wildmais, schon vor längerer Zeit ausgestorben ist.

Der Reis *(Oryza sativa)*

Reis steht in der Rangfolge des Körnerertrages und der Anbaufläche an 3. Stelle unter den Getreiden. Die Ernte für 2009 wurde auf knapp 685 Millionen Tonnen beziffert (zum Vergleich Weizen: 689, Körnermais: 822 Millionen Tonnen). Reis ist das wichtigste Getreide der warmen Länder. Während dreier Monate im Jahr braucht er Durchschnitts-Tagestemperaturen von mindestens 20°C, wenn er gut gedeihen soll. Da die Wildform des Reises *(Oryza fatua)* eine Sumpfpflanze ist, lieben auch die meisten Kulturrassen extrem nasse Standorte, die in der Regel künstlich unter Wasser gesetzt werden müssen (Sumpfreis). Nur die Bergreise sind in dieser Hinsicht genügsamer.

Die älteste Kunde vom Reisanbau in China stammt aus dem Jahre 2700 v. Chr. Damals hatte der Reisanbau offensichtlich schon eine lange Tradition. Der Wildreis aus der berühmten „Geisterhöhle" in Thailand wurde auf ein Alter von 9000 Jahren datiert. Von China dürfte der Reis schon ziemlich früh nach Korea und Japan und bis Indien gekommen sein. Manche Forscher denken allerdings an den umgekehrten Weg: von Indien nach China. Die Ausbreitung von Indien nach Westen ging auf jeden Fall viel zögernder vor sich.

Der Anbau in Mesopotamien ist erst um 500 v. Chr. bekundet. In Italien wurde Reis erstmals 1468, in Amerika 1647 angebaut. Heute kennt man vom Reis rund 7000 verschiedene Sorten.

Reismehl ist nicht backfähig. In Europa kommt der meiste Reis „geschält" und „poliert" auf den Markt, d.h. das Korn ist entspelzt und vom „Silberhäutchen" – darunter versteht man die Wandschicht einschließlich der proteinreichen Aleuronschicht – befreit worden, weil dieses Häutchen die Haltbarkeit des Korns herabsetzt. In ihm sind jedoch lebenswichtige Vitamine der B-Gruppe enthalten. Wo ausschließlich Reis Nahrungsmittel ist, kommt es beim Verzehr von geschälten Körnern zu der Vitaminmangelkrankheit Beriberi.

Die Hirsen *(Panicoideae)*

Zu den Hirsen, die der Mensch in Kultur genommen hat, gehören Arten aus ganz verschiedenen Gattungen. In Europa spielte vor allem die Kolbenhirse *(Setaria italica)* und die Echte Hirse *(Panicum miliaceum)* eine Rolle. Möglicherweise sind sie die ältesten mitteleuropäischen Getreide überhaupt. Da sie nur eine kurze Vegetationszeit benötigen, bot ihr Anbau Vorteile. Allerdings brauchen Hirsen verhältnismäßig warme Sommer.

Obgleich aus Hirsemehl gelegentlich auch Brot gebacken wurde, kochte man doch hauptsächlich Brei davon. Bis zur Einführung der Kartoffel war Hirse Hauptnahrung der ärmeren Bevölkerung in Mitteleuropa. Seit Mitte des 18. Jahrhunderts ging der Anbau rasch zurück. In Deutschland ist er seit Mitte des 19. Jahrhunderts bedeutungslos geworden, dagegen wurde in der UdSSR Hirse *(Setaria italica)* noch bis in die letzte Zeit in größerer Menge angebaut. Sie diente vor allem als Rohstoff zur Spritherstellung. Außerdem gewinnt man daraus auch Traubenzucker, Speiseöl und

Stärke (auch als Tapioka-Ersatz). Die Spelzen gewisser Arten werden sogar zur Herstellung von Schuhcreme verwendet. Weltweit kommt heute aber den Arten aus der Gattung *Sorghum* (Sorghumhirsen: Mohrenhirse, Kaffernkorn, Kauliang) die größte Bedeutung zu. Haupterzeuger wurden schon zum Ende des 19. Jahrhunderts (noch vor Indien, der VR China, Nigeria, Mexiko und Pakistan) die USA, obgleich dort der Hirseanbau nur einen kleinen Teil der landwirtschaftlichen Produktion ausmacht. In Asien und Afrika aber haben die Mohrenhirse oder Durrha (*Sorghum bicolor* = (vormals) *vulgare*) und ähnliche Arten der Gattung eine große volkswirtschaftliche Bedeutung. In der Mandschurei und manchen anderen Teilen Chinas ist sie nach der Kolbenhirse *(Setaria italica)* das Hauptnahrungsmittel und nicht, wie vielfach angenommen, Reis oder Sojabohnen. In fast allen Entwicklungsländern der trocken-warmen Zonen sind die Hirsen noch heute Hauptgetreide, das meist vollständig im eigenen Land verzehrt wird. Die Bedeutung als Tierfutter oder andere Nutzung tritt dahinter weit zurück, obgleich gerade die Hirsenverwandtschaft eine Häufung nutzbarer Anlagen zeigt, die züchterisch ausgewertet werden könnten. Eng verwandt mit den Hirsen sind die Gattungen *Cymbopogon* (wichtige Grasöllieferanten) und *Andropogon* (Wurzeln einiger Arten geben Borstenbürsten). Die Halme und Rispen von *Sorghum*-Arten werden zum Binden der „Sorgho"-Besen verwandt, aus anderen Arten (z. B. *S. caudatum* var. *colorans*) wurde in Afrika ein roter Farbstoff zum Färben von Flechtwaren gewonnen. Dann gibt es noch Rassen, die im (grünen) Stängel Rohrzucker führen (*Sorghum saccharatum* u. a.). Eine Zeitlang wurden in den USA „sugarsorghums" angebaut. Doch ist die Kultur dann wieder nahezu zum Erliegen gekommen. Im Ertrag ist das eng mit der Mohrenhirse verwandte Zuckerrohr unschlagbar.

Diesem wollen wir uns im folgenden zuwenden, obschon es kein Getreide, also keine Graskornfrucht ist und wir eine ganze Reihe lokal wichtiger tropischer Getreide aus Raumgründen nicht behandeln können, wie z. B. Tef *(Eragrostis tef)* oder Kuriosa wie den Indianerreis *(Zizania aquatica)*, der selbst in Deutschland gelegentlich an Fischteichen als Futterpflanze angebaut wurde, oder auch die „Beinahe-Kulturpflanzen" wie Strandroggen *(Elymus arenarius)* und Flutender Schwaden *(Glyceria fluitans)*, deren Früchtchen essbar sind und früher gesammelt wurden (vom Flutenden Schwaden noch weit in das 19. Jahrhundert hinein). Auch die Arten der im tropischen Afrika und Asien angebauten Hirsen aus den Gattungen *Pennisetum*, *Eleusine* und *Echinochloa* können hier nicht im einzelnen besprochen werden.

Das Zuckerrohr
(Saccharum officinarum)

Wild-Zuckerrohr ist vermutlich schon vor 8000 bis 10 000 Jahren auf den Melanesischen Inseln genutzt worden. Von dort gelangte es über die Sundainseln und die Philippinen auf das asiatische Festland. Zu den Stammeltern der heutigen Kulturpflanze dürften die südostasiatischen Arten *Saccharum spontaneum* und *Saccharum robustum* zählen. Mit Sicherheit wurde das Zuckerrohr bereits im 3. vorchristlichen Jahrhundert in Indien kultiviert. Um 650 n. Chr. war es in Ägypten bekannt, rund 100 Jahre danach wurde es in Südspanien angebaut. Von dort gelangte es um 1500 nach Amerika, das heute das Hauptanbaugebiet für Zuckerrohr ist.

Vom Zuckerrohr, das zu den großwüchsigen Gräsern gehört, werden die (bis über 6 m hohen) Halme und nicht die Körner verarbeitet. Die meisten Kulturrassen setzen übrigens keine Samen an. Offensichtlich handelt es sich hierbei um Degenerationserscheinungen im Zuge der Züchtung, die sich erhalten konnten, weil die Vermehrung ohnehin durch Stecklinge erfolgt. Als solche verwendet man die obersten Internodien der Halme. Zuckerrohr ist mehrjährig. Deshalb kann eine Pflanze grundsätzlich mehrere Jahre abgeerntet werden. Allerdings nimmt der Ertrag von Jahr zu Jahr ab. Der Zuckergehalt des markigen Halmes ist verschieden (10–18 %). Zuckerrohr ist eine typisch tropische Nutzpflanze, die schon im Mittelmeergebiet unter „Kälte" leidend weniger Ertrag bringt und nach jedem kleinsten Nachtfrost lange Zeit kümmert. Zum guten Gedeihen braucht sie das ganze Jahr über Mitteltemperaturen um 18°C, dazu hohe Luftfeuchtigkeit und Böden mit gleichmäßiger Wasserführung während der langen Wuchsperiode. Anschließend ist eine heiße Trockenzeit von Vorteil, in der das Zuckerrohr den durch Photosynthese gebildeten Zucker speichert. Die zerstückelten und leergepressten Halme werden als „Bagasse" in Zellulosefabriken zur Herstellung von grobem Papier und Kartonagen verwertet. Der Rückstand der Zuckerreinigung, die „Melasse", wird zur Alkoholgewinnung vergoren. Nach dessen Destillation bleibt die „Schlempe", ein sehr protein- und mineralreiches Viehfutter.

Zum Gebrauch des Bestimmungsschlüssels

Die hier aufgeführten Gräser und grasartigen Gewächse unterscheiden sich von den übrigen krautigen Blütenpflanzen durch zwei Merkmale:

1. Ihre ungestielten Blätter sind lang und schmal, dabei entweder flach oder rinnig (= grasartig), oder aber rundlich, oft hohl, halmähnlich (= binsenartig).
2. Ihre Blüten sind unscheinbar und klein.

Bestimmen Sie möglichst nur blühende Pflanzen. Nicht blühende Gräser lassen sich oft kaum erkennen. Sie vermeiden Bestimmungsfehler, wenn Sie Ihr Urteil auf die Merkmale mehrerer gleichartiger Exemplare gründen!
Bitte stellen Sie zuerst fest, ob die Pflanze am Halm Knoten hat oder nicht (bei jüngeren „Gräsern" Blattscheiden entfernen!) Pflanzen mit knotigen Halmen werden nach Schlüssel I, solche ohne knotige Halme nach Schlüssel II bestimmt. Sie beginnen nun oben und wählen von den in einer Waagerechten stehenden Merkmalsgruppen die für Ihre Pflanzen zutreffende aus. Von dort finden Sie „eine Etage tiefer" eine weitere Zusammenstellung alternativer Eigenschaften. Unterhalb der passenden Stelle gelangen Sie dann entweder auf eine weitere Merkmalskombination oder aber schon an ein Farbfeld. Dort werden Sie eine Art bzw. auf die entsprechende Seitenzahl im Bildteil oder aber auf einen der Nebenschlüssel verwiesen. Im Nebenschlüssel verfahren Sie wie oben. Er ist meist kürzer, und der Bestimmungspfad endet in jedem Fall bei einer Seitenangabe aus dem Bildteil. Dort gelingt die End-Identifikation meist allein dadurch, dass Sie die Ihnen vorliegende Pflanze mit den Abbildungen auf der betreffenden Seite vergleichen. Bleiben Zweifel, so untersuchen Sie bitte, welcher „Steckbrief" am ehesten auf Ihre Pflanze zutrifft. Sie finden ihn am Anfang der Gruppenbeschreibungen auf der jeweiligen Textseite.

♂ = männlich
♀ = weiblich

Zu den Gräsern und grasartigen Gewächsen gehören nicht:

a) Pflanzen mit grasartigen Blättern, aber mit bunten (oft großen) Blüten (z. B. Lilien, Schwertlilien, Narzissen, Nelken, Enziane),

b) Pflanzen mit binsenartigen Blättern, die beim Zerreiben nach Lauch riechen (Schnittlauch, Wildlaucharten, Zwiebeln),

c) Pflanzen, deren binsenartige Blätter (und Halme) aus einzelnen, ineinandersteckenden Gliedern bestehen (Schachtelhalmarten),

d) vollständig untergetauchte Wasserpflanzen, die höchstens blütentragende Seitenäste des Haupthalms über die Wasseroberfläche heben (Seegras, Laichkrautarten, Algenarten, vgl. aber Igelkolben, S. 207). Bei überfluteten Gräsern erhebt sich der Halm mit dem ganzen Blütenstand über das Wasser!

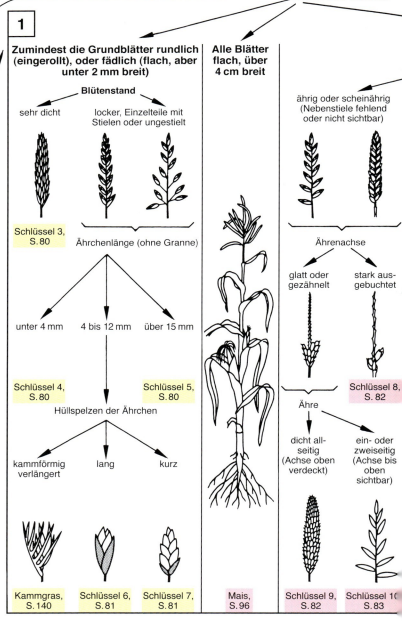

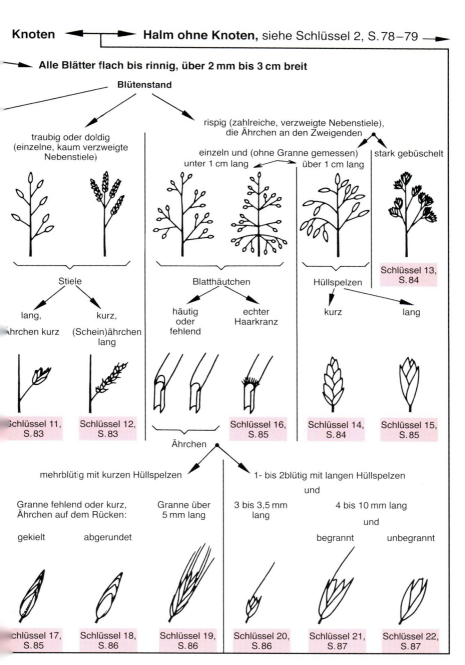

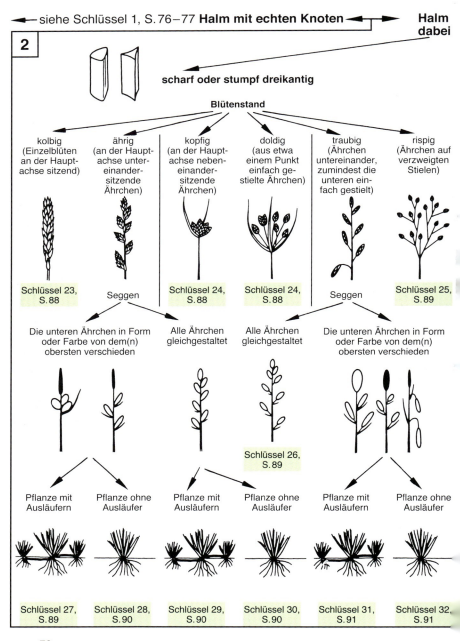

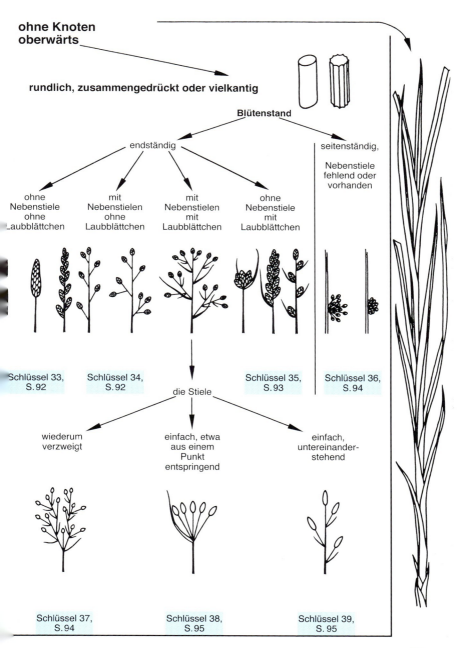

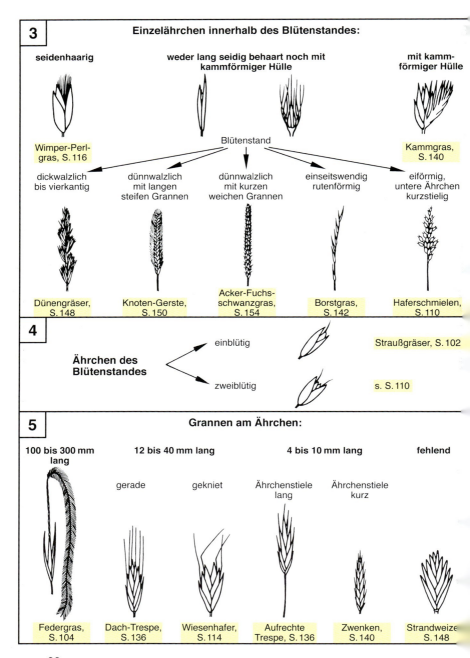

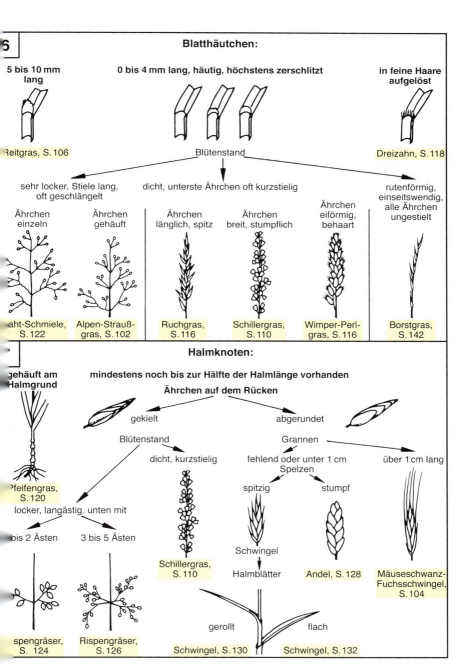

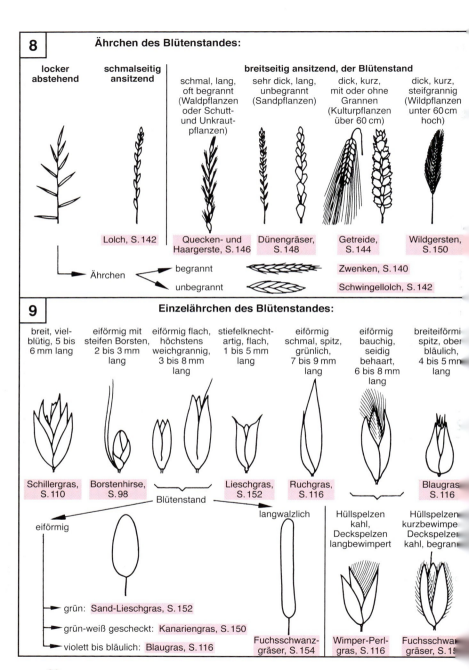

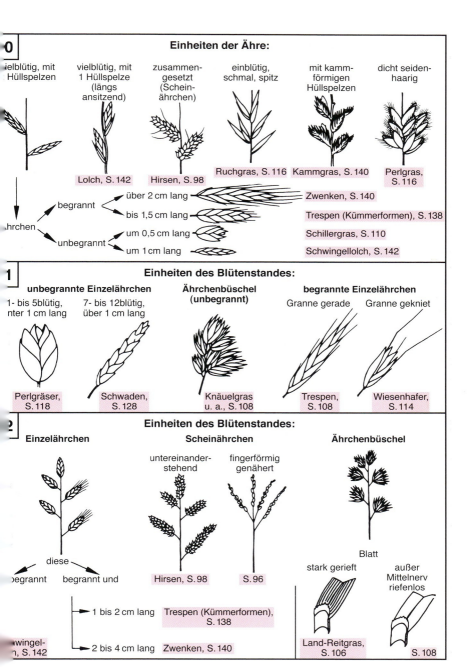

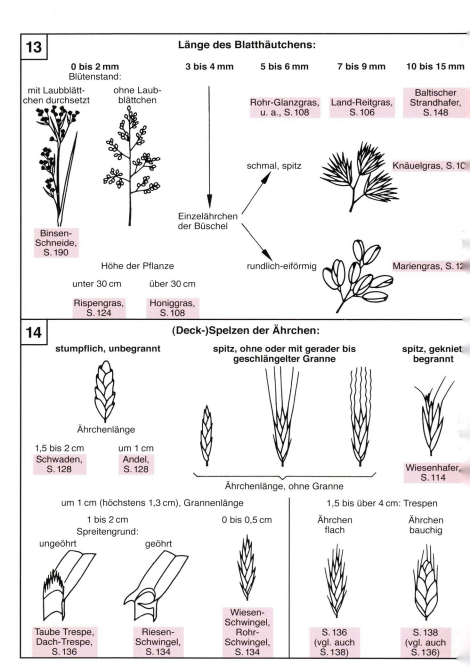

5

Mehrjährige Gräser	**Einjährige Gräser**
(schwer ausreißbar) der Wiesen und Raine, Ährchen aufrecht	(leicht ausreißbar) als Kulturpflanzen oder Unkräuter auf Äckern und Schuttstellen sowie an Wegrändern Ährchen zuletzt nickend

- mit 2 bis 5 etwa gleich langen Grannen → **Wiesenhafer, S. 114**
- mit 1 langen und höchstens noch 1 kurzen Granne → **Glatthafer, S. 112**
- 4- bis 5blütig (-grannig), Blätter um 0,5 cm breit → **Taube Trespe, u. a., S. 136**
- 2- bis 3blütig (0 bis 3 Grannen), Blätter um 1 cm breit → **Hafer, S. 114**

6

Hüllspelzen:

- **mindestens ¾ so lang wie das Ährchen, dieses**
  - 1blütig, unter 0,4 cm lang (Rispe reichverzweigt) → **Hirse, S. 100**
  - 3- bis 5blütig, 0,5 bis 1 cm lang (Rispe kaum verzweigt) → **Dreizahn, S. 118**
- **höchstens ½ so lang wie das Ährchen, dieses**
  - vielblütig, (8–16), Spelzen stumpf → **Liebesgras, S. 122**
  - wenigblütig, (1–7), mit spitzen Spelzen
    - und Seidenhaaren (Blätter über 1,5 cm breit) → **Schilf, S. 120**
    - ohne Seidenhaare (Blätter 0,3 bis 1 cm breit) → **Pfeifengras, S. 120**

7

Laubblätter:

- **mit Schienen (Mittelnerv beidseits mit hellen Streifen)**
  - offene Blattscheide 
    - unterste Rispenäste zu 1 bis 2 → **Rispengräser, S. 124 (vgl. auch S. 126)**
    - 3 bis 5 → **Rispengräser, S. 126 (vgl. auch S. 124)**
  - geschlossene Scheide → **Schwaden, S. 128**
- **ohne Schienen**
  - 4 bis 5 mm langes Blatthäutchen → **Knäuelgras, S. 108**
  - 0 bis 3 mm langes Blatthäutchen 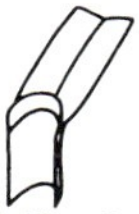
    - Blattbreite: bis 4 mm → **(Zierlicher) Schwingel, S. 130**
    - 6 bis 15 mm → **(Wald) Schwingel, S. 134**

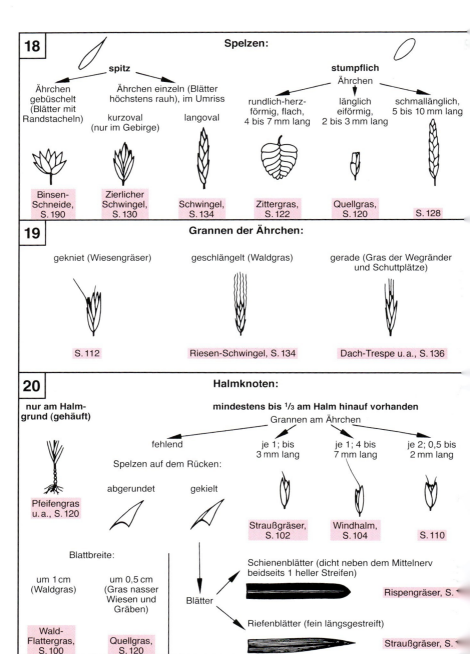

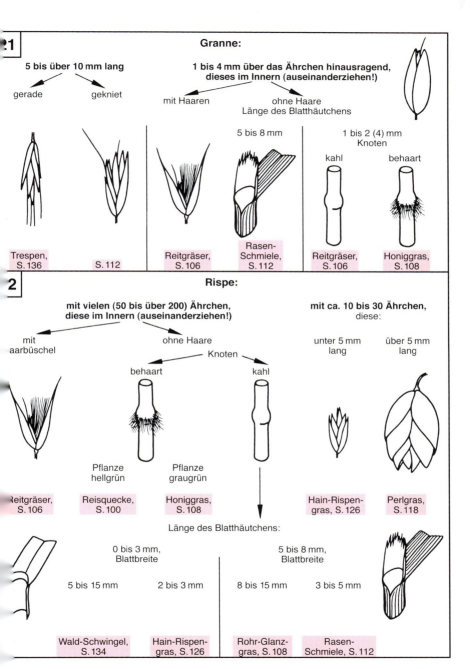

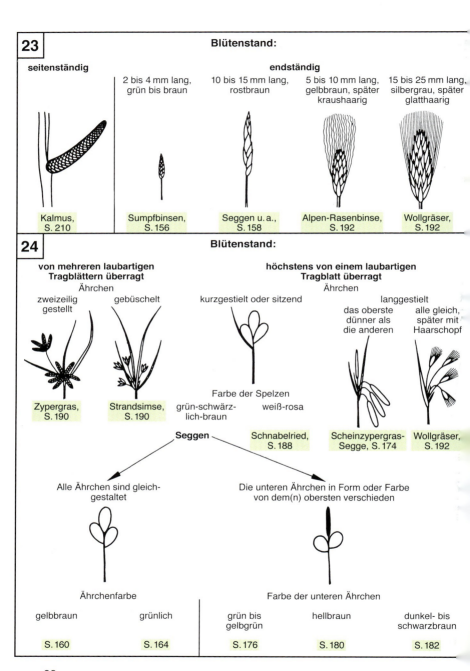

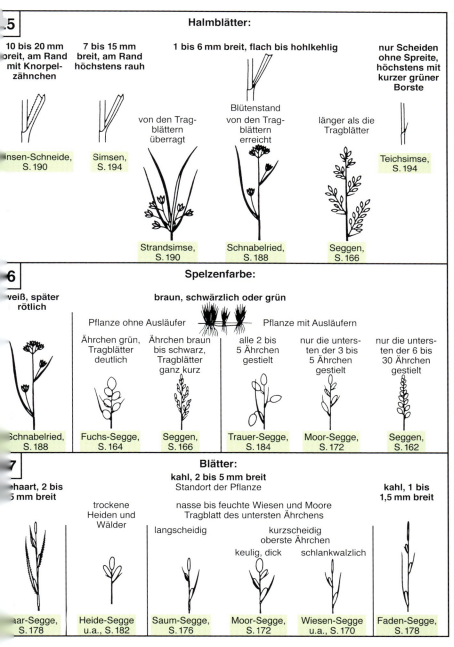

28 — Unterstes Ährchen:

nur scheinbar ungestielt
der Stiel in der langen Scheide des Tragblattes verborgen, dieses

- schuppenartig, häutig → **Erd-Segge, S. 180**
- laubartig, grün → **Seggen, S. 176**

echt ungestielt (höchstens 1 mm lang gestielt), Ährchen im Blütenstand

- langwalzlich, schwarz-grün gescheckt, untereinanderstehend → **Steife Segge u. a., S. 170**
- kurzwalzlich, grünlichgelb, genähert → **Seggen, S. 176**
- eiförmig, graubraun bis schwärzlich, genähert → **Seggen, S. 182**
- oberstes groß, eiförmig, darunter 2 bis 3 kleine, rotbraun-silbrig gescheckt → **Erd-Segge, S. 180**

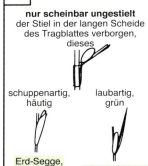
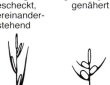

29 — Unterstes Tragblatt des Blütenstandes:

fehlend oder sehr kurz
Blütenstand aus

- 3 bis 7 Ährchen → **Seggen, S. 160**
- 8 bis 20 Ährchen → **Kamm-Segge, S. 162**

sehr lang, zuweilen länger als der Blütenstand
Blütenstand aus

- 3 bis 5 Ährchen → **Moor-Segge, S. 172**
- 6 bis 20 allseits abstehenden Ährchen → **Sand-Segge, S. 162**
- 6 bis 15 zweizeilig gestellten Ährchen → **Quellried, S. 162**

30 — Ährchen des Blütenstandes:

gegen unten zu weit voneinander entfernt in den Achseln der Laubblätter → **Winkel-Segge, S. 164**

einander genähert; dabei das einzelne Ährchen:

- oben männlichblütig, unten weiblichblütig (blühend / fruchtend)
  - Ährchenfarbe:
    - grün bis hellbraun → **Seggen, S. 164**
    - rotbraun bis schwärzlich → **Seggen, S. 166**
- oben weiblichblütig, unten männlichblütig (blühend / fruchtend)
  - Ährchen im Blütenstand:
    - stark gedrängt → **Hasenpfoten-Segge, S. 160**
    - etwas entfernt → **Seggen, S. 16?**

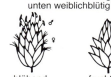

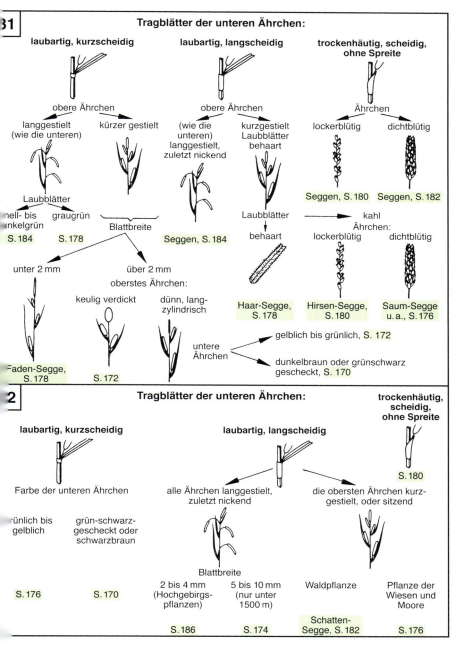

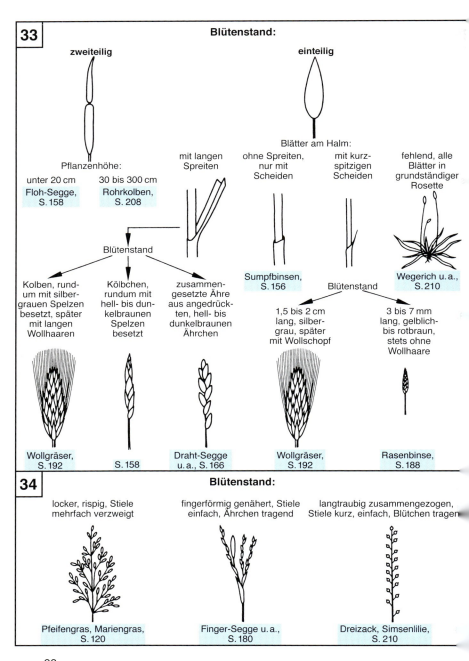

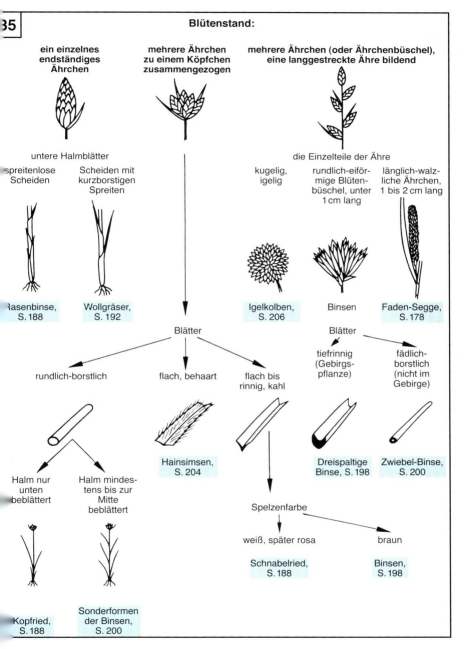

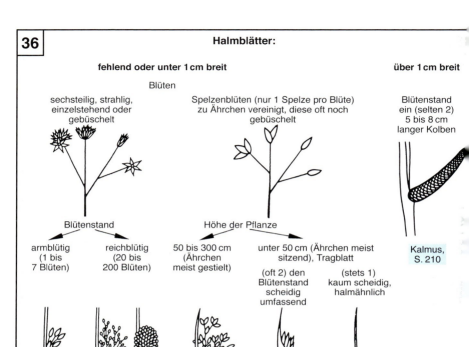
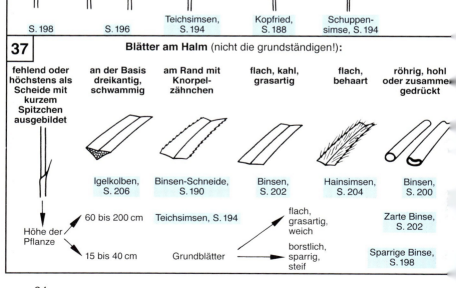

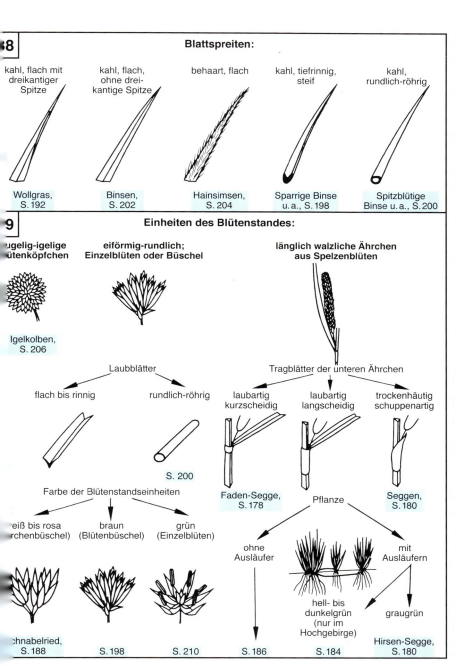

Blätter 4 bis 10 cm breit, Ährchen unbegrannt:

Mais, Welschkorn, Kukuruz, *Zea mays* L. – Einjährig, 1 bis 4 m hoch; Halm markerfüllt; Blätter hellgrün, die obersten ohne Spreiten; Blatthäutchen bis 5 mm lang. Ährchen 1- bis 2blütig, eingeschlechtlich, die männlichen in endständiger Rispe, die weiblichen zu Kolben vereinigt, die von Blattscheiden umhüllt auf kurzen Seitenzweigen in den Achseln der mittleren Halmblätter stehen. Blütezeit 7–10.
Bei uns in vielen Sorten angebaut, doch nur in den wärmsten Gegenden als Körnerfrucht (lange Reifezeit), sonst als Grünfutter (bis etwa 800 m ü. M.). Verlangt neben Sommerwärme und Regen schwere Kalkböden. Saugt den Boden stark aus.
Heimat Mittelamerika. Wilde Stammform(en) unbekannt: Alter von Primitivmaisfunden (Bat Cave) nahezu 6000 Jahre. Um 1520 nach Europa (Spanien) eingeführt. Heute als Kulturpflanze in den wärmeren Zonen der ganzen Erde gebaut; s. auch S. 69.
Hauptnutzung als Viehfutter: ganze Pflanze, frisch oder getrocknet, entkörnte Kolben; Körner (Geflügel- und Schweinemast). Der menschlichen Ernährung dienen: reife Körner (Brei, Puffmais), junge Kolben (Gemüse), Presssaft (Zuckersirup), Mehl (Röstfladen = Tortillas; Breigerichte, z. B. Polenta) und daraus gewonnene Stärke (Puddingpulver), die auch zu Dextrin, Traubenzucker oder Alkohol verarbeitet wird. Die Körner geben noch Maisöl (Seifenfabrikation), die Kolbenhüllblätter Flechtmaterial (Hüte, Matten) oder Papierrohstoff, die entkörnten Kolben Brennmaterial oder Pfeifenköpfe. Einige Rassen zieht man als Zierpflanzen. *Zea* (gr. = Lebensmittel) war die antike Bezeichnung für Dinkel, mahiz ist der peruanische Namen für Mais.

Blätter 2 bis 10 mm breit, Ährchen unbegrannt:

Bluthirse, Blutrote Fingerhirse, *Digitaria sanguinalis* (L.) Scop. (= *Panicum sanguinale* L.). – Einjährig; 10 bis 60 cm hoch; meist rot (Name!) bis violett überlaufen. Halm niederliegend bis knickig aufsteigend, an den Knoten spärlich behaart. Blattspreiten fein seidig, untere Scheiden stark behaart. Blatthäutchen um 2 mm lang.
Blütenstand aus 3 bis 7, handförmig *(digitus* = Finger) genäherten, 5 bis 10 cm langen Scheinähren. Ährchen plankonvex, zu zweien gebüschelt, 1- bis 2blütig, ca. 3 mm lang, von den 3 (!) Hüllspelzen fast eingeschlossen. Blütezeit 7–9.
Häufig; vom Tiefland bis ca. 1000 m; in Gärten, auf Äckern, Wegen und Schuttstellen, Wärmeliebend und kalkmeidend, bevorzugt nährstoffreiche, feinkörnige Böden. Verbandscharakterart der Unkrauthirsen-Gesellschaften *(Panico-Setarion).* Heute über die ganze Erde verbreitet (vielfach eingeschleppt). Früher (vor allem im Osten) zur Grützegewinnung gebaut. In Amerika als Futtergras geschätzt, bei uns meist nur lästiges Unkraut.
Eng verwandt ist die kleinere **Fadenhirse,** *D. ischaemum* (Schreb.) Mühlenb. Kennzeichen: Blätter bis auf den zerstreut behaarten Spreitengrund kahl. Sie wächst (etwas seltener) oft an den gleichen Standorten, bevorzugt aber gröbere Unterlage (z. B. Schotter). Beiden Arten wurde früher blutstillende Wirkung zugeschrieben. Der bei uns sehr seltene, stark wärmebedürftige **Hundszahn,** *Cynodon dactylon* (L.) Pers., in Habitus und Standort unseren Hirsen ähnlich, gehört einer ganz anderen Gruppe an. Kennzeichen: ausläufertreibend, Haarreihe statt Blatthäutchen. Er treibt auch in Hitzeperioden zarte Blätter und wird so als wertvolles Weidegras in Amerika (Bermudagras) und Indien geschätzt.

Blätter um 3 mm breit, Ährchen begrannt:

Bartgras, *Bothriochloa ischaemum* (L.) Keng (= *Andropogon ischaemum* L.). – Ausdauernd, 20 bis 80 cm hoch; graugrüne, schwache Rasen; Halm markerfüllt, oft mit roten Knoten. Blattstand gegen die Scheide zu abstehend haarig, Blatthäutchen in eine Haarreihe aufgelöst. Blütenstand aus 3 bis 8 handförmig genäherten, 3 bis 6 cm langen Scheinähren. Ährchen 3 bis 5 mm lang, mit 1 bis 1,5 cm langer Granne. Blütezeit 7–10.
In Süddeutschland, vor allem im Weinbaugebiet, zerstreut (fehlt in den Alpen), wird gegen N seltener. Wärme- und kalkliebend, bevorzugt steinige, flachgründige Böden; an Hängen, Wegrändern und lückigen Rainen. Gilt meist als Charakterart der Trockenrasen (Klasse *Festuco-Brometea* oder aber Ordnung *Brometalia erecti).* Hauptverbreitung in den warmen Gegenden der gemäßigten Zonen beider Hemisphären.
Bei der Samenreife zerfällt die Scheinährenspindel. Je ein Ährchenpaar bleibt mit einem langseidig behaarten (Bartgras, *andropogon* = Männerbart) Spindelabschnitt verbunden und kann so durch den Wind verbreitet werden. Der Artname *ischaemum* deutet auf die frühere Verwendung als blutstillendes Mittel in der Volksmedizin (wohl wegen der blutroten Narben). In Italien werden die Wurzeln unseres Grases (noch mehr die des eng verwandten Gold-Bartgrases) zur Herstellung der bekannten Wurzelbürsten verwendet.

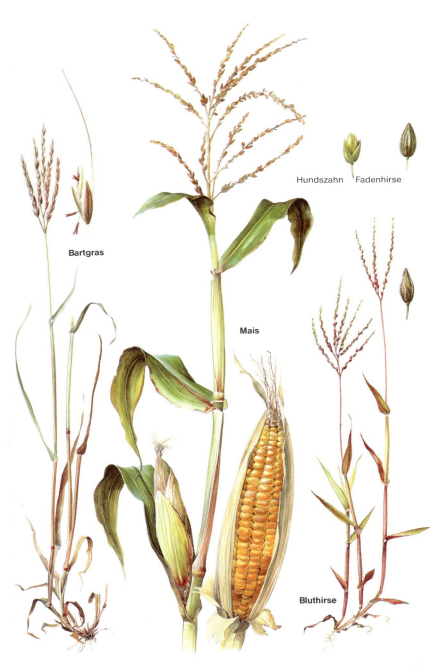

Blütenstand eine einfache endständige Scheinähre:

Fuchsrote Borstenhirse, Setaria pumila (Poir.) Schult. (= *Panicum glaucum* L., *S. glauca* (L.) P. B.). – Einjährig, 5 bis 40 cm hoch; Halm niederliegend bis aufsteigend. Blätter graugrün, gegen den Grund zu und am Rand schwach behaart, meist um 5 mm breit. Blatthäutchen in eine Haarreihe aufgelöst. Ährchentraube stark ährenartig gedrungen, walzlich, 3 bis 6 cm lang. Ährchen bis 3 mm lang, einblütig mit 3 Hüllspelzen (!), davon eine so lang wie das Ährchen. Grannen fehlen, doch entspringen am kurzen Ährchenstiel 4 bis 7, anfangs gelbe, später fuchsrote Borsten (*seta* = Borste) mit vorwärtsgerichteten Zähnchen, welche die Ährchen 2- bis 3mal überragen. (Diese Borsten entsprechen den reduzierten Ährchenstielen ohne Ährchen und deuten auf die stärkere Blütenstandsverzweigung der Urform hin.) Blütezeit 7–10.
Häufig; vom Tiefland bis ca. 800 m. Oft auf kalkarmen, aber nährstoffreichen, trockenen und vor allem warmen, lehmig-sandigen Böden. Hauptverbreitung in den Ackerunkrautgesellschaften des Weinbaugebiets (Felder, Wegränder und Schuttplätze). Gilt als Verbandscharakterart der Unkrauthirsen-Gesellschaft *(Panico-Setarion)*. Lässt sich als Unkraut durch intensive Bewirtschaftung leicht bekämpfen. Wärmekeimer. Die Borsten können im Fell von Tieren hängenbleiben (Klettverbreitung).

Blütenstand eine geknäuelt-lappige endständige Scheinähre:

Grüne Borstenhirse, Setaria viridis (L.) P. B. (= *Panicum viride* L.). – Einjährig, 5 bis 60 cm hoch; Halm niederliegend bis knickig aufsteigend, dünn. Blätter grün, kahl, 4 bis 10mm breit. Blatthäutchen in einen am Scheidenrand herabgezogenen Haarkranz aufgelöst. Rispe stark ährig zusammengezogen, 2 bis 8 cm lang. Rispenäste ganz kurz verzweigt, wenigährig, z. T. ohne Ährchen als Borsten die vorhandenen Ährchen überragend. Diese um 2 mm lang, einblütig mit 3 (!) Hüllspelzen. Borsten grün, manchmal auch violett angehaucht. Blütezeit 6–10. Häufig; vom Tiefland bis (vereinzelt) 1000 m; in Gärten, Weinbergen, auf Äckern, Wegen und Schutthalden. Liebt kalkarme, nährstoffreiche, leichte (sandige), schwach feuchte Böden. Verbandscharakterart der Unkrauthirsen-Gesellschaft *(Panico-Setarion)*. Allgemeine Verbreitung: Europa, Asien, Nordafrika.
Unsere Art, auch Grün-Fennich genannt (Fennich = Penich = *panicum* = Brot), gilt als Stammform der **Kolbenhirse,** *S. italica* (L.) P. B. Kennzeichen: Halm bis 1 cm dick, bis 1 m hoch. Seit der Bronzezeit in Europa als Kulturform angebaut (aus China etwa 3000 v. Chr. bekannt), war sie früher Brot- und Breigetreide. Heute wird sie fast nur noch als Vogelfutter (Vogelhirse) gezogen, daher wächst sie gelegentlich auf Schuttplätzen. Ähnlich ist das verwandte **Klebgras,** *S. verticillata* (L.) P. B., dessen Borstenzähnchen nach rückwärts gerichtet sind. Die Scheinähre ist deshalb besonders klebrig-rau. Bei uns ist es vor allem im Weinbaugebiet verbreitet.

Blütenstand aus fiederständigen Scheinähren zusammengesetzt:

Hühnerhirse, Echinochloa crus-galli (L.) P. B. (= *Panicum crus-galli* L.) – Einjährig, 30 bis 100 cm hoch; Halm aufrecht oder knickig aufsteigend; an den Knoten Haarbüschel. Blätter dunkel-graugrün, bis auf einige Randhaare am Spreitengrund kahl. Blatthäutchen fehlt; selten an seiner Stelle einige Haare.
Scheinähren an der Hauptachse wechsel- oder gegenständig (hahnenfußartig, *crus-galli* = Hahnenfuß), ca. 4 bis 9 cm lang. Ährchen 2 bis 3 mm lang, einblütig, mit 3 Hüllspelzen, sehr kurz gestielt, oft einseitswendig, grün oder violett überlaufen. Die unterste Hüllspelze nur ¼ so lang wie das Ährchen; die anderen hüllen das Ährchen ein, eine davon oft mit Granne (*echinochloa* = Igelgras). Blütezeit 7–10.
Häufig; vom Tiefland bis ca. 800 m; in Gärten, Äckern, auch an Gräben und Schuttstellen. Wärme- und feuchtigkeitsliebend. Zeigt Ammoniak oder Nitrat an (gerne an Jauchepfützen). Bevorzugt fette, nährstoffhaltige Böden oder Schlamm. Klassencharakterart der Hackunkraut-Gesellschafter *(Chenopodietea albi)*. In der wärmeren gemäßigten Zone beider Erdhälften verbreitet.
Wärmekeimer (erscheint bei uns erst im Frühsommer). Vor allem in Gärten schwer ausrottbares Unkraut, da jede Pflanze eine Unmenge Samen hervorbringt. Sie waren früher häufig im italienischen Reis zu finden. Auf Maisfeldern wird die Pflanze über 2 m hoch. In Asien wird sie noch heute stellenweise als Körnerfrucht gebaut. Kulturformen wie die Indische oder Japanische Hühnerhirse werden bei uns gelegentlich versuchsweise als Futtergräser angepflanzt. In neuerer Zeit wird als Futtergras das entfernt ähnliche (aber nicht verwandte) **Beckmannsgras,** *Beckmannia eruciformis* (L.) Host., angebaut. Kennzeichen: Blatthäutchen vorhanden. Sein Wert ist umstritten, es gibt grobes Heu, eignet sich aber zur Verbesserung von Sauerwiesen.

Schuttpflanze mit dichthaarigen Blattscheiden:

Hirse, Rispen-Hirse, Echte Hirse *Panicum miliaceum* L. – Einjährig, 40 bis 100 cm hoch; Halm dick, steif aufrecht oder am Grund knickig aufsteigend, wie die ganze Pflanze rauhaarig, Blätter 10 bis 20 mm breit; Blatthäutchen geht in ein Haarkranz über.
Rispe groß (ca. 20 cm lang), anfangs zusammengezogen, später locker, reichästig, einseitig überhängend, mit langen schlaffen Ästen. Ährchen einblütig, alle deutlich gestielt, ca. 3 mm lang, grün oder seltener schwärzlich-violett. Zwei unbegrannte Hüllspelzen schließen das Ährchen ein, eine dritte ist kürzer. Blütezeit 6.
Bei uns kaum noch als Kulturpflanze gebaut (neuerdings aber als Grünfuttergras vorgeschlagen); kommt zerstreut und unbeständig, meist aus Vogelfutterresten stammend, an Wegrändern und auf Schuttplätzen vor; vom Tiefland bis ca. 600 m. Hauptvorkommen in wärmeliebenden Schuttunkraut-Gesellschaften. Heimat vermutlich in Zentralasien (= wärmere Gegenden). In Europa seit der Steinzeit. Die Hirse ist vielleicht unsere älteste Getreideart. Die Körner (gelb, seltener rot oder dunkelgrau) ergaben den Hirsebrei, der heute noch aus Volksmärchen und Sinnsprüchen bekannt ist *(panicum* = Brotfrucht, von *panis* = Brot, war bei den Römern der Name der verwandten Kolbenhirse, S. 98. Die Hirse selbst hieß *milium* = Mahlfrucht, von *molere* = mahlen. Die Bedeutung des Namens Hirse ist unklar). Kartoffel und Mais haben die Hirse verdrängt. Sie ist ein gutes Vogelfutter; einige Formen werden als Zierpflanzen gezogen. Alle Hirsesorten verlangen einen guten Boden und sind sehr empfindlich gegen niedere Temperaturen, so dass erst nach den letzten Nachtfrösten mit der Aussaat begonnen werden kann. Für Trockensträuße werden die Samenrispen oft gefärbt.

Uferpflanze mit rau-scharfen Blattscheiden:

Reisquecke, Wilder Reis, *Leersia oryzoides* (L.) Sw. – Ausdauernd, in lockeren Rasen mit kriechender Grundachse; 50 bis 130 cm hoch; treibt schuppenblättrige, 10 bis 20 cm lange Ausläufer. Halm aufrecht oder knickig aufsteigend, an den Knoten behaart. Blätter hellgrün, 6 bis 10 mm breit, an den Rändern schneidend rau. (Die scharfen Zähnchen am Blattrand sind über der Blattmitte nach vorwärts, darunter nach hinten gerichtet.) Rispe aufrecht, ausgebreitet, mit geschlängelten Ästchen, tritt aber bei uns nur in warmen Jahren ganz aus der obersten (aufgeblasenen) Blattscheide aus. Ährchen 4 bis 5 mm lang, oval, fast stets mit geschlossenen Spelzen blühend (kleistogam), einblütig, seitlich etwas zusammengedrückt. Hüllspelzen verkümmert, Deckspelzen unbegrannt. Blütezeit 8–10.
Zerstreut; vom Tiefland bis (vereinzelt) 1000 m; in Sumpfgräben und an Ufern, meist unter Schilf und vor allem entlang der Zugstraßen der Wasservögel. Wärme- und stickstoffliebend; gilt als *Phragmition*-Art (Gesellschaft der echten Röhrichte, *Phragmition australis).* Allgemeine Verbreitung: warme Gebiete der nördlichen Hemisphäre.
Steht dem Kulturreis *(Oryza; oryzoides* = reisähnlich) sehr nahe und kommt mit ihm zusammen in den Reisfeldern (aber auch in Maisfeldern) als berüchtigtes Unkraut (zerschneidet beim Jäten die Hände) vor. Wird auch vom Vieh wegen der scharfen Blätter nicht gefressen. Der Name *Leersia* soll an den Herborner Apotheker und Botaniker J. D. Leers (1729–1774) erinnern (vgl. auch S. 164).

Laubwald- und Gebüschpflanze mit kahlen, glatten Blattscheiden:

Wald-Flattergras, Waldhirse, *Milium effusum* L. – Ausdauernd, in schwachen Rasen mit unterirdisch kriechender Grundachse und kurzen Ausläufern; 60 bis 120 cm hoch. Halm aufrecht, glatt, glänzend, schlank. Blätter grün bis hellgraugrün, 10 bis 15 mm breit, am Spreitenrand rau, Blatthäutchen bis über 5 mm lang.
Rispe sehr locker, meist aufrecht oder an der Spitze überhängend, bis über 30 cm lang. Rispenäste zu 4 bis 7 in Quirlen, sehr dünn, bis 10 cm lang, abstehend *(effusus* = ausgebreitet) oder (nach der Blüte) oft herabgeschlagen. Ährchen einblütig, oval, blassgrün oder violett überlaufen, ca. 3 mm lang, von zwei spitzen, unbegrannten Hüllspelzen umschlossen. Blütezeit 5–7. Häufig; vom Tiefland bis beinahe 2000 m; meist unter Laubholz. Liebt nährstoffreiche, lockere und tiefgründige Humusböden, die nicht zu trocken sein dürfen (geht eher noch auf die feuchtnassen Böden der Erlenbrüche). Klassencharakterart der Gesellschaften der Edel-Laubwälder *(Querco-Fagetea).* Waldgras der nördlichen Hemisphäre.
Die Waldhirse hat (im Gegensatz zu Borstenhirsen, Hühnerhirse und Bluthirse) keine näheren verwandtschaftlichen Beziehungen zur Echten Hirse, sie hat nur ein entfernt ähnliches Aussehen *(milium,* lat. = Hirse). Als Körnerfrucht hat die Waldhirse nie gedient; ihr Wert als Wildfutter ist gering. Zuweilen werden die Körner von einem Mutterkornpilz befallen, dessen Ernte aber trotz hohen Alkaloidgehaltes nicht rentabel zu sein scheint.

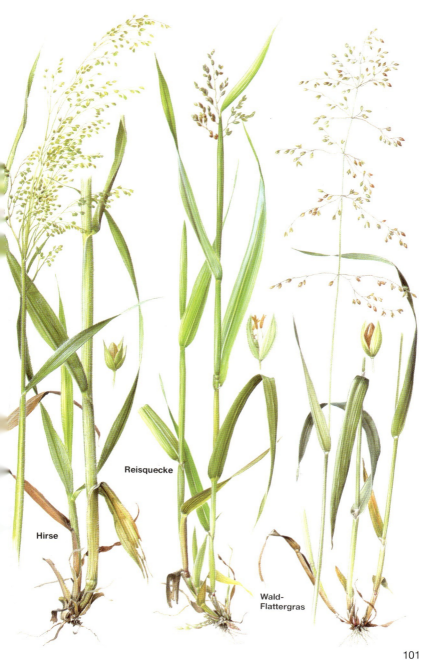

Grundblätter borstlich gerollt, Halmblätter 3 bis 6, schlaff:

Hunds-Straußgras, Sumpf-Straußgras, *Agrostis canina* L. – Ausdauernd, in lockeren Horsten, mit oberirdisch langkriechender Grundachse, zuweilen ausläufertreibend; 20 bis 50 cm hoch (im Gebirge oft kleiner). Halm aufrecht bis bogig aufsteigend, am Grund öfters mit Wurzeln. Halmblätter bis 2,5 mm breit, flach, grün bis graugrün. Blatthäutchen bis 3 mm lang, Rispe locker, vor und nach der Blüte zusammengezogen, Äste rau, bis 4 cm lang, die untersten in Quirlen zu 2 bis 8. Ährchen einblütig, unter 3 mm lang, dunkelpurpurn, seltener strohgelb, einzeln gestielt, von den unbegrannten Hüllspelzen eingeschlossen. Deckspelzen meist mit Granne (vgl. Silbergras, S. 110). Blütezeit 6–8. Zerstreut; vom Tiefland bis in Mittelgebirgslagen; auf Mooren und nassen Wiesen. In viele ökologische Rassen aufgespalten; diese besiedeln u. a. nackte Torfböden, sandige Triften, Dünen oder sommerwarme Weinberge. Die Hauptrasse ist Charakterart des Verbandes der Wiesenseggen-Sümpfe *(Caricion nigrae)* und liebt kalkfreie, schwach saure Torfböden. Verbreitet über ganz Europa bis nach Sibirien.
Als Futtergras minderwertig; das Gras bildet auf Streuwiesen oft einen feinen oberirdischen Wurzelfilz, unter dem die besseren Streupflanzen erstickt werden. Es gilt deswegen allgemein als Unkraut. In neuerer Zeit wird versucht, einige Rassen züchterisch zu veredeln.

Grundblätter borstlich gerollt, Halmblätter 1 bis 2, steif:

Felsen-Straußgras, *Agrostis rupestris* All. – Ausdauernd, in dichten Horsten, selten mit kurzen Ausläufern, 5 bis 30 cm hoch. Halm oft knieförmig aufsteigend. Blätter graugrün, am Halm flach, fädlich, um 1 mm breit. Blatthäutchen unter 2 mm lang.
Rispe locker, auch nach der Blüte ausgebreitet. Äste bis 2 cm lang, glatt, die unteren zu 1 bis 4. Ährchen einblütig, 2 bis 3 mm lang, braunviolett, gestielt und regelmäßig über die Rispenäste verteilt, von den spitzen Hüllspelzen eingeschlossen. Deckspelze mit kurzer Granne. Blütezeit 7–8.
Nur in den Alpen und den höchsten Stellen der Mittelgebirge. Auf felsigen Matten und Hängen häufig, gerne auch auf Schafweiden. Erst ab etwa 1400 m. Humusliebend, vorzugsweise im Urgebirge. Verbreitet vom Balkan bis zu den Pyrenäen.
Sehr ähnlich ist das ebenfalls in den Alpen beheimatete **Alpen-Straußgras**, *A. alpina* Scop. Kennzeichen: Rispenäste rau. Durch Bäche herabgeschwemmt, findet es sich auch selten im Vorland (bis 700 m). Seine ökologischen Gruppen siedeln in den verschiedensten Gesellschaften, doch ist dieses Gras eher als Wiesenpflanze und nicht als Felsenpflanze anzusprechen. Die längeren und saftigeren Blätter machen es zu einem guten Futtergras (vor allem für Schafweide).
Das **Silbergras** (S. 110) hat eine silbergraue, ährig zusammengezogene Rispe mit 2blütigen Ährchen; da diese jedoch sehr klein sind, könnte es eventuell als Blutiges Straußgras bestimmt werden; es kommt jedoch in höheren Lagen nie vor.

Alle Blätter flach, bis 10 mm breit:

Rotes Straußgras, Gewöhnliches Str., *Agrostis capillaris* L. (= *A. tenuis* Sibth., *A. vulgaris* With.). – Ausdauernd, in dichten oder lockeren Rasen, meist mit kurzen Ausläufern, 30 bis 90 cm hoch. Halm dünn, aufrecht oder knickig aufsteigend. Blatthäutchen höchstens 2 mm lang. Rispe locker, je nach Standort 2 cm (trocken) bis 15 cm (feucht) lang. Ährchen einblütig, meist rotviolett, selten (meist im Schatten) grün, 2 bis 2,5 mm lang, einzelnstehend, fein gestielt. Hüllspelzen schließen das Ährchen ein, Deckspelzen meist ohne Granne. Blütezeit 6–7.
Bei uns in vielen Formen; sehr häufig; vom Tiefland bis in die Alpen; auf Wiesen und in Wäldern vom Heidemoor bis zum Weinberg *(agrostis* = Feldgras). Zeigt im Allgemeinen mittlere Bodengüte an, bevorzugt sandige, neutrale bis schwach saure, kalk- aber nicht nährstoffarme Böden mit einigem Stickstoffgehalt. Über die ganze nördliche gemäßigte Zone verbreitet. Ist ein gutes, aber wenig ergiebiges Futtergras; anspruchslos, deshalb vor allem im Gebirge wichtig. Neben viviparen Formen finden sich Rassen, die zu anderen Straußgrasarten überleiten. Sehr ähnlich und fast ebenso häufig ist das **Weiße Straußgras** (Fioringras). *Agrostis stolonifera* L. (= *A. alba* L.). Kennzeichen: Blatthäutchen über 5 mm lang, Ährchen ± gebüschelt, begrannt. Es ist ebenfalls sehr formenreich und besiedelt gern schwerere und feuchtere Böden: Wiesen, feuchte Waldstellen, überschwemmte Sandflächen, Salzstellen, Äcker, Gräben und Unterwasserwiesen an Seen und Flüssen. Bei uns gilt es auf Äckern als gefürchtetes Unkraut, in Wiesen als gutes Untergras; in regenreichen Gebieten gedeiht es am besten (England). Sterile Bastarde mit andern Straußgräsern ergaben den neuartigen Emerald-Velvet-Rasen. Einige Formen dienen als Ziergräser.

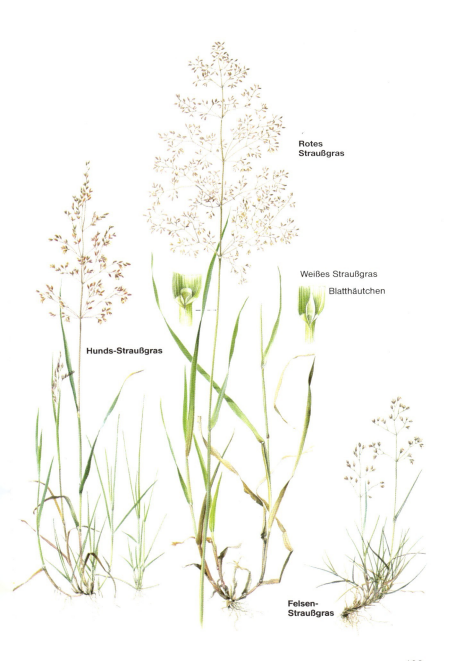

Ährchen über 1,5 cm lang, mit einer 5 bis 30 cm langen Granne:

Federgras, *Stipa pennata* L. agg. – Ausdauernd, in dichten kleinen Horsten, 30 bis 80 cm hoch. Halm aufrecht, rau, von den Blattscheiden bedeckt; Spreiten blaugrün, meist eingerollt, seltener flach, bis zu 2 mm breit, steif, am Rande rau.
Rispe wenig verzweigt (fast traubig), meist mit dem unteren Teil in der obersten Blattscheide steckend. Ährchen rundlich, bis 2,5 cm lang, einblütig. Hüllspelzen so lang wie das Ährchen, pfriemlich, mit der langen Granne bis 7 cm. Deckspelze mit fedrig *(pennata* = gefiedert) behaarter, gedrehter Granne, bis 40 cm lang *(stupa* = Werg). Blütezeit 6.
Selten, in Norddeutschland vollständig fehlend, ebenso im Hochgebirge; in den warmen Trockengebieten zerstreut; in lichten Trockenwäldern und an sonnigen Hängen in Steppen- und Trockenrasengesellschaften. Nur auf Kalkböden mit steiniger Krume. Hauptverbreitung Mittelmeer- und ungarischer Raum (vom Rheingraben bis Afghanistan).
Diese sehr formenreiche Art steht (wie das eng verwandte **Pfriemengras,** *Stipa capillata* L.) bei uns unter Naturschutz. Ihre durch den Wind verbreiteten Früchte bohren sich bei Wasseraufnahme durch Drehbewegung der Granne selbst in den Boden ein (Früchte verwandter Arten sollen sich durch die Haut der Schafe bis zu den Eingeweiden bohren können). Die Haargrannen dienen gelegentlich als Bettfüllung oder gefärbt als Hutschmuck (in Ungarn, wo diese Art sehr häufig ist), bei uns wurde die Pflanze stellenweise ausgerottet, weil sie gewerbsmäßig zu Trockensträußen gesammelt wurde.
Ihre Verwandten (Gattung *Stipa* und *Aristida*) gehören zu den wichtigsten Gräsern der Steppen und Savannen. Neben Futtergräsern gibt es auch solche mit narkotischer Wirkung auf das Vieh. Das **Haifagras** (Espartogras der Spanier = *St. tenacissima* L.) wird zur Papierfabrikation und zur Herstellung von Flechtwerk (auch zur Herstellung der Mundstücke von Virginia-Zigarren) in großem Maße wirtschaftlich genutzt.

Ährchen um 9 mm lang, mit vier oder fünf, 10 bis 15 mm langen, Grannen:

Mäuseschwanz-Fuchsschwingel, *Vulpia myuros* (L.) Gmelin. – Einjährig oder überwinternd; in dichten Büscheln, 15 bis 45 cm hoch. Halm aufrecht oder knickig aufsteigend, bis oben von den Blattscheiden bedeckt. Deren oberste oft etwas aufgeblasen. Spreiten hell- bis bläulichgrün, starr, borstlich, selten flach, 1 bis 2 mm breit.
Rispe lang (oft so lang wie der Traghalm), schmal, oft einseitig überhängend, oberwärts ährig-traubig, unten oft von der obersten Blattscheide umhüllt. Ährchen 8 bis 11 mm lang, hellgrün, später bräunlich, langoval, 4- bis 5blütig. Hüllspelzen kurz. Blütezeit 6–8. Vom Tiefland bis etwa (selten über) 500 m; zerstreut und sehr unbeständig an Wegrändern und Schuttstellen. Sandzeiger, wärmeliebend, auf Lehm stellenweise offenen, sauren, trockenen Böden. Charakterart des Gesellschaftsverbandes der Kleinschmielen-Schafschwingel-Rasen *(Thero-Airion),* aber auch als Differentialart innerhalb der Gesellschaften der Silbergras-Fluren *(Corynephorion canescentis).* Kosmopolit, öfters verschleppt (mit Schafwolle, da oft auf dürftigen Schafweiden). Der Name *Vulpia* soll an den Pforzheimer Apotheker und Botaniker Vulpius (1760–1846) erinnern; *myuros* = Maus (mys)-schwanz (oyra), der schmalen, langen Rispe wegen.

Ährchen bis 3 mm lang, mit einer, bis 7 mm langen, Granne:

Windhalm, *Apera spica-venti* (L.) P. B. (= *Agrostis spica-venti* L.). – Einjährig oder überwinternd; in kleinen Büscheln, 30 bis 100 cm hoch. Halm aufrecht, seltener aufsteigend. Blattscheiden eng anliegend, schwach rau oder glatt; Spreiten flach, 2 bis 5 mm breit, rau, langspitzig. Blatthäutchen bis 6 mm lang.
Rispe locker, zierlich gebaut, breit, bis 30 cm lang, nach der Blüte astweise zusammengezogen (Hauptäste weiter ausgebreitet); Äste dünn, rau, bis 10 cm lang, zuweilen geschlängelt. Ährchen einblütig, schmal, grün oder violett bis rötlich überlaufen, seitliche kurz-, endständige langgestielt. Hüllspelzen ungleich groß. Blütezeit 6–7.
Häufig innerhalb des Ackerbaugebietes (selten über 1000 m); im Getreide, auch in Gärten und auf Schuttstellen. Liebt leichten, sandhaltigen, mineralreichen aber kalkfreien Boden. Zeigt in Kalkgebieten Entkalkung der Krume. Namengebende Verbandscharakterart der Windhalm-Gesellschaften *(Aperion spicaeventi).* Im Süden selten, sonst über ganz Europa bis nach Sibirien verbreitet.
Lästiges Unkraut, das sehr viele, leichte und deswegen kilometerweit fliegende Samen erzeugt Tritt vor allem in Roggenäckern, oft wie gesät, auf. Auf besseren Böden mit Kalk zu bekämpfen Doch weicht das Gras dann auf Wegränder und Ackerraine zurück, von wo aus immer wieder die Neubesiedlung erfolgen kann. Im Gegensatz zum nah verwandten Straußgras (S. 102) ist die Ährchenachse noch über den Ährchenansatz hinaus verlängert. Darauf zielt der Name, der aus dem griech. *aperos* = unverstümmelt abzuleiten ist; *spica-venti* = Windähre: der duftige Blütenstand is ein Spiel des Windes.

Reitgras, *Calamagrostis* Adans. – Die Reitgräser (Riedgräser) sind schilfähnliche Pflanzen (stehen zwischen *calamus,* dem Schilfrohr, und *agrostis,* dem Feldgras) mit großen Rispen, an deren rauen Ästen einblütige Ährchen mit meist ungleich großen Hüllspelzen stehen. Die Deckspelzen sind kurz begrannt und tragen am Grund einen Haarkranz, der bei der Klettverbreitung eine Rolle spielt. Deckspelzen, Haare und Grannen sind meist von den Hüllspelzen eingeschlossen und werden erst beim Auseinanderziehen des Ährchens sichtbar.

Granne im Ährchen versteckt, Haarkranz so lang wie dieses:

Land-Reitgras, *Calamagrostis epigejos* (L.) Roth. – Ausdauernd; in dichten, oft ausgedehnten Rasen, mit unterirdisch kriechendem Wurzelstock und sehr langen, dünnen Ausläufern, 100 bis 160 cm hoch. Halm schilfartig, aufrecht, oben rau. Blattscheiden rau; Spreiten graugrün, ½ bis 1 cm breit, steif, selten eingerollt, Rand schneidend scharf. Blatthäutchen bis 9 mm lang. Rispe steif-länglich, gelappt, blassgrün, oft etwas violett überlaufen, bis 40 cm lang, nach der Blüte ausgebleicht und zusammengezogen. Ährchen 5 bis 6 mm lang, länglich spitz. Hüllspelzen fast grannenspitzig. Blütezeit 7–8.
Sehr häufig; vom Tiefland bis in Mittelgebirgslagen; in Wäldern, auf Waldschlägen (dort oft die beherrschende Pflanze), auch an sandigen Flussufern. In zahlreichen Pflanzengesellschaften vorkommend, Rohbodenpionier; gern auf oberflächlich trockenen, grundwasserfeuchten Böden (basischer oder saurer Reaktion). Lichtbedürftig. Eurasien, mit Ausnahme der Subtropen. Lästiges Forstunkraut, das mit seinen bis zu 2 m tief reichenden Wurzeln den Boden austrocknet und mit seinem hohen und großflächigen Wuchs die anderen Pflanzen erstickt. Wurde früher der Gattung Schilf (damals *Arundo*) zugerechnet: Schilf, das „auf dem Lande" *(epi geos)* lebt. Das Gras ist sehr formenreich, Rassen der Flussufer mit lockerer Rispe werden oft zur besonderen Art **Ufer-Reitgras,** *C. pseudophragmites* (Hall. fil.) Koel. *(pseudophragmites* – falsches Schilf) zusammengefasst.

Granne im Ährchen versteckt, Haarkranz halb so lang wie dieses:

Sumpf-Reitgras, *Calamagrostis canescens* (Web.) Roth (= *C. lanceolata* Roth.) – Ausdauernd; in lockeren Rasen mit unterirdisch kriechendem Wurzelstock und dünnen Ausläufern; 60 bis 120 cm hoch. Halm aufrecht, oben rau, oft unterwärts aus den Knoten verzweigt. Blattspreiten hellgraugrün *(canescens* = grau) bis grün, steif, um 4 mm breit, an den Seitentrieben zuweilen gerollt. Blatthäutchen 2 bis 4 mm lang.
Rispe nur während der Blüte ausgebreitet, länglich, schlaff, sehr regelmäßig aufgebaut. Ährchen schmal, 4 bis 6 mm lang, blass oder violett überlaufen. Blütezeit 7–8. Zerstreut; vom Tiefland bis über die Bergregion; in nassen Wiesen und Erlenwäldern, oft auf großen Flächen steril. Staunässezeiger, auf nährstoffreichen Torfböden. Charakterart der Gesellschaften der Erlenbrüche *(Alnetea glutinosae);* in den Großseggen-Wiesen *(Magnocaricion)* oft als letzter Zeuge früheren Waldbewuchses. Mittel- und Nordeuropa. Das harte Heu dieser Art diente früher als Packmaterial für die böhmischen Glaswaren. Nahe verwandt ist die **Wollige Reitgras,** *C. villosa* (Chaix) Gmelin. Kennzeichen: Am Übergang von Spreite und Scheide links und rechts ein Haarbüschel. Von der Bergregion bis ins Gebirge (ganz vereinzelt auch in Schleswig-Holstein) in (feuchten) Zwergstrauch-Heiden und sandig-steinigen Bergwäldern, stets auf sauren Humusböden.

Granne sichtbar (1 bis 3 mm), Haarkranz sehr spärlich:

Wald-Reitgras, *Calamagrostis arundinacea* (L.) Roth. – Ausdauernd; in lockeren Horsten mit kurzkriechender Grundachse und sehr kurzen Ausläufern, 60 bis 120 cm hoch. Halm aufrecht, höchstens oben schwach rau. Blattspreiten 4 bis 7 mm breit, oberseits kurzhaarig, unten glänzend, dunkelgrün, am Blattgrund Haarbüschel. Blatthäutchen unter 2 mm lang. Rispe mit vielen Ährchen, kurzverzweigt, länglich-schmal, mit aufrechten, nach der Blüte anliegenden Ästen. Ährchen 5 bis 6 mm lang, lanzettlich, blassgrün, zuweilen violett gescheckt. Haarkranz kaum 1 mm lang (aber Ährchenachse behaart!). Blütezeit 6–7.
Häufig im Norden – Tiefland – selten); von der Bergregion bis in die Voralpen; in (feucht-)schattigen Wäldern, kommt aber auch auf Waldschlägen oft massenhaft vor (ebenso an der Waldgrenze). Liebt warme, schwach feuchte, kalkarme, aber mineralreiche, schwere, steinige Böden. Verbreitet in der gemäßigten Zone Eurasiens.
Auf Waldschlägen verjüngungsfeindliches Unkraut, zeigt aber guten Bodenzustand an. Wurde früher der Gattung Straußgras = Feldgras zugeordnet: Schilfähnliches (Schilf = *arundo)* Feldgras. Nahe verwandt ist das **Berg-Reitgras,** *C. varia* (Schrad.) Host. Kennzeichen: Haarkranz dichter, etwa 3 mm lang. Vor allem in Steppenwäldern und Halbtrockenrasen höherer Lagen auf warmen, schweren Kalkböden. Vorzüglicher Bodenbefestiger auf Rutsch-Tonböden.

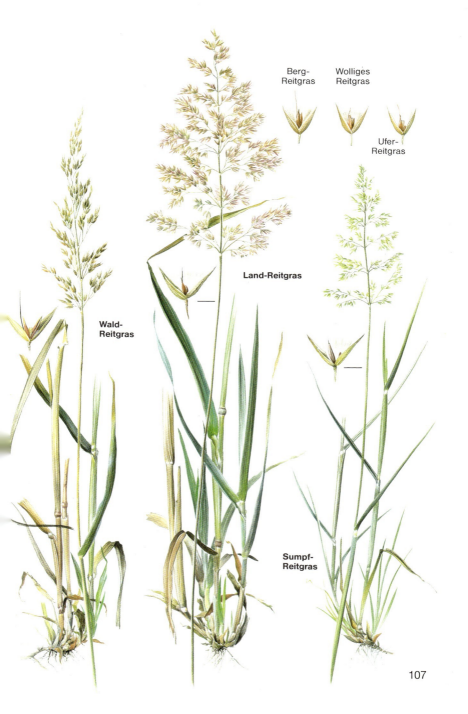

Untere Blattscheiden rundlich, behaart:

Wolliges Honiggras, *Holcus lanatus* L. – Ausdauernd; in dichten Horsten, 30 bis 100 cm hoch. Halm aufrecht oder am Grund meist knickig, samthaarig, süßlich schmeckend (Honiggras! -Vorsicht! Das Kauen von Grashalmen sollte wegen der Gefahr einer Strahlenpilzinfektion unterlassen werden). Blattscheiden bleiben lange erhalten, schwach aufgeblasen, unterste rotstreifig; Spreiten um 5 mm breit, samthaarig (= *lanatus).* Blatthäutchen bis 2 mm, gefranst. Rispe weichhaarig, rötlich überlaufen, weit ausgebreitet, vor und nach der Blüte zusammengezogen. Ährchen 4 bis 5 mm lang, dickoval, zweiblütig (obere, begrannte Blüte nur männlich, selten eine 3. verkümmerte), blass oder blassviolett, kurzstielig. Hüllspelzen schließen das Ährchen ein, meist weichhaarig. Granne im Ährchen versteckt. Blütezeit 6–7.
Sehr häufig; vom Tiefland bis in mittlere Gebirgslagen (1000 m); auf Wiesen, seltener in Wäldern. Liebt nährstoffarme, aber stickstoffhaltige, schwach saure, feuchte bis nasskühle, schwere Böden. Klassencharakterart der Europäischen Wirtschaftswiesen und -weiden *(Molinio-Arrhenatheretea).* Ursprünglich in Eurasien, in Nordamerika eingebürgert.
Frostempfindliches Futtergras von mäßigem Wert. Auf besseren Wiesen durch Verdrängung anderer Arten oft nur Unkraut. Als Futter schlecht verdaulich, das Heu ist sehr leicht. Trockenjahre schaden dem Fortkommen. Das **Weiche Honiggras,** *H. mollis* L., findet sich etwas weniger häufig, doch bis über 1500 m, an Waldrändern, in Heiden, Gebüschen und Wäldern. Es ist ein Verhagerungszeiger und Halbschattengras, besiedelt trockene bis feuchte, kalkfreie, saure, leichte Böden (in höheren Lagen auch auf Äckern als Unkraut). Kennzeichen: Ausläufertreibend, Granne das Ährchen überragend. Der Name *Holcus (helcein* = ziehen) wurde von Linné auf das Gras übertragen, die Alten nannten so ein langgranniges Gras (wahrscheinlich die Mäusegerste, S. 150), das die Fähigkeit besitzen sollte, im Schlund steckengebliebene Fisch(grannen =)gräten wieder herauszuziehen.

Untere Blattscheiden flachgedrückt, kahl:

Wiesen-Knäuelgras, *Dactylis glomerata* L. – Ausdauernd; in dichten Horsten, 30 bis 100 cm hoch. Halm aufrecht oder aufsteigend. Blattscheiden rau oder glatt, die unteren braun, bleiben lange erhalten; Spreiten 3 bis 10 mm breit, gekielt, graugrün. Blatthäutchen 3 bis 5 mm lang. Rispe meist einfach *(dactylis* = fingerförmig), aufrecht, graugrün, einseitswendig, oft mit weit abstehendem unterstem Rispenast. Ährchen 7 bis 8 mm lang, 3- bis 5blütig, länglichoval, oft an der Spitze gekrümmt, bläulichgrün, weißhäutig oder violett überlaufen, an den Astenden gehäuft *(glomeratus* = geknäuelt). Hüllspelzen wie die Deckspelzen gekielt, stachelspitzig, halb so lang wie das Ährchen. Blütezeit 5–6.
Sehr häufig; vom Tiefland bis ins Gebirge (zuweilen angebaut); in mehreren ökologischen Rassen, wertvolles Futtergras, widerstandsfähig, ertrag- und nährstoffreich, gedeiht auf mittelfeuchten Wiesen, stickstoffliebend, zeigt deswegen gute Düngung an (auch an Wegrändern und Schuttstellen), bevorzugt schwere Lehmböden (Lehmzeiger). Das **Wald-Knäuelgras** *D. polygama* Horv. (= *D. aschersoniana* Graeb.) bildet Ausläufer, hat hellgrüne Blattspreiten, lockere, überhängende Rispen und meist 6blütige Ährchen; auf mäßig feuchten bis trockenen, mehr sandigen Lehmböden, wärmeliebend; bei Massenauftreten auf Kahlschlägen verjüngungshemmendes Forstunkraut. Beide Arten sind durch Übergänge miteinander verbunden. Das Wiesen-K. ist über die ganze Welt verschleppt. Spielarten mit gelb-grün oder gelb-weiß gebänderten Blättern sind Zierpflanzen.

Untere Blattscheiden rundlich, kahl:

Rohr-Glanzgras, *Phalaris arundinacea* L. (= *Typhoides ar.* (L.) Moench.). – Ausdauernd; in ausgedehnten Rasen, mit dicker, kriechender Grundachse und unterirdischen Ausläufern, 1 bis 2 m hoch. Halm einzelstehend, rohrartig, derb, am Grund mit bräunlichen Blattscheiden, an den unteren Knoten oft wurzelnd. Blattscheiden mit weißem Hautrand, Spreiten (grau-)grün, 8 bis 15 mm breit, an Rand und Spitze etwas rau. Blatthäutchen um 6 mm lang (Kennzeichen bei unfruchtbaren Pflanzen; das ähnliche Schilf, s. S. 120, hat eine Haarreihe). Rispe zur Blüte gelappt, vor- und nachher zusammengezogen, 10 bis 20 cm lang, bleichgrün bis rötlich. Ährchen einblütig, 4 bis 5 mm lang, glänzend (= *phalaros).* Blütezeit 6–7. Häufig; vom Tiefland bis ca. 1000 m; an den Ufern stehender und fließender Gewässer und in nassen Wiesen. Gern auf nährstoffreichem, saurem Boden. Klassencharakterart der Röhrichte und Großseggen-Sümpfe *(Phragmitetea).* Besiedelt die gemäßigte Zone der Nordhalbkugel. Das stattliche (im Wuchs an Schilf, *arundo,* erinnernde) Gras wird oft als gute Streupflanze gebaut. Vor der Blüte gemäht, ergibt es auch ein gutes Futter (später wird es zu hart). Da nach dem 2. Jahr 3 Schnitte möglich sind, gehören die Glanzgraswiesen zu den ergiebigsten Wiesentypen. Wie Schilf wird dieses Gras auch zum Dachdecken verwendet. Sein tiefreichendes, weitkriechendes Wurzelwerk macht es zu einem vorzüglichen Uferbefestiger. Abarten mit weißrosa, weiß oder gelb gebänderten Blättern werden oft als Zierpflanzen gezogen (Bandgras, Spanisches Gras).

Ährchen bis 3 mm lang, von den Grannen nicht überragt:

Silbergras, *Corynephorus canescens* (L.) P. B. (= *Weingaertneria can.* (L.) Bernh.). – Ausdauernd; in dichten Rasen, 20 bis 30 cm hoch, im Schatten auch höher. Halm aufrecht oder schräg aufsteigend, höchstens oben schwach rau, dünn, gelblichgrün. Blattscheiden meist stark rau, rosa, zuweilen purpurn überlaufen, Spreiten graugrün, steif, borstlich zusammengefalzt, am Halm sehr kurz. Blatthäutchen bis 3 mm lang.
Rispe ährig, 3 bis 10 cm lang, fein verzweigt, schmal, nach der Blüte silbriggrau (= *canescens*). Ährchen breit eiförmig, hellgrün, oft purpurn überlaufen, zweiblütig. Hüllspelzen gekielt, spitz, das Ährchen einhüllend, Deckspelzen begrannt. Granne keulig *(corynephorus* = Keulenträger). Blütezeit 6–7.
Sehr häufig, wird aber gegen Süden seltener (in den Alpen und fast ganz Südwestdeutschland fehlend); auf Dünen, Sandstellen und in sandigen Kiefernwäldern. Namengebende Charakterart der Silbergras-Fluren-Gesellschaften *(Corynephoretalia canescentis).* Ameisenpflanze. Hat feines, dichtes Wurzelwerk und eignet sich hervorragend zur Festlegung von Flugsandböden. Äußerst anspruchslos in Bezug auf den Nährstoffgehalt des (sauren) Bodens. Verbreitet in Süd- und Mitteleuropa.

Ährchen bis 3 mm lang, von 1 oder 2 Grannen deutlich überragt:

Nelken-Haferschmiele, Nelkenhafer, *Aira caryophyllea* L. – Einjährig oder überwinternd; in kleinen Büscheln, 5 bis 20 cm hoch. Halm sehr dünn, aufsteigend oder aufrecht, schwach rau. Blattscheiden der oberen Blätter etwas aufgeblasen, Spreiten saftiggrün, kurz und borstlich-schmal (wie die Blätter der Nelken, *caryophyllus*). Blatthäutchen bis 5 mm lang. Rispe oftmals locker, seltener ährig zusammengezogen, 4 bis 6 cm lang, im Umriss rundlich, da die verlängerten Rispenäste nur im oberen Teil verzweigt sind. Ährchen um 2,5 mm lang, eiförmig, gelbgrün, zuweilen rötlich überlaufen, zweiblütig, kurzgestielt. Hüllspelzen grannenlos, gekielt, schließen das Ährchen ein. Blütezeit 5–6, zuweilen 8–9.
Im Norden häufig; im Süden selten, in den Alpen fehlend; vom Tiefland bis in die obere Bergregion; auf Sandstellen, in sandigen Wäldern auch an Wegrändern. Kalkfliehend, auf nicht zu lockeren (Gegensatz zum Silbergras), sauren aber nicht zu nährstoffarmen Sandböden. Namengebende Charakterart des Verbandes der Kleinschmielen-Schafschwingel-Rasen *(Thero-Airion).* Europa, Afrika, verschleppt nach Amerika, in heißen Gebieten nur in den Gebirgen. Vor allem im Norden besiedelt die **Frühe Haferschmiele,** *A. praecox* L., oft dieselben Standorte, Kennzeichen: Blatthäutchen 2 mm lang, Rispe ährig. Der Name *Aira* wurde von Linné willkürlich auf unsere Gattung übertragen. Früher bezeichnete man so den Taumel-Lolch (S. 142), dessen Genuss tödliche Folgen hat *(airo* = wegnehmen, nämlich das Leben).

Ährchen 4 bis 6 mm lang, unbegrannt:

Schillergras, Pyramiden-Kammschmiele, *Koeleria pyramidata* (Lam.) P.B. agg. – Ausdauernd; in lockeren oder dichten Rasen, 30 bis 100 cm hoch. Halm aufrecht, dick, oberwärts glatt, rau oder kurzhaarig, am Grund von alten unverwitterten Scheiden umhüllt. Blattscheiden locker, kahl oder gewimpert, die unterste gelegentlich kurzhaarig, Spreiten 2 bis 3 mm breit, am Halm oft breiter, kahl oder bewimpert. Blatthäutchen um 1 mm lang.
Rispe vor allem oben ährig zusammengezogen, aufrecht, bis 15 cm lang, schmal-pyramidenförmig (Name!), vor und nach der Blüte walzlich. Ährchen breitoval, zusammengedrückt, 2- bis 4blütig, kurzgestielt, silbrig glänzend (schillernd!) bis grünlich oder violett überlaufen. Hüllspelzen etwas kürzer als das Ährchen, Deckspelzen scharf zugespitzt. Blütezeit 6–7. Zerstreut; vom Tiefland bis in die Alpen; auf trockenen Wiesen, vor allem auf Weiden, in lichten Gebüschen und an Rainen. Gilt als Klassencharakterart der Trocken- und Steppenrasen *(Festuco-Brometea),* ist aber in zahlreiche ökologische Rassen aufgespalten, die teils auf kalkhaltigen Lehm- oder Steinböden, teils auf kalkfreien Torfböden wachsen. Hauptverbreitung: Mitteleuropa. Die vielgestaltige Pflanze ist die häufigste ihrer Gattung. Diese bastardiert sehr häufig und ist zur Zeit in ständiger Formneubildung begriffen, so dass die Artabgrenzung Schwierigkeiten bereitet. Unsere 2 bis 3 weiteren heimischen Vertreter sind durch Übergänge mit dieser Pflanze verbunden und haben denselben Blütenstand: Das **Graue Schillergras,** *K. glauca* (Schrad.) DC, mit unten zwiebig verdickten Halm findet sich im Norden zerstreut auf lockerem, aber festliegendem (Moosstadium) kalkarmem Sand, das wärmeliebende **Zierliche Schillergras,** *K. macrantha* (Ledeb.) Spreng (= *K. gracilis* Pers.) mit eingerollten Blättern kommt zerstreut im Süden in Wiesen und Trockenrasen mit meist kalkhaltigem Untergrund vor. Der Name *Koeleria* soll an den Mainzer Professor G. L. Koeler (1765–1807) erinnern.

Ährchen mit 1 langen, oder 1 langen und 1 kurzen Granne:

Glatthafer, Französisches Raygras, *Arrhenatherum elatius* (L.) J. et K. Presl. – Ausdauernd; in lockeren Horsten, 60 bis 150 cm hoch. Halm aufrecht oder unten schwach knickig, auch an den Knoten meist kahl. Blattscheiden kahl (= glatt!), selten schwach behaart. Spreiten 4 bis 8 mm breit, rau, grau bis gelbgrün, oft mit einzelnen Haaren. Blatthäutchen um 3 mm lang. Rispe zur Blütezeit locker ausgebreitet, bis 25 cm lang. Äste wenig verzweigt. Ährchen bis 1 cm lang, oval, weißlichgrün, selten violett überlaufen, eigentlich 3blütig, aber nur 1 Blüte zwittrig, die untere männlich, die oberste verkümmert. Hüllspelzen nahezu so lang wie das Ährchen, Deckspelzen begrannt. Granne gekniet und gedreht (an der oberen, zwittrigen Blüte fehlend oder stark verkürzt), überragt das Ährchen etwa um seine Länge (*arrhen* = männlich, *atheros* = Granne, nur die männliche Blüte trägt eine wohlausgebildete Granne). Blütezeit 6–7. Sehr häufig; auf Wiesen und an Rainen, auch in lichten Wäldern; selten über 1000 m aufsteigend. Durch Aussaat weit verbreitet. Liebt nährstoffreiche (gedüngte), trockene bis schwach feuchte, warme, mittelschwere Böden. Charakterart des Verbandes der Fettwiesen *(Arrhenatherion elatioris)*. Von Europa aus weltweit verschleppt.
Wertvolles Mähgras (liefert 2 bis 3 Schnitte), dessen Wildformen oft ertragreicher als die Zuchtsorten sind. Erstere sind als Grünfutter allerdings etwas bitter und werden so vom Vieh nicht gern gefressen. Eine Rasse (Kennzeichen: unterirdische, knollig-perlschnurartig verdickte Halmglieder) ist ein lästiges Ackerunkraut, gedeiht aber in Wiesen nicht.

Ährchen mit 2 bis 3 langen Grannen:

Goldhafer, *Trisetum flavescens* (L.) P. B. – Ausdauernd; in lockeren Rasen, mit kriechender Grundachse, selten mit unterirdischen Ausläufern; 30 bis 70 cm hoch. Halm aufrecht oder etwas knickig, zuweilen um die Knoten schwach behaart. Blattscheiden zottig behaart oder kahl, Spreiten grün bis hellgrün, 3 bis 10 mm breit, am Rand rau, weichhaarig bis kahl (Zuchtsorten). Blatthäutchen 1 bis 2 mm lang.
Rispe locker, reichblütig, gelbgrün bis gelblich, seltener blassviolett, bis 20 cm lang, vor und nach der Blüte zusammengezogen. Rispenäste zart, reichverzweigt, die unteren zu 4 bis 8. Ährchen 5 bis 8 mm lang, oval, später spreizend, 2- bis 3blütig, glänzend grün-goldgelb (Name!) gescheckt. Hüllspelzen ungleich lang, wenig kürzer als das Ährchen. Deckspelze mit gekniete, 5 bis 7 mm langer Granne (an der Spitze in 2 haarspitzige Zipfel gespalten, so dass einschließlich der Granne 3 Borsten abgehen, *trisetum* = dreiborstig). Blütezeit 5–6.
Häufig; vom Tiefland bis in die Alpen; in Wiesen und Matten, auch im lichten Gebüsch, öfters ausgesät und nicht ursprünglich. Natürlicher Verbreitungsschwerpunkt bei uns in den Wiesen der Bergregion und des Mittelgebirges. Bevorzugt mäßig feuchte, kalk- und nährstoffreiche, tiefgründige Böden. Dünger liebend. Gehört zu den Ordnungscharakterarten der Fettwiesen-Gesellschaften *(Arrhenatheretalia)*. Verbreitet in der gemäßigten Zone der nördlichen Hemisphäre.
Diese sehr veränderliche Pflanze ist, vor allem auch für höhere Lagen, ein wertvolles Mähgras, das auch noch einen sehr ergiebigen 2. Schnitt liefert. Es erträgt Trockenheit leidlich, ist dafür aber nässeempfindlich. Es wird in vielen Sorten kultiviert und weitergezüchtet.

Ährchen ohne deutlich sichtbare Grannen:

Rasen-Schmiele, *Deschampsia cespitosa* (L.) P. B. – Ausdauernd; dichte Horste ohne Ausläufer; 30 bis 150 cm hoch. Halm aufrecht, glatt oder oberwärts rau. Blattscheiden glatt oder schwach rau, Spreiten dunkelgrün, um 4 mm breit, am Rand rau auf den 7 Rippen der Blattoberseite scharf rau, beim Trocknen sich einrollend. Blatthäutchen bis 8 mm lang. Rispe locker, 10 bis 30 cm lang; die rauen Äste bald waagrecht abstehend, quirlig angeordnet, unten zu 3 bis 6 (oder mehr). Ährchen 4 bis 5 mm lang, 2(-3)blütig, rundlich bis oval, glänzend, bunt gescheckt: die Deckspelzen weißlich (mit kurzer Granne, die das Ährchen nicht überragt), die Hüllspelzen (eine etwa ¾ so lang wie das Ährchen, die andere kürzer) violettbraun (im Schatten grün) mit gelblichem Hautrand. Blütezeit 7–8.
Häufig; vom Tiefland bis in die Alpen; in feuchten bis nassen Wiesen und Wäldern. Auf milden oder schwach sauren, grundwassernahen, nährstoffreichen, schweren Böden. Klassencharakterart der Europäischen Wirtschaftswiesen und -weiden *(Molinio-Arrhenatheretea)*. Hauptverbreitung: nördliche Hemisphäre, Neuseeland.
Das tiefwurzelnde, horstige (schlecht mähbare) Gras ist im Tiefland ein verhasstes Wiesenunkraut. Sein harter Halm und die schneidend rauen Blätter (Schneidegras) werden vom Vieh nicht gefressen, zudem wirkt es oft verjüngungshemmend. An Seeufern fördern die dichten Horste dagegen die Verlandung. Die Blätter finden als „Waldhaar" beim Polstern Verwendung. Das Gras ist sehr formenreich (kommt auch vivipar vor); seine Gebirgsrassen (selten mit Rollblättern) gelten als gutes Futter für Weidevieh. Der Name *Deschampsia* soll an den Arzt und Botaniker Des Champs erinnern; Schmiele soll mit schmal verwandt sein und auf den schlanken Halm Bezug nehmen.

Ährchen hängend, mit 0 bis 3 Grannen:

Hafer, *Avena* L. – Einjährige Pflanzen dieser Gattung werden als Getreide gebaut, andere sind Unkräuter auf den Getreideäckern; dann handelt es sich entweder um alte, heute wegen ihrer Ertragsarmut nicht mehr angebaute Rassen oder aber um die Wildformen unserer Kulturrassen. Die bedeutendste Art ist der **Saat-Hafer,** Haber, *A. sativa* L, 60 bis 120 cm hoch, mit aufrechtem oder aufsteigendem Halm, glatten, kahlen Blattscheiden, meist rauen, 10 bis 15 mm breiten, graugrünen Spreiten und 2 bis 3 mm langem Blatthäutchen. Seine allseitswendige, lockere Rispe ist bis 30 cm lang. Die Äste stehen meist waagrecht ab. Die Ährchen sind 3 cm lang, je nach Sorte meist zweiblütig und begrannt oder unbegrannt. Blütezeit 6–7. Überall vom Tiefland bis in die Voralpenregion angebaut. Liebt schwach saure, mittelschwere, gut durchfeuchtete Böden im sommerkühlen, wintermilden (frostempfindlich!) Klima. In Kultur seit der Eisenzeit; Hafermus (in Schottland Porridge) war vor der Kartoffel bei uns Volksnahrungsmittel. In der Volksmedizin gilt Haferschleim als reizmildernde Krankensuppe, mit Hafergrütze werden erweichende Umschläge gemacht, Tee aus Haferstroh soll gegen Husten helfen. Bis ins 16. Jahrhundert wurde Haferbier hergestellt; noch heute wird in Nordeuropa Hafer-Fladenbrot gebacken. Haferflocken zu Suppen, Brei und Müsli werden auch bei uns noch hergestellt. Sonst dient Hafer vor allem als Pferdefutter bzw., oft zusammen mit Erbsen gebaut, als Grünfutter.
Der häufige **Flug-Hafer,** *A. fatua* L., mit 3blütigen Ährchen und stark behaarten Deckspelzen, ist die Stammform des Saat-Hafers. Er ist Ordnungscharakterart der Windhalm-Äcker-Gesellschaften *(Aperetalia)* und ein lästiges Getreideunkraut *(fatuus* = „fad", unnütz). Zwei frühere Kulturarten mit einseitswendiger Rispe sind heute meist nur noch seltene Unkräuter: Der **Sand-Hafer,** *A. nuda* L. (= *A. strigosa* Schreb.), mit behaarter, der **Fahnen-Hafer,** *A. orientalis* Schreb., mit kahler Ährchenachse. Der erste stammt aus ursprünglich westeuropäischem Verbreitungsgebiet, der andere wurde aus südosteuropäischem Stammland eingeschleppt. Die römische Bezeichnung *Avena* ist in ihrer Herkunft umstritten: *advena* = Fremdling (von den Kelten eingeführt), *avesa,* sanskrit. = Nahrung, *avi,* sanskrit. = Schaf, d. h. Schafsnahrung. Eine der Deutungen des deutschen Namens geht ebenfalls auf die Bezeichnung des Schafbocks *(hafr,* altnordisch) zurück, doch ist auch an *havor* (Hufe, Feldstück) bzw. Eindeutschung von *Avena* (havena, hafer) zu denken.

Ährchen aufrecht, mit 4 bis 6 Grannen:

Rauer Wiesenhafer, Rau-Hafer, *Helictotrichon pratense* (L.) Besser (= *Avenochloa pratensis* (L.) Holub., *Avena p.* L.). – Ausdauernd; in dichten Horsten, 30 bis 100 cm hoch. Halm steif aufrecht oder etwas ansteigend, oben rau. Blattscheiden rau, Spreiten graugrün, 1 bis 3 mm breit, steif, ar Rand und Spitze rau (Name!), meist borstlich zusammengefalzt. Blatthäutchen 2 bis 4 mm. Rispe schmal, fast traubig, bis 10 cm lang, untere Äste meist zu 2,1- bis 2ährig, Ährchen 4- bis 5blütig bis 2 cm lang, breitoval, silbergrau-dunkelrot-grün gescheckt. Grannen 2 cm lang, gedreht. Blütezeit 6–7.
Zerstreut bis selten; vom Tiefland bis in die Voralpen; auf grasigen, sonnigen Wiesenhängen (= *pratensis,* im Gegensatz zum Feldhafer), Heiden und an Waldrändern. Oft sehr gesellig auf neutraler bis schwach sauren, kalkarmen nährstoffreichen, warmen, trockenen bis schwach feuchten Böden Klassencharakterart der Trocken- und Steppenrasen *(Festuco-Brometea).* Durch Europa (im Süder in Hochlagen) bis nach Sibirien.
Kein Kulturgras, da es hartes, schlechtes Futter liefert. Der **Bunte Wiesenhafer,** *H. versicolor* (Vill. Pilg. (= *Avenochloa v.* (Vill.) Holub.) kommt nur auf Alpenwiesen über 1700 m vor. Da er Kalk meidet, ist er bei uns selten. Seine Ährchen sind goldgelb-violett-grün gescheckt.

Ährchen aufrecht, mit 2 bis 3 Grannen:

Flaumiger Wiesenhafer, Flaumhafer, *Helictotrichon pubescens* (Huds.) Pilg. (= *Avenochloa p* (Huds.) Holub.; *Avena p.* Huds.). – Ausdauernd; in lockeren Horsten, höchstens mit kurzen Ausläu fern, 30 bis 120 cm hoch. Halm aufrecht oder am Grund knickig. Untere Blattscheiden zottig, unte re Spreiten ebenfalls (Name!), obere meist kahl, 2 bis 6 mm breit. Blatthäutchen 1 bis 4 mm. Risp fast traubig, bis 20 cm lang, zuweilen schwach überhängend, unterste Rispenäste meist zu 5 (4 nu 1ährig, 1 bis 5ährig). Ährchen 2- bis 3blütig, grünlich-violett oder braun gescheckt, seltener gleich farbig blass, um 1,5 cm lang. Grannen gedreht, 1 bis 2 cm lang, rau. Blütezeit 6–7. Häufig bis zer streut; vom Tiefland bis in die Alpen; in trockenen Wiesen und an Rainen. Wärmeliebend, auf tro ckenen bis schwach feuchten, nährstoffreichen (gedüngten) Böden, gern, aber nicht ausschließlich auf Kalk. Klassencharakterart der Europäischen Wirtschaftswiesen und -weiden *(Molinio-Arrhena theretea).* Von Mittel- und Nordeuropa bis nach Sibirien. Gutes Futtergras, das aber Beweidun oder Überdüngung nicht erträgt.

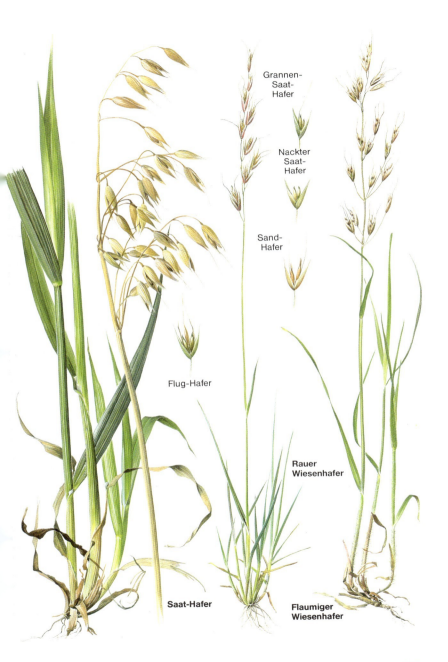

Blütenstand 2 bis 6 cm lang, grün, später gelbbraun:

Gewöhnliches Ruchgras, *Anthoxanthum odoratum* L. – Ausdauernd; in kleinen Horsten, 20 bis 50 cm hoch. Halm aufrecht oder aufsteigend, zuweilen etwas rau oder schwach behaart. Scheiden rau, behaart oder glatt; Spreiten zumindest am Grund behaart, 3 bis 5 mm breit, gelblich grün. Blatthäutchen bis 2 mm.
Rispe stark ährig zusammengezogen, nur zur Blütezeit aufgelockert, duftig; eiförmig. Ährchen bis 8 mm lang, lanzettlich-pfriemlich, einblütig, hellgrün, später braungelb *(anthoxanthum* = Gelbblüte). Hüllspelzen vier, die äußeren hüllen das Ährchen ein, die inneren begrannt, Grannen ragen aber nicht aus dem Ährchen heraus. Blütezeit 4–5.
Sehr häufig; vom Tiefland bis ins Gebirge; auf Wiesen und Rainen, an Wegrändern und in Wäldern. Auf fast allen Böden, nicht wählerisch im Feuchtigkeits- und Beschattungsgrad. Verbreitungsschwerpunkt aber auf trockenen bis mäßig feuchten, sauren, kalkfreien, armen, leichten bis mittelschweren Böden. Gilt als Klassencharakterart der Europäischen Wirtschaftswiesen und -weiden *(Molinio-Arrhenatheretea).* Kosmopolit (verschleppt). Wenig ergiebiges Futtergras von starkem Kumarin-(Waldmeister-)geruch (Name!), den es dem Heu mitteilt. Frühblüher. Das **Grannen-Ruchgras** *(A.puelii* Lecoq et Lamotte = *A.aristatum* Boiss.), Kennzeichen: Hüllspelzen deutlich stachelspitzig, Halme verzweigt, wurde erst 1850 in Norddeutschland gefunden; ist heute dort häufig und breitet sich nach S aus. Als Futtergras wertlos; ist auf Roggenfeldern ein lästiges, schwer ausrottbares Unkraut, dessen zähe Halme die Sensen schnell stumpf machten (Sensen – oder Seißendüwel = Teufel!).

Blütenstand 5 bis 10 cm lang, grün-violett, später olivgelb; seidenhaarig:

Wimper-Perlgras, *Melica ciliata* L. – Ausdauernd; in dichten Horsten, mit kurzem verzweigtem Wurzelstock, dieser samt Ausläufern der ganzen Länge nach dicht mit Halmen und Blattbüscheln besetzt; 30 bis 70 cm hoch. Halm aufrecht, oben oft rau. Blattscheiden kahl oder zottig behaart, Spreiten meist starr, anfangs oft flach, 3 bis 4 mm breit, später meist eingerollt, graugrün. Blatthäutchen 2 bis 3 mm lang.
Rispe meist dicht ährenartig zusammengezogen, zuweilen einseitig oder unterbrochen. Ährchen 2blütig, meist eine Blüte verkümmert, 6 bis 7 mm lang, langoval. Mindestens 1 Hüllspelze so lang wie das Ährchen. Deckspelze am Rand langzottig behaart, die Haare treten zur Blüte weit hervor *(ciliata* = bewimpert). Blütezeit 6–7.
Fehlt im Norden, im Süden zerstreut; vom Tiefland bis etwa 800 m (selten höher); auf sonnigen Felsen und Ruinen. Kalkliebend, bevorzugt zumindest milde, offene, steinige Böden. Liebt Wärme. Charakterart der Trocken- und Steppenrasen *(Festuco-Brometea).* Lässt sich in zwei geografische Rassen gliedern: die Mittelmeerrasse ist graugrün mit lockerer Scheinähre, kahlen Blattscheiden und fast gleich langen Hüllspelzen und nur auf Kalkböden anzutreffen. Die ungarisch-südrussische Rasse, nicht ausgesprochen kalkbedürftig, ist grasgrün mit dichter Scheinähre, meist behaarten Blattscheiden und verschieden großen Hüllspelzen. Bei uns überschneidet sich das Areal beider Rassen, die in ihren Stammländern zur Blütezeit sehr auffällige, charakteristische Florenaspekte darstellen.

Blütenstand 1 bis 2 cm lang, schieferblau, selten weißlichgelb:

Moor-Blaugras, Blaues Kopfgras, *Sesleria caerulea* (L.) Ard. (= *S. uliginosa* Opitz.) – Ausdauernd in lockeren Horsten, die von den abgestorbenen Blattscheiden umgeben sind, 10 bis 50 cm hoch Halm aufrecht. Blattspreiten 1 bis 5 mm breit, blass bis graugrün, jung bereift, trocken eingerollt. Rispe stark ährig zusammengezogen. Ährchen 2-(bis 3-)blütig, 4 bis 5 mm lang, blau (Name!), gegen den Grund gelblich, pfriemlich-eiförmig. Hüllspelzen etwa so lang wie das Ährchen, Deckspelzen mit 3 bis 5 Zähnchen. Blütezeit 3–7. Selten in nassen Wiesen, auf kalkhaltigen Moorböden, v.a. im Norden, unempfindlich gegen Düngung.
Das **Kalk-Blaugras,** *Sesleria albicans* Kit. ex Schult. (= *S. varia* (Jacq.) Wettst.) fehlt im Norden wird gegen Süden immer häufiger mit v.a. alpinem Areal. Kennzeichen: Blätter graugrün, unbereift flach, gefaltet. Deckspelzen 5zähnig mit kurzer Granne. Kalkpflanze, zeigt trockenen und mageren Boden an (gegen Düngung empfindlich). Gern auf Felsen und Hangschutt der Alpen (als Schutt stauer und Bodenbefestiger), in Trockenrasen, aber auch auf Moorwiesen. Bildet im Massenwuch die Blaugrashalden (Ordnung *Seslerietalia),* die in den (feuchten) Morgenstunden grüner als ar sonnigen Nachmittag aussehen (Faltbewegungen der Blattspreiten). Im Alpenvorland als Relikt de Eiszeit anzusehen. Die anderen Vertreter der Gattung sind nur in den Hochalpen über 2000 m an zutreffen. Der Name *Sesleria* soll an den venezianischen Arzt und Botaniker L. Sesler (18. Jahrh erinnern.

Ährchen aufrecht, Blatthäutchen vorhanden:

Einblütiges Perlgras, *Melica uniflora* Retz. – Ausdauernd; in lockeren Rasen, mit weitkriechender Grundachse, 30 bis 60 cm hoch. Halm dünn, schlaff, aufrecht oder aufsteigend. Blattscheiden meist kahl, Spreiten hellgrün, 4 bis 5 mm breit, auf der Oberseite zerstreut behaart. Blatthäutchen kurz, ringförmig, mit bis zu 2 mm langem Anhängsel auf der der Spreite abgewandten Halmseite. Rispe traubenartig, armährig, mit 1 bis 5 entfernt stehenden, unten langen und 2- bis 3ährigen, oben kurzen, 1ährigen Ästen. Ährchen 5 bis 6 mm lang, länglich-verkehrteiförmig, einblütig, meist rötlichviolett. Hüllspelzen wenig kürzer als das Ährchen; Deckspelzen grünlich, unbegrannt. Blütezeit 5–6.
Zerstreut, gegen Norden zu häufiger; vom Tiefland bis in Mittelgebirgslagen; in schattigen Laub- und Mischwäldern. Liebt trockenen bis schwach feuchten, nährstoffreichen, aber kalkarmen, schwach humussauren, schweren bis mittelschweren Boden und feuchtwarmes Klima. Charakterisiert die Ordnung der Buchen-Mischwälder *(Fagetalia sylvaticae),* vor allem in tieferen Lagen. Mit Ausnahme der Südwestecke in ganz Europa, auch in Nordafrika und Kleinasien bis zum Kaukasus. Der Name *Melica* wurde von Linné willkürlich auf unsere Gattung übertragen. Vormals war *meline* (von *meli,* gr. = Honig) ein Bartgras (S. 96) mit süßem Mark.

Ährchen nickend, Blatthäutchen kurz, aber vorhanden:

Nickendes Perlgras, *Melica nutans* L. – Ausdauernd; in lockeren Rasen, mit dünner, langkriechender Grundachse, zuweilen ausläufertreibend, 30 bis 60 cm hoch. Halm dünn, etwas schlaff, wenig rau, aufrecht. Blattscheiden rau, untere meist purpurn überlaufen, geflügelt bis gekielt; Spreiten hellgrün, um 4 mm breit, oben meist zerstreut behaart; Blatthäutchen unter 1 mm lang, braun.
Traube unterwärts schwach rispig, kaum bis 10 cm lang, einseitswendig mit kurzen Stielchen. Ährchen zweiblütig, 6 bis 7 mm lang, verkehrt eiförmig, violett bis braunpurpurn, glänzend und etwas grün oder weißlich gescheckt. Hüllspelzen ziemlich groß, etwa ¾ so lang wie das Ährchen, am Oberrand trockenhäutig, Deckspelzen grün, unbegrannt, an der Spitze trockenhäutig. Blütezeit 5–6.
Im Norden zerstreut, im Süden häufig; vom Tiefland bis in Gebirgslagen (1800 m); in Laubwäldern und Gebüschen. An lichten Stellen besiedelt es gern die Nordseite (Halbschattengras). Liebt warme, mäßig feuchte, nährstoffreiche, mittelschwere Böden mit schwach saurer Humusauflage, aber auch Steinböden (Blockhalden). Gerne auf Kalk. Charakterart der Klasse der Edel-Laubwälder *(Querco-Fagetea),* wird auch zur Charakterisierung zahlreicher Gesellschaften innerhalb der Klasse herangezogen. In ganz Europa verbreitet.
Den glänzenden, perlartigen, wie auf einer Schnur aufgereihten Ährchen verdankt das Perlgras seinen Namen. Ein naher Verwandter unseres zierlichen Grases ist das **Bunte Perlgras** *(Melica picta* K. Koch). Kennzeichen: Blatthäutchen weiß, bis 2 mm lang. Dieser Bewohner trockener, dichtschattiger Kalkwälder ist in Ungarn beheimatet. Er kommt bei uns nur selten vor (bis Sachsen und Württemberg; N- und W-Grenze seines Verbreitungsgebiets). Vielleicht wurde es bis jetzt bei uns auch häufig übersehen.

Ährchen aufrecht, Blatthäutchen in Haarkranz aufgelöst:

Dreizahn, *Danthonia decumbens* (L.) DC. (= *Triodia dec.* P. B., *Sieglingia dec.* (L.) Bernh.). – Ausdauernd; in dichten Rasen, 15 bis 50 cm hoch. Halme anfangs meist im Kreis niederliegend (= *decumbens),* später aufsteigend oder aufrecht. Blattscheiden an den Rändern langgewimpert, Spreiten etwas starr, schwach rinnig, 2 bis 4 mm breit, gräulichgrün, am Rand rau und mit einzelnen langen (später abfallenden) Haaren bewimpert.
Traube armährig, zuweilen etwas zusammengesetzt, 4 bis 6 cm lang, mit 4 bis 12 Ährchen. Diese 7 bis 10 mm lang, länglichoval, 3- bis 5blütig. glänzend weißlichgrün, zuweilen violett überlaufen. Hüllspelzen schließen das Ährchen ein, beide gleich lang, Deckspelzen unbegrannt, dreizähnig (Dreizahn = *triodens).* Blütezeit 6–7.
Im Norden häufig, im Süden zerstreut; vom Tiefland bis ins Gebirge (vereinzelt bis über 2000 m) auf trockenen Wiesen und Weiden, in lichten Kiefernwäldern, aber auch auf Hochmooren (physiologische Trockenheit), im Gebirge gern in der Zwergstrauchheide. Zeigt Verhagerung und Rohhumus an. Bevorzugt nährstoffarme, trockene, saure, leichte, sandige Böden; kalkmeidend. Gilt als Charakterart der Klasse Borstgrasrasen und Zwergstrauch-Heiden *(Nardo-Callunetea).* Verbreitung Europa, im Norden fehlend, im Süden nur im Gebirge; Kleinasien, Nordafrika und Madeira.
Als Weidegras ohne Bedeutung, zeigt eigentlich nur schlechte Weidegebiete an. Unempfindlich gegen Tritt. Die Samen werden von Ameisen verbreitet. *Der Name Sieglingia* soll an den Erfurter Professor Siegling (um 1800) erinnern, *Danthonia* an den Marseiller Botaniker Danthoine (ebenfalls um 1800).

Blatthäutchen durch Haarkranz ersetzt, Blattbreite 1 bis 3 cm:

Schilf, Rohr, *Phragmites australis* (Cav.) Trin. ex Stend. (= *Ph. communis* Trin.) – Ausdauernd; in dichten, hohen Rasen, mit Grundachse und meterweit kriechenden Ausläufern, bis 4 m hoch, zuweilen bis 10 m lang flutend. Halm steif aufrecht, unten bis 2 cm dick. Spreiten graugrün. Rispe groß, bis 40 cm lang, selten schwach überhängend, einseitswendig und im Wind drehbar (gegen die Blattscheiden). Ährchen bis 10 mm lang, meist 5blütig (3–8), bräunlich-violett, seltener hellbraun. Hüllspelzen viel kürzer als das Ährchen. Zur Blüte sind die langseidigen Haare der Ährchenachse sichtbar. Blütezeit 7–9.
Sehr häufig (oberhalb 900 m nur noch vereinzelt); in und an stehenden oder fließenden Gewässern, seltener auf Äckern und Wiesen oder in Wäldern. Liebt nährstoffreiche, nicht zu kühle, nasse Schlammböden. Zeigt bewegtes Grundwasser an. Charakterart der nach ihm benannten Klasse der Röhrichte und Großseggen-Sümpfe *(Phragmitetea)*. Kosmopolit (in den Tropen bis 10 m hoch). Ergiebige Streupflanze (allerdings hart, dafür lockert der Mist den Boden), jung Pferdefutter. Wegen der tiefkriechenden Ausläufer vom Äckern (Röhrichtrelikt) schwer ausrottbar, andererseits bodenfestigende Uferschutzpflanze und Verlandungspionier (bei uns Ufergewinn bis zu 1 m/Jahr); durch schwer verrottenden Wurzelstock Torfbildner. Sonst vielseitig verwendet: Zellulosegewinnung, Dekoration, Dachdecken; die Halme zu Rohrmatten *(phragma* = Zaun), Gipsdecken, Weberspulen, Federhaltern, Kinderpfeilen, Saugrohren, Mundstücken für Musikinstrumente u. ä. Der Aufguss des Wurzelstocks gilt als harntreibendes Mittel. Das Wort Schilf kommt vom mittelhochdeutschen Schelef (Hülse; schülfrig = schuppig absplitternd) und bezieht sich auf die den trockenen Halm umgebenden Blattscheiden.

Blatthäutchen durch Haarkranz ersetzt, Blattbreite 4 bis 10 mm:

Pfeifengras, Besenried, Benthalm, *Molinia caerulea* (L.) Moench. – Ausdauernd; in dichten Horsten, selten mit kurzen, schuppigen Ausläufern, 30 bis 200 cm hoch. Halm steif aufrecht, am Grund zwieblig, darüber mit 1–3 genäherten Knoten, sonst auf der ganzen Länge knotenlos. Spreiten beim Trocknen schwach einrollend, (blau-)grün (= *caerulea*). Rispe bis 40 cm lang, straff aufrecht, mit unregelmäßiger Verzweigung. Ährchen um 8 mm lang, meist 2- bis 3blütig (1–6), schieferblau bis violett, seltener grün oder blass. Hüllspelzen kaum ¼ der Ährchenlänge erreichend. Blütezeit 7–8.
Sehr häufig; vom Tiefland bis ins Gebirge; auf nassen Wiesen und Mooren, aber auch in Halbtrockenrasen und lichten Wäldern. Stickstoff meidend, zeigt magere Böden und Grundwassernähe an. Ordnungscharakterart der nach ihm benannten Feuchtwiesen-Gesellschaften *(Molinietalia)*. Sehr formenreich, vor allem in 2 ökologischen Rassen, die kleinwüchsige (unter 1 m) mehr auf Torfböden, die großwüchsige auf schweren, tonhaltigen Böden. Verbreitet über die ganze nördliche Hemisphäre.
Als Streu gut, als Futter mäßig. Weicht der Düngung. Gilt als guter Bodenlockerer (starkes, aber nicht verfilztes Wurzelwerk) und Torfzehrer (kommt im Torfmoor aber nur bei Oberflächenaustrocknung vor). Eines unserer am spätesten blühenden Gräser.
Die süßlich schmeckenden Halme fanden Verwendung als Pfeifenreiniger (knotenfrei), Besen und wegen ihrer Geschmeidigkeit auch zum Aufbinden der Weinreben (Benthalm!). Der Name *Molinia* ehrt den spanischen Missionar J. I. Molina (1740–1829), der in Chile botanisierte.

Blatthäutchen bis 4 mm lang, Blattbreite bis 5 mm:

Quellgras, *Catabrosa aquatica* (L.) P. B. – Ausdauernd; lockerrasig, mit weitkriechender Grundachse und Ausläufern, 10 bis 50 cm hoch. Halm schlaff, knickig aufsteigend, an den unteren Knoten oft wurzelnd und mit kurzen, belaubten Seitenästen. Spreiten (hell-)grün. Rispe aufrecht, gleichmäßig, locker, weit ausladend, mit dünnen, zuletzt zurückgeschlagenen Ästen, die unteren zu 4 bis 10. Ährchen meist 2blütig (1–5), 2 bis 3 mm lang, länglichoval, grün oder violett überlaufen. Hüllspelzen winzig klein. Blütezeit 5–8.
Zerstreut (fehlt aber zuweilen über weite Gebiete); vom Tiefland bis zur alpinen Region (über 1500 m); in Gräben und Quellen, auf sandigen oder schlammigen Böden. Wärme-, dünger-(stickstoff-) und etwas salzliebend. Verbreitet in der gemäßigten Zone der Nordhemisphäre, zuweilen auch südlicher.
Wassergras *(aqua* = Wasser) von hohem Futterwert *(catabrosa* = Gefressene), doch wegen der Standortansprüche kaum kultivierbar. Den Bestimmungsmerkmalen nach zwischen dieser und der vorigen Art (doch mit keiner verwandt) steht das **Duftende Mariengras,** *Hierochloë odorata* (L.) P.B. Kennzeichen: Halm nur unten mit Knoten, Blatthäutchen bis 4 mm. Im Norden zerstreut, gegen Süden selten werdend, auf feuchten Wiesen und in Gehölzen. Es enthält wie Ruchgras und Waldmeister Kumarin und wird oft wie letzterer zu Wäschesträußchen verwendet. Des Duftes wegen wird es im Volk gern mit der Heiligen Maria in Verbindung gebracht *(hierochloe* = heiliges, frisches Gras, *odorata* = duftend).

Blatthäutchen 2 bis 3 mm lang, Spreiten borstlich gerollt:

Draht-Schmiele, Schlängel-Schmiele, *Deschampsia flexuosa* (L.) Trin. (= *Avenella f.* (L.) Drejer) – Ausdauernd; in lockeren Horsten, 30 bis 60 cm hoch. Halm aufrecht oder am Grund aufsteigend, gelbgrün. Spreite der Grundblätter graugrün, überhängend niederliegend, sich ölig anfühlend (Unterschied zum steril sehr ähnlichen Verschiedenblättrigen Schwingel, S. 132). Rispe locker, wenigährig, oft etwas überhängend, vor und nach der Blüte zusammengezogen, mit meist geschlängelten *(flexuosus* = geschlängelt), purpurnen, aufwärts abstehenden Ästchen, die nur am Ende Ährchen tragen. Diese zweiblütig, um 5 mm lang, eiförmig, blassgrün, glänzend oder violett überlaufen. Hüllspelzen ungleich groß, das Ährchen einhüllend. Deckspelzen mit Granne, diese gedreht und gekniet, zumindest die der oberen Blüte aus dem Ährchen hervorragend. Blütezeit 6–8.
Sehr häufig; vom Tiefland bis ins Gebirge; in lichten Wäldern, Waldschlägen, Heiden, Bergwiesen und alpinen Strauchheiden. Streng kalkmeidend, Hungergras (Magerkeitszeiger), Humus- und Trockenheitszeiger. Deutet auf Bodenversauerung hin, gilt aber als Rohhumuszehrer, der (mit tiefreichenden Wurzeln) den Boden aufbereitet und verbessert. Verbreitet über den Mittel- und Nordteil der Nordhalbkugel, ferner über die Südspitze Südamerikas. Zuweilen in Zierrasensaaten. Als Futtergras von mäßigem Wert, dafür aber auch sehr anspruchslos (Alpenweiden). Die Bergrassen mit gedrungenem Wuchs, aber größeren, schwarzvioletten Ährchen, in Felsspalten und Weiden (Waldrelikte) der Alpen und Mittelgebirge. Zum Namen: vgl. Rasen-Schmiele S. 112; *Avenella* (*Avena* = Hafer) bedeutet „Haferchen, Kleinhafer".

Blatthäutchen unter 1 mm lang, Spreiten flach, 2 bis 4 mm breit:

Zittergras, *Briza media* L. – Ausdauernd; in lockeren Rasen, oft mit kurzen Ausläufern, 20 bis 50 cm hoch. Halm aufrecht. Blattscheiden geschlossen. Spreiten am Rand rau. Rispe zierlich ausgebreitet, locker, mit Ährchen, die an dünnen, teils geschlängelten Stielchen hängen (*brizo* = nicken, schlummern) und bei jedem Lufthauch zittern. Ährchen 4 bis 7 mm lang, 5- bis 10blütig, grannenlos, rundlich-herzeiförmig, seitlich zusammengedrückt, grünweißlich-violettgescheckt (Farbenanteil wechselnd, im Schatten oft reingrün). Hüllspelzen viel kürzer als das Ährchen. Blütezeit 5–6.
Häufig; aber durch Kulturmaßnahmen stellenweise im Rückgang begriffen; vom Tiefland bis ins Gebirge; auf trockenen Wiesen, mageren Rainen und an Waldrändern. Besiedelt trockene bis schwach feuchte Böden jeglicher Reaktion, vorzugsweise aber schwach (humus)saure, mineralreiche, trockene, schwere Böden. Zuweilen als Differentialart für die trockenen Formen der Gesellschaften des Fettwiesenverbandes *(Arrhenatherion elatioris)* angegeben. Vorkommen: Europa und in der gemäßigten Zone Asiens.
Als Untergras mit einigem Futterwert geduldet. Veränderlich: im Wald bis zu 1 m hoch, auf feuchtem Sand mit langen Ausläufern, im Gebirge stark violett überlaufen. Beliebtes Straußgras, das gelegentlich wie seine beiden Verwandten kultiviert wird: **Großes** und **Kleines Zittergras** (*B. maxima* L. bzw. *B. minor* L.), beide einjährig, ersteres mit über 1 cm langen, das andere mit unter 3 mm langen Ährchen.

Blatthäutchen durch Haare ersetzt, Spreiten bis 5 mm breit:

Kleines Liebesgras, *Eragrostis minor* Host. (= *E. poaeoides* P. B.) – Einjährig; in schwachen Büscheln, 5 bis 30 cm hoch. Halm meist aus niederliegendem Grund knickig aufsteigend (zuweilen alle Halme im Kreis niederliegend). Blattscheiden lang bewimpert, ebenso der Rand der dunkelgrünen Spreiten.
Rispe aufrecht, locker, bis 15 cm lang, mit dünnsteifen, oft etwas geschlängelten, weit abstehenden Ästen. Ährchen 8- bis 20blütig, 5 bis 8 mm lang, seitlich zusammengedrückt, elliptisch, grau, oft violett überlaufen. Hüllspelzen viel kürzer als das Ährchen. Blütezeit 7–10. Zerstreut; vom Tiefland bis in die Bergregion; an Wegrändern und Ackerrainen, auf Schutt und vor allem an den Gleisanlagen der Bahnhöfe (dort fast nirgends fehlend). Liebt trockene, warme, nährstoff-(stickstoff-)reiche, betretene Locker-Böden. Heimat Südeuropa (Ungarn?), heute weltweit verschleppt.
Hat sich bei uns erst etwa ab 1880 längs der Bahnlinien sehr rasch ausgebreitet (von SO her). Zwei weitere Arten der Gattung (über 100 Arten in warmen Erdteilen) dringen langsam von SW hervor (beide mit unbehaarten Blattscheiden): Das **Behaarte Liebesgras,** *E. pilosa* (L.) P. B. (die Stammform des Tef-Getreides der Abessinier). Kennzeichen: Unterste Rispenäste zu 3 bis 5; ferner das **Große Liebesgras,** *E. cilianensis* (All.) Vignolo ex Janch. Kennzeichen: Unterste Rispenäste zu 1 bis 2. *Eros* = Liebe, *agrostis* = Feldgras, dem Sinn nach *wäre Eragrostis* besser mit „Liebliches Gras" zu übersetzen; *minor* = klein *(poaeoides* = dem Rispengras – s. S. 124 – ähnlich); *pilosa* = behaart (auf die Rispenäste bezogen); *cilianensis* = bewimpert.

Halmgrund unverdickt, Ährchen meist grün:

Einjähriges Rispengras, *Poa annua* L. – Einjährig (= *annua*) oder überwinternd; in niederen Büscheln, 2 bis 30 cm hoch. Halm niederliegend bis knickig aufsteigend, oft an den Knoten wurzelnd und neue Triebe bildend. Blattscheiden schwach zusammengedrückt, Spreiten wenig rau, hellgrün bis grün, 2 bis 5 mm breit, mit kurzer Spitze, Blatthäutchen bis zu 2 mm lang (an den unteren Blättern kürzer).
Rispe locker ausgebreitet, meist etwas einseitswendig, mit waagrechten oder gar herabgeschlagenen Ästen, meist unter 6 cm lang. Ähren 4- bis mehrblütig, 2 bis 5 mm lang, selten violett überhaucht. Hüllspelzen viel kürzer als das Ährchen, wie die Deckspelzen unbegrannt. Blütezeit 1–12.
Sehr häufig; vom Tiefland bis ins Hochgebirge; an Wegrändern, Straßen, in Höfen, Gärten und Äckern, auch auf oft betretenen Wiesen und Schuttplätzen. Liebt stickstoffhaltige, schwach feuchte, mittelschwere bis schwere, durch Tritt verdichtete Böden. Oft an Standorten der Tritt- und Flutrasen-Gesellschaften *(Plantaginetea majoris),* als deren Klassencharakterart es gilt. Kulturbegleitender Kosmopolit.
Sehr formenreich (s. u.) und wohl unser häufigstes Gras. Als Ackerunkraut von mäßiger Lästigkeit, zeigt auf Viehkoppeln zu starke Beweidung an. Als Futtergras wegen zu geringen Ertrags unrentabel und trotz der süßlich schmeckenden Halme vom Vieh kaum beachtet. Das **Zweizeilige Rispengras,** Mont-Cenis-R., *P. cenisia* All., graugrün, ausdauernd und mit weitkriechenden Ausläufern ist nur nach den Schlüsselmerkmalen ähnlich. Selten auf Kies der Alpenflüsse im Vorland, ab 1500 m auf Felsschutt sehr häufig. Es gilt als guter Schuttstauer. Seine Rispe hat gelegentlich mehr als 2 untere Äste.

Halmgrund unverdickt, Ährchen dunkelviolett:

Kleines Rispengras, *Poa minor* Gaud. – Ausdauernd; in kleinen, dichten Horsten, 5 bis 30 cm hoch. Halm dünn, meist knickig aufsteigend. Blattspreiten unter 2 mm breit, meist borstlich gefaltet. Blatthäutchen bis 4 mm lang.
Rispe um 4 cm lang, zart, locker, mit dünnen (zitternden) aufrecht abstehenden Ästen. Ährchen bis 5 mm lang, 4- bis 6blütig (selten vivipar). Hüllspelzen viel kürzer als das Ährchen, wie die zottenhaarigen Deckspelzen unbegrannt. Blütezeit 7–8.
Nur in den Alpen ab 1500 m häufig (selten mit Flusskies tiefer herabgeschwemmt); auf Geröllhängen, Felsen und Matten. Kalkabhängige Felsgeröllpflanze. Verbandscharakterart der Gesellschaften Alpiner Grobschutthalden *(Thlaspeion rotundifolii).* Verbreitet in den Gebirgen Europas.
Obwohl ausläuferlos, zählt es zu den Schuttstauern: Nach Überschüttung wachsen die Halmabschnitte (Internodien) durch Streckungswachstum in die Länge. In der Ährchenfarbe ähnlich (aber breitblättriger) ist die alpine Unterart des einjährigen Rispengrases (s. o.): Mehrjährig, im Wuchs gedrungen, liebt Dünger und bevorzugt schwache Bodenfeuchte, siedelt in den Alpen und auf den höchsten Stellen der Mittelgebirge oft sehr gesellig um Hütten, Bachtränken und Viehläger. Sie ist aber als Futtergras wertlos, da das Vieh sie nicht gern frisst (bitter durch Dungstoffe).

Halmgrund zwieblig verdickt, Ährchen meist mit Laubblättchen:

Knollen-Rispengras, *Poa bulbosa* L. – Ausdauernd; horstig, 10 bis 40 cm hoch. Halm meist aufrecht. Blattspreiten graugrün, kaum über 2 mm breit, untere oft borstlich. Blatthäutchen bis 3 mm lang.
Rispe locker, bis 6 mm lang, zur Blüte ausgebreitet. Ährchen um 5 mm lang, 4- bis 6blütig, grün oder violett, wollhaarig oder meist kahl und dann in (Fortpflanzungs-)Laubsprosse auswachsend (vivipare = lebendgebärende Art, s. S. 53). Hüllspelzen kürzer als das Ährchen, wie die Deckspelzen unbegrannt. Blütezeit 4–7.
Zerstreut (im Norden selten); vom Tiefland bis in die Voralpen (selten über 1000 m); an sonnigen Rainen und in lichten Wäldern. Liebt trockenwarme, nährstoff- (stickstoff-) und kalkhaltige, leichte Böden. Klassencharakterart der Trocken- und Steppenrasen *(Festuco-Brometea).* Verbreitet mit südlicher Tendenz in ganz Europa bis Mittelasien.
Formenreiches Gras, durch die (an sich falsche, s. S. 53) Viviparie interessant, sonst von geringem Nutzwert. Sehr ähnlich, ebenfalls oft vivipar (Halm unten schwächer verdickt) aber mit über 2 mm breiten, grünen Blättern ist das **Alpen-Rispengras,** *P. alpina* L. Man findet es häufig in den Alpen (sehr selten ins Vorland geschwemmt) ab 1500 m, vor allem auf Viehweiden *(Arrhenatheretalia)* und Lägerfluren oft in großen Massen (liebt neben mäßiger Feuchte vor allem Stickstoff). Geschätzt als gutes Futtergras (Blätter!; Halm zäh) und Heu. Zuweilen als Ziergras in Gärtnereien kultiviert. *Poa* ist im Griechischen der allgemeine Name für Gras oder Kraut.

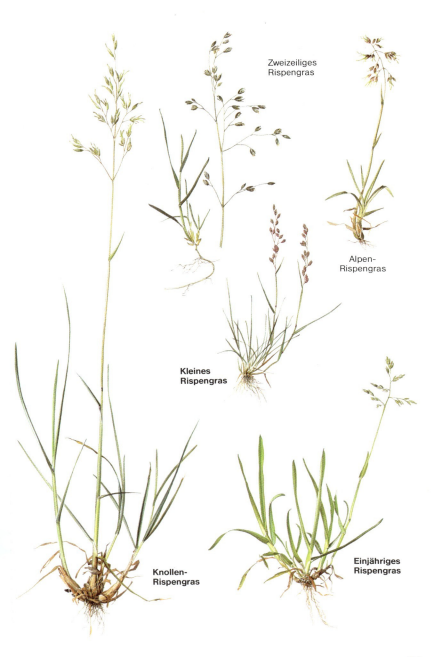

Untere Blattscheiden flachgedrückt, oberste länger als Ihre Spreite:

Wald-Rispengras, Kapuzengras, *Poa chaixii* Vill. – Ausdauernd; dichthorstig, selten mit kurzen Ausläufern, 60 bis 120 cm hoch. Halm aufrecht. Blattscheiden rau, Spreite 6 bis 15 mm breit, kurz zugespitzt, Blatthäutchen bis 1 mm lang.
Rispe locker, aufrecht, groß, mit rauen Ästen. Ährchen 3- bis 6blütig, bis 8 mm lang, blassgrün, seltener (wie dann die ganze Pflanze) violett. Hüllspelzen kürzer als das Ährchen, wie die Deckspelzen unbegrannt. Blütezeit 6–7.
Zerstreut; vom Tiefland bis in die Voralpen (in Norddeutschland selten und erst allmählich sich einbürgernd); in Laubwäldern, vorzugsweise in der Berg- und Mittelgebirgsregion; (meist) kalkmeidend, (halb)schattenliebend, doch im Gebirge auch auf offenen Weiden. Liebt lockere, humushaltige, mineralreiche, nährstoffarme, mäßig trockene Waldböden. Oft als Differentialart montaner Ausbildungsformen verschiedener Waldgesellschaften verwendet. Verbreitung: Europa bis Vorderasien.
Unser stattlichstes Rispengras; sehr formenreich; wird von Wild und Vieh wegen seiner Rauheit verschmäht. *Chaixii* nach D. Chaix, franz. Arzt und Botaniker (18. Jahrh.). Das kalk- und düngerliebende **Flache Rispengras,** *P. compressa* L., hat ebenfalls stark abgeflachte Scheiden, aber lange Ausläufer und unter 5 mm breite Spreiten. Es findet sich zerstreut bis häufig (im N seltener als im S) auf trockenen, sonnigen Rainen (auch im Bahnbereich und bei Lagerhallen) und gilt vor allem in Zuchtformen für trockene Wiesen (Kanadisches Blaugras) als mittelgutes Futter.

Untere Blattscheiden rundlich bis oval, oberste länger als ihre Spreite:

Wiesen-Rispengras, *Poa pratensis* L. – Ausdauernd, lockerrasig, mit langen Ausläufern, meist 10 bis 60 cm hoch. Halm aufrecht, Blattscheiden zuweilen behaart, höchstens schwach zusammengedrückt, Spreiten grün bis graugrün, 1 bis 6 mm breit, manchmal gerollt, Blatthäutchen kaum 2 mm lang.
Rispe aufrecht, locker, bläulichgrün, braun oder violett (im Gebirge auch schwärzlich) überlaufen, mit rauen Ästen. Hüllspelzen kürzer als das Ährchen, wie die Deckspelzen unbegrannt. Blütezeit 5–6.
Sehr häufig; vom Tiefland bis in die Alpen; auf Wiesen und Weiden, an Wegen, auch in lichten Wäldern und im Gebüsch. In viele morphologische und ökologische Rassen aufgespalten. Meist auf mäßig trockenen, lockeren, stickstoffbeeinflussten Böden. Verbreitet über die Nordhalbkugel, in Australien eingeführt.
Die breitblättrigen Formen zählen zu unseren besten Weidegräsern für lockere, trockene Böden. Schnee- und frosthart, geben sie auch auf Mähwiesen als Untergras ein gutes Heu. Amerikanische Rassen sind von den Weidegründen Kentuckys berühmt und werden auch bei uns angepflanzt (Kentucky Bluegrass). Die mehr südlichen Arten mit gerollten Grundblättern *(P. angustifolia* L.) an Wegen und Rainen sind als Nutzgras wertlos. Sehr ähnlich, gelegentlich auf demselben Standort, aber meist auf etwas feuchteren Stellen, findet sich das ebenfalls sehr häufige **Gewöhnliches Rispengras,** *P. trivialis* L. Kennzeichen: Blatthäutchen der oberen Blätter bis über 5 mm lang. Als Weidegras nicht ganz so wertvoll wie voriges. Auf Mähwiesen gutes Untergras. Sehr formenreich (zweijährige Rasse als Ackerunkraut; im Röhricht bis zu 2 m hoch, sonst nur 50 bis 90 cm).

Untere Blattscheiden rund, oberste höchstens so lang wie die Spreite:

Hain-Rispengras, *Poa nemoralis* L. – Ausdauernd; lockerhorstig, öfters mit kurzen Ausläufern, 20 bis 60 cm hoch. Halm aufrecht oder aufsteigend, Spreiten dunkelgrün bis grün, 1 bis 4 mm breit, meist charakteristisch waagerecht abstehend (Wegweisergras). Blatthäutchen kaum 1 mm lang.
Rispe locker, zierlich, oft überhängend, mit zerstreutährigen, rauen Ästen. Ährchen um 5 mm lang, 1- bis 5blütig, meist blass bis grünlich. Hüllspelzen kürzer als das Ährchen, wie die Deckspelzen unbegrannt. Blütezeit 5–7.
Häufig; vom Tiefland bis in die Alpen; in lichten Wäldern und Gebüschen. Liebt Wärme und Halbschatten. Nicht ausgesprochen kalkliebend, doch gern auf mineral- und nährstoffreichen, schwach feuchten, neutralen bis schwach basischen, lockeren Böden. Wird oft als Charakterart der Edel-Laubwälder *(Querco-Fagetea)* angesehen. Verbreitet in der gemäßigten nördlichen Zone.
Stark variabel; als Futtergras wertlos; überzieht im Wald oft weite Strecken und ist dann als Unkraut lästig. Ähnlich ist das düngerliebende **Sumpf-Rispengras,** *P. palustris* L. Kennzeichen: Blatthäutchen 2 bis 3 mm lang. Standort: Ufer, Gräben, feuchte Wiesen (Verbandscharakterart der Großseggen-Wiesen, *Magnocaricion).* Es gilt als gutes Futtergras für Kleinvieh, während es von Rindern und Pferden oft verschmäht wird. *Poa* ist im Griechischen der allgemeine Name für Gras oder Kraut.

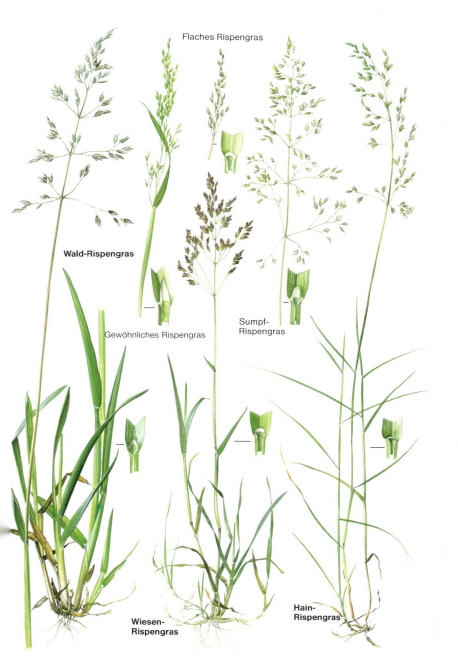

Blattscheiden geschlossen:

Schwaden, Süßgras, *Glyceria* R. Br. – Ausdauernde Wassergräser mit kriechender Grundachse und Ausläufern. Halme und Samen süßlich *(glyceros* = süß) schmeckend. Ährchen vielblütig, mit kleinen Hüllspelzen und vorne gerundeten Deckspelzen. (Schwade = niedergemähte Graszeile).

Ährchen 6 bis 8 mm lang, 4- bis 8blütig:

Wasser-Schwaden, *Glyceria maxima* (Hartm.) Holmb. (= *G. aquatica* Wahlb.). – 80 bis 250 cm hoch, gelbgrün. Halm rohrartig, starr aufrecht; Blattscheiden zweischneidig, oben oft rau; Spreiten 1 bis 2 cm breit, öfters schwach rau, Blatthäutchen bis 3 mm. Rispe groß, bis 50 cm lang, stark verzweigt, vielährig, allseits ausgebreitet, mit starren Ästen, die untersten oft zu 5 bis 10. Ährchen länglich, erst grün, später bräunlich oder violett überlaufen. Blütezeit 7–8.
Zerstreut bis häufig; vor allem unter 500 m; an Ufern und in Gräben, in Reinbeständen oder mit anderen Röhrichtgräsern. Liebt nährstoffreiche, kalkführende, warme Schlammböden. Klassencharakterart der Röhrichte und Großseggen-Sümpfe *(Phragmitetea).* Verbreitet über die nördliche Hemisphäre.
Sehr ertragreich als Streu, jung gutes Futtergras, häufig aber von Rostpilzen befallen, die dem Vieh schaden („Bersten" des Viehs), oft auch mit Giftkräutern untermischt. Bildet in den Stromniederungen (Donau, Oder und Nebenflüsse) ganze Graswälder. Wird zum Dachdecken verwendet. Öfters an Zierteichen ausgesät.

Ährchen 10 bis 25 mm lang, 7- bis 11blütig:

Flutender Schwaden, Manna-Schwaden, *Glyceria fluitans* (L.) R. Br. – 40 bis 100 cm hoch, hellgrün. Halm aufsteigend, niederliegend kriechend und wurzelnd oder im Wasser flutend (= *fluitans).* Blattscheiden zweischneidig, Spreiten 5–8 mm breit, gegen die Spitze stark rau, Blatthäutchen bis 5 mm lang, oft zerschlitzt.
Rispe bis 40 cm lang, schmal, etwas einseitswendig, mit wenigverzweigten, bis zu 5 Ährchen tragenden Ästen, die vor und nach der Blüte der Hauptachse aufrecht angedrückt sind. Ährchen langwalzlich, hellgrün, ihrem Rispenast angedrückt. Blütezeit 5–8.
Zerstreut bis häufig; vom Tiefland bis in die Alpen (1700 m); an Ufern und Gräben, weit ins Wasser vordringend. Als Pionier in Röhrichtgesellschaften, vorzugsweise im kalkfreien, kühlen Fließwasser. In fast allen Erdteilen innerhalb der gemäßigten Zonen.
Gutes Futtergras, ertragreich und trittunempfindlich, daher im Gegensatz zum Wasser-Schwaden beweidbar. Der Same kann als Nahrungsmittel genutzt werden (Schwadengrütze; gute, kräftigende Kost), doch ist das Einsammeln (mit dem Schlagsieb) sehr mühsam. Vor der Zurückdrängung des Grases durch die Wiesenkultur (Entwässerung) in Osteuropa wurden die Körner von den Bauernfrauen regelmäßig geerntet.
Der **Falten-Schwaden,** *G. notata* Chevall. (= *G. plicata* Fr.), ist stellenweise seltener, zuweilen aber auch häufiger anzutreffen. Kennzeichen sind die unteren Rispenäste mit 9 bis 15 Ährchen. Er ist wärme-, stickstoff-, etwas salz- und schlammliebend.

Blattscheiden offen:

Andel, Salzschwaden, *Puccinellia* Parl. (= *Atropis* Trin. = *Festuca* L. p. p.). – Ausdauernde, horstige, 20 bis 60 cm hohe, meist graugrüne Gräser der Salzwiesen (Andel-Wiesen, *Puccinellion maritimae),* mit aufrechtem oder knickigem Halm, lockerer Rispe und länglich-linealen 4- bis 9blütigen, 4–10 mm langen Ährchen mit kurzen Hüllspelzen und unbegrannten, vorne abgerundeten Deckspelzen. (Andel, in England Gänsegras, vielleicht Enten(?)gras. *Puccinellia* nach Benedetto Puccinelli, 1808–1850, Professor am Lyceum zu Lucca.) Bei uns nur 2 Arten:
Gewöhnlicher Salzschwaden, *Puccinellia distans* (Jacq.) Parl. – Ohne Ausläufer; Spreiten flach, schmal, 2–3 mm breit, selten gefaltet. Äste der Rispe allseits abstehend, rau, untere meist zu 5, vor der Blüte zusammengezogen, während der Blüte ausgebreitet, danach abwärts geschlagen. Ährchen kaum über 5 mm lang, grün, oft violett oder braun überlaufen. Blütezeit 8–10. Häufig an der Küste, sonst zwischen 0 und 500 m selten; auf jauchegetränkten Böden oder betretenen, verdichteten Lehmböden in der Umgebung von Salinen; breitet sich aber in jüngster Zeit längs der großen Autoverkehrsstraßen, die winters mit Salz eisfrei gehalten werden, stark aus und hat so schon die Alpen erreicht. Verbreitet in Europa.
Strand-Salzschwaden, *Puccinellia maritima* (Huds.) Parl. – Im Herbst mit nichtblühenden, ausläuferartig verlängerten Halmen. Spreiten fleischig dick. Rispenäste gleich oder nur schwach rau, aufrecht abstehend, selten zurückgeschlagen, untere meist zu 2. Ährchen bis 1 cm lang, oft violett überlaufen. Blütezeit 6–9. Nur im Küstengebiet, dort häufig.
Beide sind gute Futtergräser, die zur Befestigung des Marschvorlandes beitragen; sie ertragen Meerüberflutungen, kommen aber dann nicht zur Blüte.

Ährchen grünlich, gelegentlich blassviolett überlaufen:

Schaf-Schwingel, *Festuca ovina* L. agg. – Ausdauernd; dichthorstig, 10 bis 60 cm hoch. Halm aufrecht oder aufsteigend, öfters vierkantig, zuweilen schwach rau. Blattscheiden weit hinab offen, alle Spreiten gerollt, hellgrün, grün oder blaubereift, rau. Blatthäutchen kaum 1 mm lang. Rispe wenig verzweigt, mit aufrecht abstehenden, meist rauhaarigen Ästen. Ährchen langoval, 3- bis 8blütig, 4 bis 8 mm lang. Hüllspelzen viel kürzer als das Ährchen, ungleich lang, samt den Deckspelzen meist unbegrannt. Blütezeit 5–8.

Sehr häufig; vom Tiefland bis ins Hochgebirge; auf Wiesen, Weiden und Heiden, an Wegen, Felsen und Mauern, auch in lichten Wäldern. Meist trockenen, mageren, aber nicht immer kalkfreien Boden bevorzugend. Verbreitet über die nördliche gemäßigte Zone; in Australien (auch Nordamerika?) eingeschleppt.

Überaus formenreich. Die zahlreichen Unterarten sind wiederum in viele ökologische und morphologische Rassen gespalten und sowohl untereinander als auch mit anderen Schwingel-Arten (siehe vor allem Rot-Schwingel, S. 132) durch fast gleitende Übergänge verbunden. Eine saubere Trennung gelingt nur mit Hilfe mikroskopisch-anatomischer (Blatt-)Studien. Einige Unterarten geben ein gutes Futtergras für Kleinvieh, vor allem Schafe (*ovis,* lat. = Schaf). Durch ihre Aussaat kann Ödland in (allerdings dürftige) Schafweide umgewandelt werden. Die verwitternden Reste tragen zu einer langsamen Verbesserung des Bodens bei. Bei Alleinaussaat lässt sich aber wegen des horstigen Wuchses keine geschlossene Rasendecke erzielen. Eine hochwüchsige Unterart wurde ausschließlich zum Zwecke der Bodenverbesserung in Zucht genommen. Sie wird als Unterwuchs in Getreideäckern ausgesät und im Herbst dann untergepflügt. Das gutentwickelte Wurzelwerk verwittert rasch und hebt so die Bodenqualität. Andererseits gilt eine mittelgroße Unterart in den Wäldern als bodenaustrocknendes Forstunkraut. Unsere zierlichste Unterart und eine weitere mit blaubereiften Blättern werden öfters in Gartenanlagen als Ziergräser und als Beetumrandungen gepflanzt. Die Formen des Hochgebirges zeichnen sich durch gedrungenen Wuchs und kurzgrannige Ährchen aus; selten sind sie vivipar.

Ährchen (zumindest an der Lichtseite) dunkelviolett:

Hierher gehören eine ganze Reihe von Schwingel-Arten *(Festuca),* die nur den Alpenraum bewohnen. Sie gleichen alle dem Schaf-Schwingel (ihre Rispe ist meist noch schwächer verzweigt), doch sind entweder ihre Blattscheiden mindestens bis zur Hälfte der Länge (oft ganz) geschlossen oder die Blatthäutchen der Stängelblätter bis zu 2 mm lang.

Niedriger Schwingel, *F. quadriflora* Honck. (= *F. pumila* Chaix.) – 10 bis 20 cm hoch. Alle Blätter borstlich, grün, Blatthäutchen bis 2 mm lang. Düngerfeindlich, kalkliebend; häufig auf trockenen, steinigen Matten und im Felsschutt ab etwa 1700 m. Verbandscharakterart der Blaugras-Halden-Gesellschaften *(Seslerion variae).*

Zierlicher Schwingel, *F. pulchella* Schrad. – 20 bis 50 cm hoch. Alle Blätter flach (1 bis 4 mm breit) oder halbgerollt, grün, Blatthäutchen unter 1 mm lang. Kalkliebend; zerstreut bis häufig auf mäßig feuchten Matten und im Felsschutt ab etwa 1700 m. Begleitpflanze Alpiner Natur- und Wildheu-Wiesen *(Caricion ferrugineae).* Gutes Mähgras und Weidefutter von hohem Nährwert.

Violetter Schwingel, *F. violacea* Schleich. ex Gaud. – 20 bis 60 cm hoch. Grundblätter stets, Halmblätter manchmal (bei Trockenheit) gerollt, grün, Blatthäutchen unter 1 mm lang, seitlich in zwei Lappen vergrößert. Ohne besondere Bodenansprüche. Sehr häufig auf Matten ab etwa 1600 m. Charakterart des Verbandes Alpiner Natur- und Wildheu-Wiesen *(Caricion ferrugineae).* Gutes Mähgras, aber gegen Beweidung empfindlich.

Gämsen-Schwingel, *F. rupicaprina* (Hack.) Kern. – 10 bis 20 cm hoch. Alle Blätter gerollt, grün, Blatthäutchen unter 1 mm lang. Kalkliebend; zerstreut bis häufig auf Felsen, Felsschutt und steinigen Matten ab etwa 1700 m. Ordnungscharakterart der Kalk-Schutthalden-Gesellschaften *(Thlaspietalia rotundifolii).* Gern gefressenes Weidegras.

Amethyst-Schwingel, *F. amethystina* L. – 40 bis 100 cm hoch. Alle Blätter gerollt, zumindest ihre Scheiden blauviolett, Blatthäutchen unter 1 mm lang. Liebt trockene, warme, oft kalkhaltige Böden; zerstreut in Halbtrockenrasen und in Kiefernwäldern der Alpennordflanke; selten über 1300 m, ebenso selten im Vorland.

Festuca = Halm; Schwingel von schwingen, schwanken, wegen der vom Wind leicht zu bewegenden dünnen Halme.

Pflanze dichthorstig, ohne Ausläufer, Ährchen meist grünlich:

Verschiedenblättriger Schwingel, *Festuca heterophylla* Lam. – Ausdauernd; 60 bis 100 cm hoch. Halm aufrecht. Grundblätter lang, schlaff, gerollt, fadendünn, oft halbbogig einseitig niederliegend, meist hellgrün mit schwach bläulichem Anflug, deutlich rau (im sterilen Zustand eindeutiges Unterscheidungsmerkmal gegenüber der Draht-Schmiele, s. S. 122, deren ähnliche Grundblätter ölig glatt sind); Halmblätter flach, 1 bis 3 mm breit, Blatthäutchen unter 1 mm lang, seitlich mit vergrößerten Lappen.
Rispe groß, locker, oft schlaff und an der Spitze überhängend. Rispenäste zur Blütezeit waagrecht abstehend. Ährchen bis 10 mm lang, länglich, 3- bis 7blütig. Hüllspelzen kürzer als das Ährchen, grannig zugespitzt, Deckspelzen kurz (bis 6 mm lang) begrannt. Blütezeit 6–8. Im Norden selten, gegen Süden häufig; vom Tiefland bis in die Voralpenregion (selten über 1000 m), in lichten Laub- und Kiefernwäldern. Wärmeliebend; vor allem auf trockenen, meist kalkfreien und sauren, aber mineralreichen, mittelschweren bis schweren Böden im Wuchsbereich der Eiche. Zeigt Lehm an. Gilt als Verbandscharakterart der Eichen-Hainbuchen-Wälder *(Carpinion).* Verbreitet in Mittel- und Südeuropa.
Als Futtergras mäßig; halbschattenbedürftig, hält sich deshalb nicht auf offenen Weiden. In der Landschaftsgärtnerei als Schattengras für Magerböden verwendet. Tritt zuweilen vivipar auf. Den Schlüsselmerkmalen nach ähnlich ist der Violette Schwingel (s. S. 130). Er hat violette Ährchen und bewohnt die Alpen (nie unter 1500 m). Unterarten des Rot-Schwingels dagegen (vor allem der Trügerische Rot-Schwingel, s. u.), die nur kurze Ausläufer treiben und so dichthorstigen Wuchs vortäuschen, können leicht mit unserer Art verwechselt werden. Sie haben aber kleinere, wenigährige Rispen und mehr steifborstige Grundblätter. (Zur sicheren Unterscheidung müsste der Fruchtknoten freipräpariert werden, er ist bei unserem Gras an der Spitze feinborstig behaart, beim Rot-Schwingel dagegen kahl.)

Pflanze dicht- bis lockerrasig, mit Ausläufern, Ährchen oft rötlich getönt:

Rot-Schwingel, *Festuca rubra* L. agg. – Ausdauernd; 20 bis 100 cm hoch. Halm steif aufrecht; Grundblätter meist dickborstlich gerollt, steif, Halmblätter meist flach, alle mattgrün oder bläulich überlaufen, Blatthäutchen sehr kurz, seitlich mit vergrößerten Lappen. Rispe meist aufrecht, locker wenig verzweigt, mit zur Blüte meist schräg abstehenden Ästen. Ährchen 4- bis 6blütig, 7 bis 10 mm lang, länglich. Hüllspelzen kürzer als das Ährchen, wie die Deckspelzen meist kurzgrannig. Blütezeit 6–8.
Sehr häufig; vom Tiefland bis ins Hochgebirge; auf Weiden und Wiesen, an Wegen und in lichter Wäldern. Sehr formenreich, aber alle Rassen mehr oder minder stickstoffliebend und (mäßig) feuchte, neutrale bis schwach saure Böden bevorzugend. Hauptverbreitung in der Berg- und Mittelgebirgsregion. Gemäßigte Zone der Nordhalbkugel.
Der Rot-Schwingel ist ein gutes Futtergras. Er liegt als Kulturgras in vielen Sorten vor (z. B. für Salzwiesen, zur Begrünung von Sandflächen, für Bergweiden). Die Unterscheidung von anderer Schwingel-Arten gelingt oft nur mit dem Mikroskop. Bei verschiedenen Formen rollen sich in de Trockenheit die Halmblätter ein (Übergang zum Schaf-Schwingel, S. 130), bei andern entrollen sich gelegentlich die Grundblätter und breiten sich flach aus (Übergang zum Wiesen-Schwingel, S. 134) Die Hauptform der Bergregion, der **Herbst-Rot-Schwingel** (auch Schwarzwerdender Schwinge oder Trügerischer Rot-Schwingel), *F. nigrescens* Lam. (= *F. rubra* ssp. *commutata* Gaud.), wächs dichtrasig (Übergang zum Verschiedenblättrigen Schwingel, s. oben). Er ist auf Bergweiden wei verbreitet und gilt als gutes Futtergras. Außerdem ist er ein vorzüglicher Bodenbefestiger und Ra senbildner. Für Dünger ist er sehr dankbar. Andere Formen geben in tieferen Lagen oft nur schlech te Streu (Formen der Moorwiesen). Einige Rassen werden als Gartengräser gezogen. Über Namer s. S. 130.

Violetter Schwingel

Rot-Schwingel

Verschiedenblättriger Schwingel

Ährchen 8 bis 12 (15) mm lang, Grannen fehlend oder kurz (bis höchstens 5 mm lang):

Wiesen-Schwingel, *Festuca pratensis* Huds. (= *F. elatior* L.) – Ausdauernd; lockerhorstig, 30 bis 120 cm hoch. Halm bogig aufsteigend bis aufrecht, Blattscheiden kahl, Spreiten schlaff, 3 bis 7 mm breit, meist dunkelgrün, am Grund geöhrt, kaum rau. Blatthäutchen unter 1 mm lang. Rispe aufrecht oder leicht überhängend, meist schmal, mit rauen Ästen. Ährchen fast walzlich, meist 5- bis 8blütig, hellgrün, selten violett getönt, viel länger als die Hüllspelzen. Blütezeit 6–7. Sehr häufig; vom Tiefland bis in die Alpen (über 1500 m selten); auf Wiesen, Weiden und Rasenplätzen. Dünger- und kalkliebend, gern auf schweren, zumindest periodisch feuchten, neutralen Böden. Charakterart der Gesellschaften Europäischer Wirtschaftswiesen und -weiden *(Molinio-Arrhenatheretea),* innerhalb dieser Klasse gern in den (frühjahrs- oder herbst-)feuchten Varianten. Verbreitet in Eurasien, in Amerika eingeführt.
Sehr gutes Futtergras, deswegen auch oft ausgesät. Gegen Beweidung (und Tritt) unempfindlich. Auch in höheren (Frost-)Lagen noch sehr ergiebig. Nah verwandt und durch zahlreiche Übergangsformen verbunden ist der **Rohr-Schwingel,** *F. arundinacea* Schreb. Kennzeichen: Blätter steif, rau und oberseits kurzhaarig. Dichthorstig, bis 150 cm hoch, mit großer, reichähriger Rispe und mehr eiförmigen Ährchen. Er wächst zerstreut auf Wiesen, in Wäldern und im Röhricht, gerne auf schweren, meist kalkreichen, feuchten bis nassen Böden. Als Streugras vorzüglich, als Futter zwar ertragreich aber hart und deshalb vom (Groß-)Vieh nicht gern gefressen. Sein horstiger Wuchs erschwert das Mähen der Wiesen. Er gilt allerdings als gute Winterweide für Ziegen und Schafe. Formen des Rot-Schwingels (s. S. 132) ähneln manchmal stark dem Wiesen-Schwingel.

Ährchen 5 bis 7 mm lang, unbegrannt:

Wald-Schwingel, *Festuca altissima* All. (= *F. sylvatica* Vill.). – Ausdauernd; dicht- bis lockerhorstig, 60 bis 120 cm hoch. Halm aufrecht oder schräg, dünn, kaum rau. Blattscheiden rauh, Spreiten 5 bis 15 mm breit, oberseits bläulichgrün, seltener hellgrün, unterseits grün, schwach rau, Blatthäutchen bis 3 mm lang.
Rispe groß, locker, vielährig, zuletzt meist einseitig überhängend, mit oft geschlängelten, rauen Ästen. Ährchen länglich-elliptisch, meist 3- bis 5blütig, blassgrün, selten violett getönt, viel länger als die ungleich großen Hüllspelzen. Blütezeit 6–7.
Zerstreut, im Norden selten; vom Tiefland bis in die Voralpen (gegen 1400 m); in schattigen Laubwäldern. Hauptverbreitung zwischen 400 und 800 m. Auf sauren, feuchtkalten, mittelschweren Lockerböden. Verbandscharakterart der Buchen-Wald-Gesellschaften *(Fagion sylvaticae).* Oft als Differentialart für die Montanstufe. Verbreitet in ganz Europa. Tritt oft in Massen auf, hemmt dann die natürliche Waldverjüngung; als ausgesprochenes Schattengras verkümmert es auf Lichtungen rasch (dann gelbgrün). Wird gelegentlich mit dem an lichteren Stellen wachsenden Wald-Reitgras (s. S. 106) verwechselt, dessen schmälere Blätter aber oberseits kurz behaart sind. Den Schlüsselmerkmalen nach kann auch der hochgebirgsbewohnende Zierliche Schwingel (s. S. 130) verwechselt werden, er wird aber höchstens 50 cm hoch, hat violettbraune Ährchen und wächst nur außerhalb des Waldes und in höheren Lagen.

Ährchen 8 bis 15 mm lang, Grannen 10 bis 20 mm lang:

Riesen-Schwingel, *Festuca gigantea* (L.) Vill. – Ausdauernd; lockerhorstig, 60 bis 150 cm hoch. Halm aufrecht, am Grund meist etwas bogig, Blattscheiden am Rand rau, Spreiten 5 bis 15 mm breit, unterseits dunkelgrün, oberseits heller, sehr oft spiralig verdreht, rau, schlaff, am Grund mit langen Krallenöhrchen. Blatthäutchen kaum 1 mm lang.
Rispe sehr groß, schlaff ausgebreitet bis überhängend, mit rauen Ästen. Ährchen schmal, 4- bis 8blütig, bleichgrün, viel länger als die ungleich großen, spitzen Hüllspelzen. Deckspelzen trockenhäutig, ihre Grannen oft geschlängelt. Blütezeit 7–8.
Häufig; vom Tiefland bis gegen die Voralpenregion (1200 m); in feuchten Wäldern. Liebt neutrale bis schwach (humus-) saure, nährstoffreiche, schwere Böden. Zeigt Grundnässe und Gleiböden an; (Halb-)Schattengras. Wächst vor allem längs der Wasserläufe in den Auwäldern, als deren Verbandscharakterart es gilt *(Alno-Ulmion).* Verbreitet in Europa und Asien. Dieses Gras findet sich auch auf Waldlichtungen und Kahlschlägen, wenn der Boden feucht und stickstoffhaltig ist. Dort wird es gelegentlich gemäht. Es liefert zwar viel, aber hartes Heu. Verwechslungen mit der Wald-Trespe (s. S. 136) sind wohl kaum möglich, da deren (untere) Blattspreiten samt ihren Scheiden deutlich und dicht behaart sind. Über Namen s. S. 130.

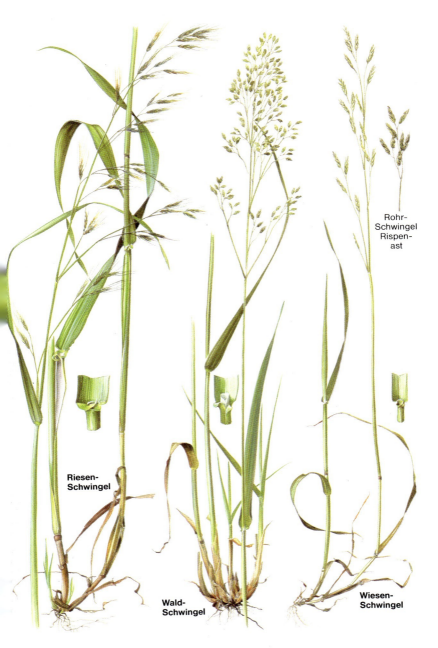

Rispe überhängend, Ährchen nach vorn verschmälert, Grannen um 10 mm lang:

Wald-Trespe, Bromus ramosus Huds. (= B. asper Murray). – Ausdauernd; in lockeren Horsten, 60 bis 150 cm hoch. Halm dick, aufrecht, behaart, oberwärts rau (= asper). Blattscheiden behaart (die oberen zuweilen nur kurzhaarig bis kahl), Spreiten um 10 mm breit, grün bis hellgrün, schlaff, am Grund geöhrt, zumindest die unteren rauhaarig. Blatthäutchen bis 2 mm lang. Rispe lang, aufgelockert (vielästig = ramosus), schlaff, mit sehr rauen, oft geschlängelten Ästen. Ährchen schmal, bis 30 mm lang, 7- bis 9blütig, meist hellgrün. Blütezeit 6–8. Im Süden häufig, gegen Norden zu selten; vom Tiefland bis in die Voralpen (selten über 1000 m); in Laub- und Mischwäldern. Zerfällt in zwei ökologische Rassen: Die früherblühende, bis 150 cm hoch werdende, mit kurzhaarigen oberen Blattscheiden; auf mäßig feuchten, kalkreichen, warmen, lockeren Böden, stets im Schatten. Die späterblühende, unter 100 cm bleibende, mit langzottigen oberen Scheiden; auf grundnassen, oft verdichteten, schweren Böden, auch auf Lichtungen. Beide gelten als Klassencharakterart der Gesellschaften der Edel-Laubwälder (Querco-Fagetea). Die Gesamtart findet sich in der ganzen nördlichen gemäßigten Zone (in Amerika vielleicht nur eingeschleppt).
Das auf die Wälder beschränkte Gras ist auch steril an seinen behaarten Scheiden und den Blattöhrchen gut kenntlich. Der Riesen-Schwingel (S.134) hat Blattöhrchen und kahle Scheiden, die Wald-Zwenke (S.140) keine Öhrchen und behaarte Scheiden.

Rispe aufrecht, Ährchen nach vorn verschmälert, Grannen fehlend oder unter 10 mm lang:

Aufrechte Trespe, Bromus erectus Huds. – Ausdauernd; dichthorstig, selten mit kurzen Ausläufern, 30 bis 80 cm hoch. Halm steif aufrecht, Blattscheiden öfters rein abstehend behaart, Spreiten 2 bis 5 mm breit, oft graugrün, zerstreut behaart, die der Grundblätter am Rand langwimperig, zuweilen zusammengefaltet. Blatthäutchen um 1 mm lang.
Rispe wenig verzweigt (bei Kümmerformen fast ährig), mit kurzen, aufrechten, rauen Ästen. Ährchen 10 bis 30 mm lang, schmal, 5- bis 10blütig, blassgrün oder violett bis braun getönt. Blütezeit 5–10.
Sehr häufig im Süden, im Norden selten und nur eingeschleppt; vom Tiefland bis gegen 1400 m; an Rainen, Wegrändern und auf Magerwiesen. Kalkliebend, auf warmen, mittelschweren, aber lockeren Böden. Zeigt magere Böden und Trockenheit an. Ordnungscharakterart und oft das beherrschende Gras der nach ihm benannten Trespen-Trockenrasen (Brometalia erecti). Verbreitet im weiteren Mittelmeergebiet.
Mäßiges Futtergras, doch auf seinen Hauptstandorten (extensiv bewirtschaftete, einmähdige Wiesen) durch kein besseres zu ersetzen. Weicht bei Bewässerung und Düngung besseren Gräsern. Zeigt relativ gute Böden für Ackerbau an.
Nah verwandt ist die **Wehrlose Trespe,** B. inermis Leyss., mit langen Ausläufern, 5 bis 8 mm breiten, kahlen Spreiten und locker ausgebreiteter Rispe mit meist unbegrannten (inermis = ohne Waffen) Ährchen. Bei uns zerstreut, gegen Westen selten, auf trockenwarmen, stickstoffhaltigen Böden an Wegen, auf Äckern und Grasplätzen. Mittelmäßiges Futter, aber frosthart, dürre- und überschwemmungsresistent und deshalb in ihrer östlichen Heimat als Futtergras wichtig.

Rispe überhängend, Ährchen nach vorn verbreitert, Grannen 10 bis 30 mm lang:

Dach-Trespe, Bromus tectorum L. – Einjährig überwinternd; büschelig, 10 bis 50 cm hoch. Halm meist knickig, feinbehaart. Blattscheiden behaart, Spreiten 2 bis 4 mm breit, oft hellgrün, behaart, Blatthäutchen um 1 mm lang.
Rispe locker, zierlich einseitig überhängend, mit langen, weichhaarigen Ästen. Ährchen 10 bis 15 mm lang, 4- bis 5blütig, hellgrün oder rötlich getönt. Grannen der Deckspelzen um 10 mm lang. Blütezeit 5–6.
Häufig (in Meernähe selten); vom Tiefland bis gegen 1500 m; auf Schuttstellen, Äckern, alten Dächern (Name!) und um Bahnhöfe. Ausgesprochenes Unkrautgras der trockenwarmen, offenen, stickstoffhaltigen, leichten, flachgründigen Böden. In mehreren Unkrautgesellschaften. Aus Europa in alle Erdteile verschleppt. Bei uns derzeit etwas im Rückgang begriffen. Nahe verwandt ist die in allen Teilen robustere, weniger behaarte **Taube Trespe,** B. sterilis L., die auf ähnlichen Standorten und dort stellenweise noch häufiger vorkommt. Kennzeichen: bis 80 cm hoch, Blatthäutchen 2 bis 4 mm lang, Rispenäste rau, Ährchen bis 30 mm lang, mit 15 bis 30 mm langer Granne, grün oder braunviolett gefärbt. Die Ährchen enthalten natürlich fruchtbaren Samen. Der Name stammt aus früheren Zeiten, in denen unsere Pflanze zum Hafer zählte. Im Vergleich zu den dickgeschwollenen Haferährchen sehen die Ährchen unserer Trespe steril aus. Auch das Wort Trespe (? Trester = Rückstand beim Keltern, leere Fruchtschalen, übertragen: leere Spelzen) scheint auf den Unterschied zum Hafer hinzuweisen. Bromos ist der gr. Name für Hafer (?broma = Nahrung).

Obere Blattscheiden kahl (selten mit einzelnen Wimpern):

Roggen-Trespe, *Bromus secalinus* L. – Ein- oder zweijährig; büschelig, 30 bis 100 cm hoch. Halm meist knickig aufsteigend. Spreiten 5 bis 10 mm breit, gelbgrün, meist am Rand und oberseits bewimpert. Blatthäutchen bis 2 mm lang.
Rispe locker, groß, oft etwas überhängend, mit schräg abstehenden, rauen, wenig verzweigten Ästen. Ährchen 10 bis 25 mm lang, 5- bis 15blütig, langoval, gelbgrün bis gelbbraun. Hüllspelzen viel kürzer als das Ährchen, breitoval. Deckspelzen mit bis 10 mm langer Granne, zur Fruchtzeit nach oben (längs) eingerollt. Blütezeit 6–7.
Zerstreut; vom Tiefland bis in die Voralpenregion (ca. 1000 m); in Getreidefeldern und an Wegen. Auf feuchten, meist kalkfreien, mittelschweren bis schweren Böden. Lehmzeiger. Ordnungscharakterart der Windhalm-Acker-Gesellschaften *(Aperetalia).* Verbreitet über die ganze Nordhalbkugel innerhalb der Grenzen des Getreidebaus. Kulturfolger. Sehr formenreich, altes Getreideunkraut, sicher seit der Jungsteinzeit bekannt, früher sehr lästig, vor allem im Roggen *(secale* = Roggen, *secalinus* = im Roggen befindlich), diesen in feuchten Jahren oft nahezu unterdrückend; heute ist sie durch die Saatreinigung seltener geworden und tritt kaum mehr in Massen auf. Die früher mit dem Roggen ausgemahlenen Körner haben das Mehl schwärzlich verfärbt und sollen ihm eine narkotische Wirkung verliehen haben. In neuerer Zeit wurde versucht, das Gras als Futterpflanze im Zwischenfruchtbau oder in der Forstwirtschaft (als Wildäsung) einzuführen. Es liefert zwar gutes Futter, ist aber anfällig für Pilzkrankheiten.

Obere Blattscheiden dicht und kurz (samtig) behaart:

Weiche Trespe, *Bromus hordeaceus* L. (= *B. mollis* L.). – Einjährig überwinternd; büschelig, 20 bis 60 cm hoch. Halm aufrecht bis knickig. Alle Blattscheiden samthaarig, Spreiten samthaarig, 4 bis 6 mm breit, meist graugrün. Blatthäutchen unter 1 mm lang.
Rispe steif aufrecht, wenig verzweigt (bei Kümmerexemplaren ährig), mit weichhaarigen Ästen. Ährchen 10 bis 20 mm lang, 5- bis 10blütig, eiförmig, graugrün-weißlich gescheckt, meist weichhaarig. Hüllspelzen breitoval, viel kürzer als das Ährchen. Deckspelzen mit bis zu 1 cm langer Granne. Blütezeit 5–6.
Sehr häufig; vom Tiefland bis in die Bergregion (ab 600 m selten); auf Ödland, Wiesen, Äckern, an Wegen und in Buschwerk. Bevorzugt offene, trockenwarme bis schwach feuchte, nährstoffreiche, mittelschwere Böden. Verbreitet über Eurasien; als Kulturbegleiter in alle Erdteile verschleppt. Formen reich. Liefert nur wenig und nährstoffarmes Futter; die Blätter sterben zudem früh ab. Daher als Wiesenunkraut angesehen, das aber schlecht auszurotten ist, weil es vor dem ersten Schnitt schon aussamt. Zuweilen als Zierrasengras angeboten.
Zwei nahe Verwandte finden sich bei uns seltener: **Wiesen-Trespe,** *B. commutatus* Schrad., graugrün, untere Scheiden langzottig behaart, Rispe locker. Lehmzeiger, Unkraut auf Wiesen und Äckern, bei uns mit südlicher Ausbreitungstendenz. – **Trauben-Trespe,** *B. racemosus* L., gelbgrün, untere Blattscheiden langhaarig, Rispe zusammengezogen. Kalkmeidend, düngerliebend, auf etwas feuchteren Böden; auf Grasland (Sumpfdotterblumen-Wiesen, *Calthion).* Bei uns mit mehr nördlicher Ausbreitung. Von allen dreien das ertragreichste und beste Futtergras, doch auch nur mittelmäßig, außerdem wenig frosthart.

Obere Blattscheiden dicht und langzottig behaart:

Acker-Trespe, *Bromus arvensis* L. – Ein-, seltener mehrjährig; lockerbüschelig, 30 bis 100 cm hoch. Halm aufrecht oder knickig, Spreiten 2 bis 5 mm breit, bläulichgrün, zottig behaart, am Rand rau, Blatthäutchen bis 2 mm lang.
Rispe groß, locker, überhängend, mit dünnen, langen Ästen. Ährchen 4- bis 10blütig, 10 bis 20 mm lang, grün, oft rötlich getönt. Hüllspelzen breitoval, kürzer als das Ährchen, Deckspelzen mit 5 bis 10 mm langer Granne. Blütezeit 6–7.
Zerstreut; vom Tiefland bis gegen 1800 m; auf Schuttstellen, Wegen und (gelegentlich) Äckern. Kalkliebend, auf trockenwarmen, (mittel-)schweren Böden. In Äckern Ordnungscharakterart der Windhalm-Gesellschaften *(Aperetalia),* sonst Begleiter der Hochstauden-Unkraut-Gesellschaften *(Ornopodetalia ruderale).* Verbreitet über Eurasien (tiefere Lagen). Sehr unbeständig. Kaum in Wiesen. Leicht vertilgbares Ackerunkraut. Neuerdings als Futtergras gezüchtet, doch noch wenig erprobt (Aussaat im Herbst auf Stoppelfelder, einmalige Mahd im nächsten Frühsommer, dann Umbruch des Feldes).
Neben diesem, bei uns seit langem heimischen Gras treten eine ganze Reihe ähnlicher Trespenarten sehr selten und meist nur vorübergehend an ähnlichen Standorten auf, doch konnte sich bis jetzt noch keiner dieser Neuankömmlinge (aus Mittelmeerländern, Südeuropa, Südamerika, Vorderasien) über ein größeres Gebiet ausbreiten. Über Namen s. S. 136.

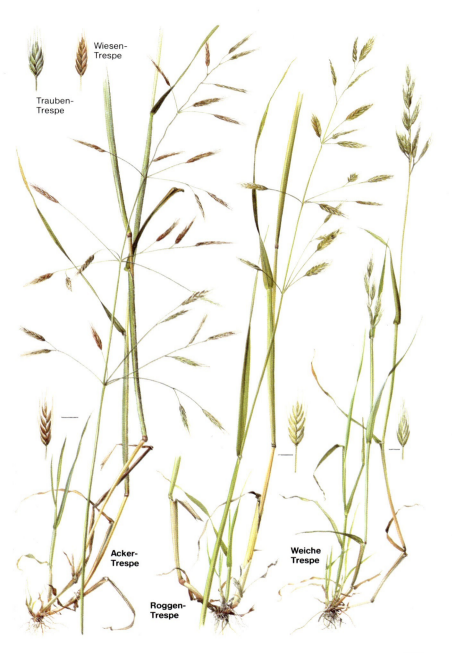

Blätter beiderseits hell- bis gelbgrün:

Fieder-Zwenke, *Brachypodium pinnatum* (L.) P. B. – Ausdauernd; lockerrasig mit weitkriechender Grundachse und Ausläutern, 40 bis 100 cm hoch. Halm steif aufrecht, an den Knoten weichhaarig. Blattscheiden weichhaarig, seltener zottig, kahl oder rau, Spreiten um 5 mm breit, steif bis schlaff überhängend, kahl oder (im Schatten) behaart, selten zusammengeklappt, schlecht verwitternd. Blatthäutchen bis 2 mm lang.
Traube ährenartig, aufrecht, zweizeilig *(pinnatus* = gefiedert), meist dicht besetzt. Ährchen 2 bis 4 cm lang, länglich-lineal, 8- bis 24blütig, kahl oder behaart, blühend waagrecht abstehend, zumindest die unteren kurz gestielt *(brachypodium* = Kurzfuß). Hüllspelzen etwa ⅓ so lang wie das Ährchen, Deckspelzen bis 5 mm lang begrannt. Blütezeit 6–7.
Im Süden häufig, im Norden selten; vom Tiefland bis gegen 1800 m; in mageren Halbtrockenrasen, selten im Wald. Kalkliebend, oft als Pionier auf offenen Böden (Brandstellen), lichtbedürftig, in Wäldern meist nur steril. Überzieht oft im Massenwuchs ganze Sonnenhänge, Klassencharakterart der Trocken- und Steppenrasen-Gesellschaften *(Festuco-Brometea).* Verbreitet über die ganze nördliche Hemisphäre.
Als Futtergras wenig ertragreich und fast wertlos, da die harten Blätter nur im Frühjahr vom Vieh gefressen werden; unterdrückt mit Hilfe der ausgebreiteten überjährigen Welkblätter oft bessere Gräser. Sehr geeignet dagegen zur schnellen Begrünung oder Festlegung offener Kalk(sand)böden. Stark veränderlich im Aussehen.

Blätter beiderseits dunkelgrün, unten mit weißem Mittelstreif:

Wald-Zwenke, *Brachypodium sylvaticum* (Huds.) P. B. – Ausdauernd; in meist dichten Horsten, 50 bis 120 cm hoch. Halm aufrecht oder knickig aufsteigend, etwas schlaff, an den Knoten dicht, darunter spärlich behaart. Blattscheiden weich- oder rauhaarig, Spreiten um 7 mm breit, schlaff, weichhaarig. Blatthäutchen bis 3 mm lang.
Traube stark ährig, locker, zweiseitig, zuletzt geschlängelt oder überhängend. Ährchen 2 bis 2,5 cm lang, 6- bis 15blütig, fast aufrecht, rundlich, höchstens die untersten ganz kurz gestielt. Hüllspelzen höchstens halb so lang wie das Ährchen. Deckspelzen bis 1,5 cm lang begrannt. Granne öfters geschlängelt, vor dem Aufblühen des Ährchens die obersten 5 bis 10 zu einem Schopf zusammengedreht. Blütezeit 7–8.
Häufig; vom Tiefland bis in die Voralpenregion (1100 m); in Wäldern (= *sylvaticum),* vor allem in Laubmischwaldgesellschaften und Auwäldern. Kalkliebend, auf lockeren, gut durchfeuchteten, mineral- und nährstoffreichen Böden in Schattenlage. Klassencharakterart der Edel-Laubwälder *(Querco-Fagetea).* In ganz Europa verbreitet bis nach Nordafrika und Vorderasien, auch auf den Kanarischen Inseln, Madeira und Japan.
Gutes Futtergras, kommt aber vor allem als Wildfutter in Betracht. Wird als Zeuge früherer Bewaldung öfters noch im Weichbild der Städte und Dörfer an Gebüschhängen gefunden. Im Wald leicht mit der Hunds-Quecke zu verwechseln (S. 146); der Mittelstreif der Blattunterseite ist aber ein sicheres Kennzeichen. Der Ähnlichkeit mit der Quecke (Zwecke) verdankt die Gattung auch ihren deutschen Namen.

Blätter oberseits glänzend grün, unterseits matt hellblaugrün:

Kammgras, *Cynosurus cristatus* L. – Ausdauernd; in dichten kleinen Horsten, 20 bis 60 cm hoch. Halm dünn, straff, am Grund oft gebogen. Blattspreiten schwach rinnig, 2 bis 4 mm breit, kurz, öfters zusammengefaltet. Blatthäutchen um 1 mm lang.
Rispe ährig zusammengezogen, kammartig gelappt (Name! *cristatus* = gekämmt), kurz, schmal, ein- oder zweiseitig mit geschlängelter Achse, soll einem Hundeschwanz (= *cynosurus)* gleichen. Ährchen 3–4 mm lang, grün, 2- bis 4blütig, jedes von einem sterilen Ährchen begleitet, bei welchem an der Achse bis zu 10 schmale stachelspitzige Spelzen kammartig genähert sind. Hüllspelzen etwa halb so lang wie das Ährchen, Deckspelzen grannenspitzig. Blütezeit 6–7. Häufig; vom Tiefland bis zur alpinen Region (vereinzelt bis 1700 m); auf trockenen bis schwach feuchten Weiden und Wiesen, seltener in lichten Wäldern. Mäßig düngerliebend, aber frostempfindlich; auf schweren verdichteten Böden. Namengebende Charakterart des Verbandes der Weißklee-Weiden *(Cynosurion).* In ganz Europa verbreitet.
Nur für die (extensiv bewirtschafteten) Bergweiden gutes Futtergras, da wenig ertragreich. Die Grundblätter verwelken bald, die zähen Halme (zuweilen zu Flechtwerk verwendet) werden von Vieh (im Sommer) verschmäht. Durch diese Auslese gerade auf Weiden häufig (in Wäldern oft als Zeuge früherer, jetzt aufgegebener Weiden). Steril leicht mit dem Englischen Raygras (S. 142) zu verwechseln, dessen unterste Blattscheiden aber rot (beim Kammgras gelbbraun) sind.

Blätter flach:

Lolch, Weidelgras, *Lolium* L. – Blütenstand eine echte Ähre, Ährchen zweizeilig gestellt, die Schmalseite der Ährchenachse zugewandt (deshalb – mit Ausnahme des Endährchens – nur 1 Hüllspelze). *Lolium* war bei den Römern der Name des Taumel-Lolchs. Der Name Lolch kommt von *Lolium,* Weidelgras = Weidegras.

Hüllspelze deutlich kürzer als das Ährchen: **Raygräser** (engl. rye = Roggen).

Englisches Raygras, Ausdauernder Lolch, Deutsches Weidelgras, *Lolium perenne* L. – Ausdauernd (= *perennis),* dunkelgrün, 20 bis 60 cm hoch, Spreite 4 bis 6 mm breit, kurzgeöhrt. Ährchen um 1 cm lang, 6- bis 10blütig, unbegrannt. Blütezeit 5–10.
Sehr häufig; vom Tiefland bis fast 1500 m aufsteigend; in Weiden, Wiesen, Tretgesellschaften und Zierrasen. Unser wichtigstes Weidegras. Liebt nährstoffreiche, stickstoffbeeinflusste, schwere Böden im mildfeuchten (See-)Klima. Frostempfindlich. In Wiesen oft als Weiderelikt. Kulturbegleiter, über die ganze Erde verschleppt. Missbildungen nicht selten (s. Abb.). Bildet mit dem Wiesen-Schwingel (S.134) einen Gattungsbastard, den **Schwingellolch** (× *Festulolium loliaceum* (Huds.) P. Tourn.*)* der vor allem auf lehmigen Wiesenwegen zerstreut vorkommt. Kennzeichen: Unterste Ährchen gestielt, schräg zur Ährenachse gestellt, mit 2 Hüllspelzen.

Italienisches Raygras, Vielblütiger Lolch, *Lolium multiflorum* Lam. (= *L. italicum* A. Br.). – Überwinternd, zweijährig oder wenigjährig, hellgrün, bis 1 m hoch, Spreite bis 10 mm breit, langgeöhrt. Ährchen über 1 cm lang, 10- bis 20blütig, begrannt. Blütezeit 6–8. Häufig gebaut und verwildert; meist nur vom Tiefland bis in die Bergregion. Unser raschwüchsigstes Futtergras, das bei intensiver Kultur die höchsten Erträge gibt. In vielen Sorten gezüchtet; vor allem für den einjährigen Kleegrasbau geeignet. Düngerliebend, empfindlich gegen lange Schneebedeckung. Gern auf mäßig feuchten, schweren (Kalk-)Böden. Laugt den Boden stark aus. Heimat Mittelmeergebiet (Lombardei), von dort viel ausgeführt.

Hüllspelze fast so lang oder länger als das Ährchen: Einjährige Ackerunkräuter, heute stark im Rückzug begriffen und schon fast überall ausgerottet.

Lein-Lolch, *Lolium remotum* Schrank. – Gelbgrün, 30 bis 60 cm hoch, Hüllspelzen wenig kürzer als das Ährchen, Deckspelzen meist unbegrannt. Blütezeit 6–8. In Leinfeldern.
Taumel-Lolch, *Lolium temulentum* L. Grün bis bläulichgrün, bis 1 m hoch, Hüllspelzen viel länger als das Ährchen, Deckspelzen langbegrannt, Blütezeit 6–8. Vor allem auf etwas feuchten (kalkführenden) Getreideäckern, besonders unter Hafer und Gerste. Seit ägyptischer Zeit als Kulturbegleiter bekannt und überall hin verschleppt.
Die Samen beider Arten sind oft von einem Pilz befallen und dann für Mensch und Vieh giftig. Vor allem die Samen des Taumel-Lolchs kamen früher, als das Getreide noch schlecht gereinigt wurde, ins Mehl. Der Genuss des daraus gebackenen Brotes führte zu Schwindel (Taumeln), Erbrechen, Sehstörungen und sogar zum Tod. Gelegentlich wurde der Same auch absichtlich unter die Gerste gemischt, um das Bier berauschender zu machen. Heute gestatten einfache Nachweisreaktionen (Grünfärbung durch Alkohol) das sofortige Erkennen im Mahlgut.

Blätter borstlich gerollt:

Borstgras, *Nardus stricta* L. – Ausdauernd, in dichten graugrünen Horsten, die von den gelblichen Blättern des Vorjahres umhüllt sind (Strohtunika), 5 bis 30 (50) cm hoch. Halm steif aufrecht, die Blätter überragend. Blattspreite aufrecht, steif *(= stricta),* Außenblätter waagrecht abstehend. Blatthäutchen bis 2 mm lang.
Ähre schmal, einseitswendig, schwach konvex, anfangs borstenförmig (Name!), blühend mit schräg abstehenden, 6 bis 12 mm langen, schmallanzettlichen, einblütigen, schieferblauen oder violetten (später vergilbenden), untereinanderstehenden Ährchen. Hüllspelzen verkümmert. Deckspelzen kurzgrannig. Blütezeit 5–6.
Häufig; vom Tiefland bis ins Gebirge; auf moorigen Wiesen, Heiden, Weiden, in lichten Wäldern. Hungergras, Kieselpflanze, Rohhumuszeiger, Trockentorfbildner. Nur auf sauren, periodisch trockenen (oder physiologisch trockenen) Böden. Hauptentfaltung in Mittelgebirgslagen (1000–2000 m); durch Tritt, Beweidung, lange Schneebedeckung begünstigt, empfindlich gegen Kalkung und Düngung. Im Wald Weiderelikt. Namengebende Charakterart der Ordnung der Borstgras-Rasen *(Nardetalia).* Vorkommen: Europa, Nordasien.
Als Streu wenig ertragreich, vom Vieh nur jung abgeweidet, im Sommer ausgerupft und fallengelassen, als „Nardusleichen" die Weiden bedeckend. Zeigt extensive Weidewirtschaft an. Geschätzt als Bodenbefestiger auf der grauen Düne. Der Name *Nardus* wurde von Linné willkürlich auf unsere Gattung übertragen. Im Altertum war *nardos* (aus dem Indischen) ein Duftöl (Narde) lieferndes Baldriangewächs, später bezeichnete man so auch die aromatisch riechenden Grundachsen verschiedener Bartgrasarten (s. S. 96).

Spreitengrund mit kurzen, kahlen Öhrchen:

Roggen, *Secale cereale* L. – Ganze Pflanze blaubereift, bis 2 m hoch. Ähre nickend, mit langbegrannten, 2blütigen Ährchen; Hüllspelzen schmal. Blütezeit 5–6.
Bei uns vor allem als Winterfrucht, oft noch über 1000 m angebaut. Gedeiht auch auf kalkfreien, mäßig feuchten, leichten Sandböden in rauerem Klima als der Weizen, deshalb vor allem in Nordeuropa (bis 69° n. Br.; hier oft zweijährig, zuerst als Grünfutter gemäht und aus der Stoppel wieder ausschlagend), in Osteuropa und den südeuropäischen Gebirgen (bis 2000 m). Die Kultursorten haben alle ein ähnliches Aussehen.
Fremdbefruchter (selbststeril), unser frühestblühendes und hochwüchsigstes Getreide. Heimat Mittelmeerraum (?), Südwestasien, vielleicht ursprünglich nur Weizenunkraut und erst nach Klimaverschlechterung wegen besseren Wachstums kultiviert. Bei uns seit Ende der Bronzezeit. In Feuchtjahren oft durch Mutterkornpilze (schwarze Hörnchen aus den Ährchen wachsend) befallen. Mutterkorn enthält Alkaloide, die in der Heilkunde verwendet werden. Giftig! Solange das Brotgetreide nur ungenügend gereinigt wurde, kam es immer wieder zu Vergiftungen. Das Korn liefert Schwarzmehl, Grütze, Geflügelfutter, Kleie, Stärke, Kleister u. a., dient auch zur Alkoholgewinnung (Branntwein). Die grüne Pflanze gibt Viehfutter, das Stroh Streue, Dachdeckmaterial, Papierrohstoff, Häckselfutter, Flechtwerk (Matten usw.) und viele kleine Dinge wie Saughalme, Mundstücke etc. S. auch S. 67 *(Secale* = lateinischer Name für Roggen, von *secare* = mähen, – als Grünfutter. *Ceres* = Göttin der Feldfrüchte).

Spreitengrund mit langen (übereinandergreifenden) behaarten Öhrchen:

Weizen, *Triticum* L. – Bis 150 cm hoch. Ähren meist aufrecht, begrannt oder grannenlos. Ährchen 2- bis 4blütig, bauchig, mit breiten Hüllspelzen; Pflanze vielgestaltig. Blütezeit 6–7. Bei uns bis gegen 1000 m als Sommer- und Wintergetreide gebaut. Auf trockenwarmen, nährstoff- und kalkhaltigen, mittelschweren Böden. In Europa allgemein bis 60° n. Br., selten (z. B. in Golfklimalagen) polnäher, hauptsächlich aber in West- und Südeuropa. Mehrere Arten. Bei uns heute fast nur noch der **Saat-Weizen** (*T. aestivum* L.), allerdings in vielen Sorten, da andere Arten in unserem Klima nicht recht gedeihen (wie z. B. Hart-Weizen und Polnischer Weizen), kein gut backfähiges Mehl liefern (Bartweizen = Englischer Weizen, *T. turgidum* L.) oder als altertümliche Arten weniger ertragreich als die heutigen Dickkopfsorten des Saat-Weizens sind (z. B. Emmer, die wichtigste vorgeschichtliche Getreideart, sowie Zwerg-Weizen und Einkorn). Der anspruchslose **Dinkel** (*T. spelta* L.), das „Spätzles"mehl (und Grünkern) liefernde Getreide aus dem alemannischen Raum, bis etwa 1950 noch häufiger angebaut, war schon fast verschwunden, bevor es in den letzten beiden Jahrzehnten „wiederentdeckt" wurde.
Der Weizen ist ein Selbstbefruchter. Seine Heimat ist in Vorderasien zu suchen. Die Alt-Arten sind seit der Steinzeit bekannt. Er ist das wichtigste Brotgetreide der Welt. Er liefert weißes (Weizen, von weiß) Mehl, Brot, Teigwaren, Grieß, Graupen, Braumalz für Bier (Branntwein), Stroh zur Streu, Papierherstellung und für Geflechte (in der Toskana durch besondere Anbaumethode für Strohhüte), ferner Kleie, Stärke und Kleister. S. auch S. 66 *(triticum* = lat. Name für Weizen, von *tritum* = gemahlen, also Mehlfrucht).

Spreitengrund mit langen, übereinandergreifenden, kahlen Öhrchen:

Gerste, *Hordeum* L. – Sehr formenreich, kaum über 120 cm hoch, Ähre meist nickend, stets begrannt, aus zwei Reihen Ährchenbüscheln aufgebaut. Jedes Ährchenbüschel aus drei Ährchen zusammengesetzt, teils nur das mittlere fruchtbar, wie bei der **Zweizeil-Gerste** *(H. distichon* L.), teils alle drei fruchtbar wie bei der **Mehrzeil-Gerste** (*H. vulgare* L.), dabei entweder nur die äußeren Ährchen abstehend, das mittlere der Ährenachse angedrückt (Vierzeil-Gerste, bei uns die häufigste Unterart) oder aber alle drei abstehend (Sechszeil-Gerste, bei uns seltener gebaut). Beide Arten sind Selbstbefruchter (s. auch S. 69). Die Zweizeil-Gerste (Heimat Südasien oder Nordwestafrika ist bei uns die am meisten gebaute Gerste. Sie braucht nährstoffreiche, neutrale bis schwach saure Böden und (feucht-)warmes Klima. Sie ist Sommergetreide und gibt weniger, aber größere Körner. Ihre vielen Sorten liefern Braugerste, Malz, Kaffee-Ersatz, Tee, Graupen, Grieß und auch Mehl aus dem ein zwar nahrhaftes, aber wenig wohlschmeckendes Brot bereitet wird (das schon den römischen Legionären als Strafkost zugeteilt wurde). Die Mehrzeil-Gerste (Heimat Ostasien?), unsere Winterfrucht, ist anspruchsloser und gedeiht auch im kühlen Klima (bei uns bis 1500 m, in Nordeuropa bis 70° n. Br.). Sie liefert vor allem Grün- und Körnerfutter, ferner Graupen und Grieß. Ist heute seltener, war aber in der Jungsteinzeit unsere erste Gerste, vielleicht gehört sie sogar zu den Stammformen der Zweizeil-Gerste. *Hordeum* = lateinischer Name für Gerste, vielleicht von *horrere* = starren, stachlig sein (auch *hirsutus* = struppig), der grannigen Ähren wegen; dieselbe Wortwurzel *ghrs* führte im Germanischen zu gersta.

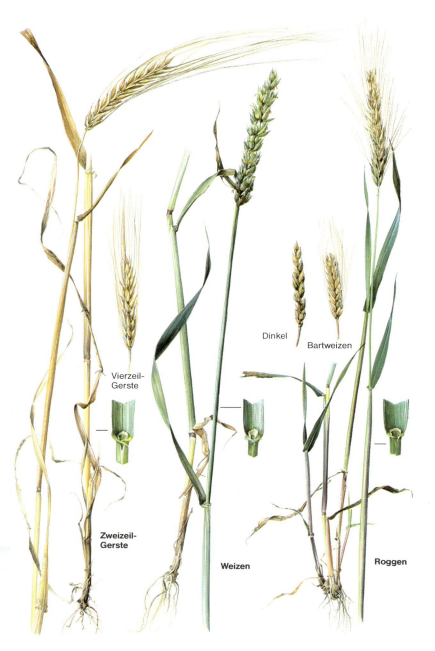

Unterste Blattscheide kahl oder schwach bewimpert, Ährchengrannen fehlen oder unter 1 cm lang:

Gewöhnliche Quecke, Kriech-Quecke, *Elymus repens* (L.) Gould. (= *Agropyron repens* (L.) P. B.) – Ausdauernd; meist dichtrasig, mit langkriechender *(repens* = kriechend) Grundachse und Ausläufern, 30 bis 150 cm hoch. Halm aufrecht, meist kahl, Blattscheiden meist kahl, Spreiten 3 bis 15 mm breit, grün bis graugrün oder bläulich gestreift, oberseits oft behaart, am Grund mit kralligen Öhrchen. Blatthäutchen unter 1 mm lang.
Ähre aufrecht, dicht, mit zweizeilig gestellten, breitseits ansitzenden Ährchen. Diese 8 bis 17 mm lang, um 5blütig, einander erreichend, zur Blüte fast rhombisch, blassgrün, blaugrün oder violett überlaufen. Hüllspelzen etwa ¾ so lang wie das Ährchen, wie die Deckspelzen zugespitzt oder kurzgrannig. Blütezeit 6–7.
Sehr häufig; vom Tiefland bis in die Voralpenregion (1000 m); auf Äckern, in Gärten, an Wegen, Hecken, Mauern und am Strand. Pionierpflanze auf offenen, neutralen bis stark sauren, nährstoffreichen (Stickstoff- und kalkhaltigen) mittelschweren oder lockeren Böden. Namengebende Charakterart der Ordnung Halbruderaler Quecken-Trockenrasen *(Agropyretalia intermedii-repent`s),* aber auch in anderen Gesellschaften. Verbreitet über die ganze (gemäßigte) Nordhalbkugel.
Sehr formenreiches, lästiges Ackerunkraut, das kaum ausrottbar ist; am ehesten hilft Fruchtwechsel oder Beschattung (Quecke, von queck, quick = zählebig). Auf stark gedüngten Wiesen als Futtergras brauchbar. Die Ausläufer und Wurzelstöcke geben ein nahrhaftes Viehfutter (auch als Kaffee-Ersatz oder zur Sirup- und Alkoholgewinnung verwendbar, früher in der Heilkunde als Blutreinigungsmittel und bei Unterleibsbeschwerden gebraucht). Zur Sandbefestigung an Ufern lässt sich das Gras heranziehen, dennoch ist der Nutzen gegenüber dem Schaden gering, da die Wurzeln auch ein Gift ausscheiden, das andere Pflanzen im Wachstum hemmt. *Elymus* = Strandroggen, vgl. Seite 148; *Agropyron* = Wilder Weizen (aber nicht Stammform des Weizens).

Untere Blattscheiden kahl, Ährchengrannen 1 bis 2,5 cm lang:

Hunds-Quecke, *Elymus caninus* (L.) L. (= *Agropyron caninum* (L.) P. B.) – Ausdauernd; in lockeren Horsten, 50 bis 150 cm hoch, Halm aufrecht oder am Grund knickig, selten oberwärts rau. Blattscheiden glatt, selten rau, Spreiten bis 12 mm breit, beiderseits rau, öfters weichhaarig, oberseits matt graugrün, unterseits glänzend dunkelgrün, geöhrt. Blatthäutchen unter 1 mm lang. Ähre schlank, schlaff, oft etwas überhängend, sehr lang, unten aufgelockert, zweiseitig mit breitgestellten Ährchen, diese oft 5- (2- bis 9-)blütig, 10 bis 20 mm lang, hellgrün, seltener violett, etwa einviertel länger als die kurzgrannigen Hüllspelzen. Granne der Deckspelzen oft geschlängelt. Blütezeit 6–7. Häufig; wird gegen Norden seltener; besonders vom Tiefland bis zur Bergregion (selten bis 1200 m); in Laubwäldern, Auwäldern und Gebüschen. Liebt feuchte, nährstoffreiche (kalkhaltige), lockere Waldböden in buschigen Unkrautgesellschaften an Wegrändern Waldzuege). Stickstoffzeiger. Klassencharakterart der Gesellschaften der Edel-Laubwälder *(Querco-Fagetea).* Verbreitet über die gemäßigte Zone der Nordhalbkugel.
Wird öfters mit der Wald-Zwenke (s. S. 140) oder nachfolgender Art verwechselt, die aber beide an der Blattunterseite einen hellen Mittelstreif besitzen. Der Artname *caninus (canis,* lat. = Hund; als Schimpfwort) stammt noch aus der Zeit, als die Art der Gattung Weizen zugeordnet war (= untauglicher Weizen).

Untere Blattscheiden kurzzottig, Ährchengrannen um 2 cm lang:

Haargerste, Waldgerste, *Hordelymus europaeus* (L.) Jess. ex Harz (= *Elymus eur.* L.). – Ausdauernd; horstig, 50 bis 100 cm hoch. Halm steif aufrecht, oberwärts oft schwach rau, an oder unter den Knoten kurzzottig. Obere Blattscheiden schwach rau, etwas aufgeblasen, Spreiten bis 1 cm breit, rau, oberseits anliegend behaart, unterseits mit weißem, vorspringendem Mittelnerv, am Grund halbmondförmig geöhrt. Blatthäutchen fast fehlend.
Ähre dicht, dick, aufrecht. Ährchen einblütig, über 2 cm lang, schmal, hellgrün, meist zu dritt gebündelt (Seitenährchen dabei kurzgestielt). Hüllspelzen so lang wie das Ährchen, aber zu schmaler Borsten reduziert. Deckspelzen bis 1 cm lang, steifgrannig. Blütezeit 6–8. Zerstreut, im Norden fast fehlend; vom Tiefland bis vereinzelt gegen 1500 m; in Laubwäldern, hauptsächlich im Hügel- und Bergland. Liebt schwach feuchte, nährstoff- und kalkreiche, lockere, mittelschwere Waldböden. Wo sie in ausgedehnten Beständen wächst, zeigt sie beste Böden an. Charakteristisch für den Verband der Buchenwald-Gesellschaften *(Fagion sylvaticae).* In Mittel- und Südeuropa bis zum Kaukasus verbreitet.
Von voriger Art durch die behaarten Blattscheiden, von der Wald-Zwenke (S. 140) durch das winzige Blatthäutchen auch steril zu unterscheiden. *Hordelymus* vermittelt zwischen *Hordeum* (Gerste mit Grannen) und *Elymus* (Strandroggen, ohne Grannen).

Die nachfolgenden, ausdauernden Arten sind fast nur auf Sandstellen und Dünen an der Küste zu finden. Sie zeichnen sich alle durch langkriechende Grundachsen und Ausläufer aus. Bei Trockenheit rollen sie ihre Blätter ein (leicht entfaltbar). Sie sind zwar nicht miteinander verwandt, zeigen aber im Aussehen eine gewisse (Anpassungs-) Ähnlichkeit (sie führen auch oft dieselben Namen).

Blatthäutchen kurz, Spreiten grün bis hellgrün, 6 bis 8 mm breit:

Strandweizen, Strand-Quecke, *Elymus farctus* (Viv.) Runem. ex Meld. (= *Agropyron junceum* (L.) P. B.) – 30 bis 80 cm hoch, Halm starr aufrecht, Nerven der Spreitenoberseite dick, engstehend, samthaarig.
Ähre starr, meist unter 20 cm, zuletzt mit sehr brüchiger Achse, Ährchen undeutlich zweizeilig gestellt, in jeder Zeile mit weitem Abstand untereinander, 5- bis 8blütig, breit, 1,5 bis 3 cm lang, graugrün, mit knapp bis zur Ährchenmitte reichenden, schwach kieligen Hüllspelzen und abgestumpften Deckspelzen. Blütezeit 6–8.
Nur im Küstengebiet, dort aber häufig; auf Dünen und offenen Sandwiesen *(Agropyron juncei-formis)*. Gern auf feuchten Stellen, unempfindlich gegen Meerwasser, so am Strandsaum siedelnd und bei der Bildung von „Dünenembryonen" beteiligt, die es den Hochflutsand zum Stehen bringt. Beim Anwachsen der Vordünen (weißen Dünen) zieht es sich auf die tiefer gelegenen Mulden zurück. Auch in den Folgestadien (Graudüne, Buschdüne = Gründüne), aber nur noch vereinzelt. Verbreitet an den Küsten von Europa, Nordafrika und Kleinasien.

Blatthäutchen 10 bis 30 mm lang, Spreiten hellgraugrün, 4–6 mm breit:

Gewöhnlicher Strandhafer, Helm, *Ammophila arenaria* (L.) Link. – 60 bis 100 cm hoch, Halm meist starr aufrecht, Spreiten feinnervig, kahl oder schwach behaart, fast stets gerollt. Rispe stark zusammengezogen, ährenartig, walzlich, bis 15 cm lang, ringsum dicht mit Ährchen besetzt. Diese kurzgestielt, strohgelb bis weißlich, um 1 cm lang, einblütig, von den spitzen Hüllspelzen eingeschlossen, im Innern mit Haarbüschel. Deckspelzen unbegrannt. Blütezeit 6–8. Sehr häufig auf Dünen und am Sandstrand der Küste; im Binnenland selten und dort meist nur angepflanzt. Pionier auf offenem, locker bewegtem Sand *(ammophila* = Sandfreundin). Gedeiht auch auf salzfreiem Boden, gern auf nährstoffreichem Sand. Unempfindlich gegen Trockenheit (Rollblätter setzen die Verdunstung herab) und Sandüberschüttung, deshalb bei der Dünenbefestigung auf der Windseite angepflanzt. Namengebende Klassencharakterart der Strandhafer-Dünen-Gesellschaften *(Ammophiletea)*. Verbreitet an den Küsten Europas, Nordamerikas und Nordafrikas.
Unser wichtigstes Gras zur Festlegung der Dünen, da deren Wuchs am stärksten gefährdet ist. Die verwitternden Pflanzenteile bilden die Grundlage für die Ansiedlung anderer Pflanzen. Eng verwandt mit den Reitgräsern (S. 106). Bildet mit dem Land-Reitgras nicht selten einen fruchtbaren Bastard: **Baltischer Strandhafer,** × *Ammocalamagrostis baltica* (Flügge) P. Fourn. (= *Ammophila baltica* (Flügge) Dum.) Etwas höher, gras- bis bräunlichgrün, Blatthäutchen nur bis 1,5 cm lang. Rispe lockerer, bis 25 cm lang.
Der Name Helm bedeutet Halm, dieser Teil ist bei unserer Pflanze besonders stattlich.

Blatthäutchen sehr kurz, Spreiten blaubereift, 8 bis 20 mm breit:

Strandroggen, Blauer Helm, *Leymus arenarius* (L.) Hochst. (= *Elymus arenarius* L.) – 60 bis 100 cm hoch, Halm dick, starr aufrecht, Spreiten dicknervig, kahl, steif, stechend, oberseits rau, zuweilen eingerollt. Ähre steif aufrecht, dick, nur wenig locker, bis über 30 cm lang (längere zuweilen etwas übergebogen), allseitig mit Ährchen besetzt. Diese meist dreiblütig, bis 2,5 cm lang, bläulich, in der Ährenmitte meist zu 3, die oberen und unteren zu 2 zusammenstehend. Hüllspelzen so lang wie das Ährchen, sehr schmal und spitz. Blütezeit 6–8.
An der Küste häufig, im Norden sonst zerstreut, im Süden sehr selten, meist angepflanzt. Im Anspruch wie der Strandhafer, aber mehr für die Windschattenseite geeignet. Wird wie der Strandhafer in besonderen Schulen gezogen und von dort auch gelegentlich ins Binnenland zur Sandfestlegung verschickt. Verbreitet in Europa (mit Ausnahme des Mittelmeerraums), Sibirien und Nordamerika.
An der Ostseeküste wurden gelegentlich Bastarde mit dem Strandweizen gefunden. Unter normalen Gräsern stehende Exemplare mit hohem, schlaffem Wuchs sind von einem Pilz befallen. Aus den Samen soll in Island Brot gebacken werden. Die Art ist nahe mit der Gerste verwandt, und es wurden schon Kreuzungsversuche angestellt mit dem Ziel, eine genügsame Pflanze mit vielen großen (Mehl liefernden) Körnern zu erhalten.
Elymos war früher vermutlich die Mohrenhirse, s. S. 72; von *elyein*, einhüllen, weil die Spelzen die reife Frucht nicht freigeben. Dies ist auch bei unserer Art der Fall, und so wurde von Linné der Name auf sie übertragen. Der Name *Leymus* wurde von C. F. Hochstetter als Anagramm zu *Elymus* geschaffen, als er die Art ausgliederte.

Schutt-(Autobahn-)pflanze mit langwalzlichem, langbegranntem Blütenstand:

Mäuse-Gerste, *Hordeum murinum* L. – Einjährig oder überwinternd, in schwachen Büscheln, aber meist gesellig, täuscht so dichte, ausgedehnte Rasen vor, 15 bis 40 cm hoch (selten höher), grasbis gelbgrün, später hellgelbbraun. Halm dünn, meist knickig aufsteigend. Oberste Blattscheide aufgeblasen, oft den Ährengrund umfassend, Spreiten zuweilen schwach behaart, 4 bis 6 mm breit, am Grund geöhrt. Blatthäutchen ganz kurz.
Ähre dicht, 6 bis 8 cm lang, bis 1 cm dick, aufrecht. Ährchen schmallanzettlich, hellgrün, 10 bis 15 mm lang, einblütig, zu dritt an jedem Ansatz der Ährenspindel, die seitlichen kurzgestielt, meist nur männlich. Hüllspelzen fast so lang wie das Ährchen, sehr schmal, wie die Deckspelzen 20 bis 30 mm lang begrannt. Blütezeit 6–10.
Sehr häufig; vom Tiefland bis gegen 1000 m; auf Schutt, an Wegrändern und Mauern. Liebt trockene, warme, stickstoffhaltige, leichte bis mittelschwere Böden. Charakterisiert vor allem die Südeuropäischen Unkrautgesellschaften; bei uns Charakterart des Verbandes der Weg-Rauken-Gesellschaften *(Sisymbrion).* Heimat Mittelmeergebiet, weit verschleppt. Alte Unkrautpflanze, soll früher als Brotgetreide von altslawischen Volksstämmen angebaut worden sein. Die Körner sind aber sehr klein (Name?: Gerste für die Mäuse, *mus.).* Die mit Widerhaken versehenen Grannen heften sich an die Kleidung und an das Fell der Tiere, so dass der daran sitzende Same weit verbreitet werden kann.
Neuerdings breitet sich längs der salzgestreuten Straßen die **Mähnen-Gerste,** *H. jubatum* L. aus. Sie kommt aus O-Asien und bevorzugt bei uns niedere, eher regenreiche Lagen. Ihre silberweißen, langgrannigen (4–8 cm!) Ähren sind zierlich nickend übergebogen.

(Salz-)Wiesenpflanze mit langwalzlichem, begranntem Blütenstand:

Knoten-Gerste, *Hordeum secalinum* Schreb. (= *H. nodosum* L.). – Ausdauernd; in lockeren, hellgrünen Horsten, 30 bis 70 cm hoch. Halm dünn, oft knickig aufsteigend, am Grund durch alte Blattscheiden zwiebelig verdickt (Name!). Untere Blattscheiden rauhaarig, die oberste enganliegend, 10 bis 20 cm unterhalb der Ähre. Spreiten bis 6 mm breit, gelegentlich eingerollt, rau, Blatthäutchen ganz kurz.
Ähre aufrecht oder schief, bis 5 cm lang, um 0,5 cm dick. Ährchen etwa 7 mm lang, hellgrün, seltener violett überlaufen, im weiteren Aufbau und in der Anordnung wie bei der Mäuse-Gerste (s. oben), nur mit kürzeren (um 1 cm langen) Grannen. Blütezeit 6–8.
Im Küstengebiet auf Salzwiesen häufig; im Binnenland selten auf Salzstellen, fehlt über große Gebiete; kaum über 600 m.
Wärmeliebend, unempfindlich gegen Tritt, bevorzugt schwere Böden. Vorzugsweise in den Gesellschaften der Andel-Wiesen *(Puccinellion maritimae).* Verbreitet über Europa, Afrika, Amerika, Vorderasien. Gern gefressenes Weidegras, nährstoffreich, aber wenig ertragreich, doch für die Salzwiesen eines der besten Gräser.
Zusammen mit unserem Gras kommt die ähnliche **Strand-Gerste,** *H. marinum* Huds., vor; sie ist im Binnenland allerdings noch seltener (in Afrika und Amerika in den Salzsteppen des Inlands dagegen sehr häufig). Kennzeichen: Pflanze bis 40 cm hoch, Halme oft im Kreis ausgebreitet liegend, oberste Blattscheide aufgeblasen, höchstens 5 cm unter der Ähre; *marinum* = zum Meer gehörend, über *hordeum* s. S. 144.

Schuttpflanze mit länglich-eiförmigem, grannenlosem Blütenstand:

Kanariengras, *Phalaris canariensis* L. – Einjährig, in kleinen Büscheln, 20 bis 60 cm hoch. Halm aufsteigend oder aufrecht, unterwärts zum Teil verzweigt. Scheiden weit, weißhautrandig, Spreiten bis 1 cm breit, hellgrün, rau, Blatthäutchen bis 3 mm lang.
Rispe kolbig-ährig zusammengezogen, bis 5 cm lang und 2 cm dick, mit dachziegelig deckenden Ährchen. Diese kurzstielig, 1blütig, 6 bis 8 mm lang, verkehrteiförmig, flach, weiß-grün gestreift. Hüllspelzen 4, die äußeren das Ährchen einschließend. Blütezeit 6–9. Zerstreut und unbeständig auf den Schuttplätzen der Städte und Dörfer; zuweilen als Zierpflanze in Gärten gezogen. Wärmeliebend (und kupferliebend). Heimat: westliches Mittelmeergebiet. Wurde früher zur Gewinnung von (Kanarien-)Vogelfutter (Name?) auch bei uns gebaut und wird heute noch mit weggeworfenem Vogelsand verbreitet. Die im Vogelfutter enthaltenen Samen (besser Früchte) fallen durch die gelbglänzenden (umhüllenden) Deckspelzen auf *(phalaros* = glänzend). Zuweilen versuchsweise als Futtergras gebaut (rasch verholzend). In Südeuropa wurde aus den Körnern Brotmehl gewonnen, zuweilen dient der Mehlkleister als Stoffappretur.
Im Aussehen entfernt ähnlich ist das Sand-Lieschgras (S. 152), das selten auf Sandfeldern und Dünen vorkommt; es unterscheidet sich aber durch den niederen Wuchs (5 bis 20 cm) und durch rein grüne, in eine Grannenspitze zulaufende Hüllspelzen.

Alle **Lieschgräser** *(Phleum* L.) haben flache, einblütige Ährchen. Die Rispe ist stark zusammengezogen und gleicht einer walzlichen Ähre (Scheinähre). Die Deckspelzen sind unbegrannt, die Hüllspelzen schließen das Ährchen ein und haben eine kurze Stachelgranne; das Ährchen gleicht dadurch einem Stiefelknecht. Die Blätter wurden früher zum Verstopfen (Verlieschen) der Fassfugen verwendet. Der Name *Phleum* wurde von Linné willkürlich unserer Gattung zugeordnet, *phleos* (von *phleo* = fließen) hieß früher eine Wiesenknopf-*(Sanguisorba-)* Art, die gegen Ohrfluss Verwendung fand.

Scheinähre dicht, langwalzlich:

Wiesen-Lieschgras, Timotheusgras, *Phleum pratense* L. – Ausdauernd; lockerhorstig, selten mit Ausläufern, 30 bis 100 cm hoch. Halm aus aufsteigendem Grund aufrecht, oft an den untersten Knoten wurzelnd, süßlich schmeckend. Blattscheiden eng anliegend, Spreiten hellblaugrün, 3 bis 8 mm breit, rau. Blatthäutchen bis 5 mm lang (an den oberen Blättern). Scheinähre aufrecht oder schwach übergebogen, bis 30 cm lang. Ährchen 3 bis 4 mm lang, weißlich-blaugrün, sehr selten violett überlaufen. Blütezeit 6–9.
Sehr häufig (oft gebaut); vom Tiefland bis ins Gebirge (1700 m); auf Wiesen und Weiden, auch an Wegrändern und (seltener) in Wäldern. Gerne als Pionier in Unkrautgesellschaften. Liebt nährstoffreiche, mäßig feuchte, mittelschwere bis schwere Böden. Ordnungscharakterart der Fettwiesen und Weißklee-Weiden *(Arrhenatheretalia)*. Gemäßigte Nordhalbkugel. Hochwertiges, sehr winterhartes Futtergras, das schweres, nährstoffreiches Heu liefert; allerdings früh verholzend. Unempfindlich gegen Tritt. Besonders wertvoll zur Bebauung nasskalter, schwerer Böden (entwässerte Moore). Wegen der späteren Blüte in Wiesen mit frühen Grasarten nicht so gern gesehen. 1765 durch Timothy Hansen (Name) aus Amerika nach England eingeführt. Mehrere ähnliche Kleinarten, u. a. das **Knollige** oder **Zwiebel-Wiesen-Lieschgras** *(Ph. bertolonii* DC) mit knollig (nicht nur schwach) verdicktem Halmgrund und niedrigem Wuchs.

Scheinähre dicht, oft wollig, kurzwalzlich, dick:

Alpen-Lieschgras, *Phleum alpinum* L. – Ausdauernd; lockerhorstig, 10 bis 40 cm hoch. Halm aufrecht. Oberste Blattscheide stark aufgeblasen, Spreiten um 5 mm breit, dunkelgrün, höchstens schwach rau.
Scheinähre 3 bis 7 cm lang, aufrecht, trübviolett, selten weißlichgrün, durch die oft dicht bewimperten Hüllspelzen wollig. Ährchen bis 5 mm lang. Blütezeit 7–8.
Nur in den Alpen; ab etwa 1500 m häufig (sehr selten auf den höchsten Spitzen des Bayerischen Waldes, früher auch am Brocken); auf Weiden. Ausgesprochen düngerliebend, deshalb vor allem an vom Vieh häufig betretenen Stellen (Lägerfluren, Bachufer). Charakterisiert alpine Gesellschaften der Ordnung Fettwiesen und Weißklee-Weiden *(Arrhenatheretalia)*. Verbreitung: Gebirge von Europa, Asien, Nord- und Südamerika. Mäßig gutes Weidegras, wegen seiner weiten Verbreitung auf den Gebirgswiesen trotzdem wichtig (gedeiht auf saurem und basischem Boden und ist in Bezug auf die Bodenfeuchte nicht wählerisch). Das Sand-Lieschgras hat ebenfalls eine kurz-dicke, aber lockere Ähre (s. unten).

Scheinähre locker, oft lappig, meist lang und schlank:

Glanz-Lieschgras, Steppen-L., *Phleum phleoides* (L.) Karsten (= *Ph. boehmeri* Wib.). – Ausdauernd; in schwachen Horsten, 30 bis 60 cm hoch. Halm dünn, aufrecht, oft purpurn. Spreite 4 mm breit. Scheinähre um 10 cm (bis 20 cm) lang, bis ½ cm dick, hellgrün oder violett überlaufen. Ährchen um 3 mm lang, Blütezeit 6–7.
Zerstreut bis selten; vom Tiefland bis in die Mittelgebirge (1200 m); auf Rainen und in Kiefernwäldern. Liebt mineralreiche, kalkarme, saure bis neutrale, mäßig trockene, meist steinige Böden. Klassencharakterart der Trocken- und Steppenrasen *(Festuco-Brometea)*. In Europa bis Nordafrika und Sibirien verbreitet.
Matten-Lieschgras, Raues Lieschgras, *Phleum hirsutum* Honck. (= *Ph. michelii* All.). – Ausdauernd; dichtrasig mit kurzen Ausläufern, 30 bis 60 cm hoch.
Scheinähre bis 10 cm lang, weißlichgrün, selten violett, deutlich gelappt. Ährchen um 3 mm lang. Blütezeit 7–8.
Nur in den Alpen, dort ab 1500 m häufig. Ausgesprochen kalkliebend, auf trockenen Wiesenhängen, düngerfliehend. Schwerpunkt in den Gesellschaften der Rost-Segge *(Caricion ferrugineae)*. Verbreitung: Alpen und Süd-(ost)europäische Gebirge. Gutes Mähfutter. Zwei einjährige Lieschgrasarten sind bei uns noch selten zu finden: Das **Rispen-Lieschgras** *(Ph. paniculatum* Huds.), mit schlanker Scheinähre und 5–10 mm breiten Blättern, kalkliebend, auf Äckern und Weinbergen im Westen und Südwesten; das **Sand-Lieschgras** *(Ph. arenarium* L.) mit eiförmiger Scheinähre, auf Sanddünen der Küste (und des Rheins), Verbandscharakterart der Schillergras-Fluren *(Koelerion albescentis)*.

Alle **Fuchsschwanzgräser** *(Alopecurus* L.) haben einblütige Ährchen, die, von den unbegrannten Hüllspelzen eingehüllt, auf stark verkürzten Rispenästen stehen, so dass der Blütenstand einer walzlichen Ähre ähnelt (Scheinähre) *(alopes* = Fuchs, *oyra* = Schwanz). Die Deckspelzen sind weichbegrannt. Von den etwa 20 Arten der Gattung kommen 7 auch in Deutschland vor, aber nur 4 sind weiter verbreitet.

Scheinähre groß, schlank, mit 5 bis 7 mm langen Ährchen:

Acker-Fuchsschwanzgras, *Alopecurus myosuroides* Huds. – Ein- oder zweijährig; in schwachen Büscheln, 20 bis 50 cm hoch. Halm aufrecht oder aufsteigend, seltener niederliegend, nach oben zu schwach rau. Blattscheiden schwach rau, die oberste leicht aufgeblasen. Blätter 2 bis 8 mm breit, gegen die Spitze zu rau. Blatthäutchen 2 bis 3 mm lang, gezähnelt. Scheinähre 6 bis 9 cm lang, 5 bis 6 mm dick, nach beiden Enden verschmälert *(myosuroides* = mausschwanzähnlich). Ährchen länglich-elliptisch, grün bis bleichgrün, an der Sonnenseite oft violett überlaufen. Blütezeit 5–8.
Stellenweise recht häufig, wird aber gegen Norden und Osten seltener; vor allem vom Tiefland bis gegen 500 m (selten bis 1000 m); auf Äckern, Schutt, in Weinbergen und an Wegrändern, selten in Wiesen. Lehmzeiger, gern auf kalkarmen, aber nährstoffreichen Böden. Liebt feuchtes Klima. Ordnungscharakterart der Klatschmohn-Acker-Gesellschaften *(Secalinetalia).* Fast in ganz Europa und Westasien, in Nordamerika eingebürgert.
Lästiges Ackerunkraut, wird durch Kalkung bekämpft. Versuche zur Verwendung als Futterpflanze waren bis jetzt nicht sehr erfolgreich. Der Same lässt sich aus Wiesensaatgut wegen gleicher Samengröße nicht aussieben und macht dieses deshalb minderwertig.

Scheinähre groß, dick, mit 4 bis 6 mm langen Ährchen:

Wiesen-Fuchsschwanzgras, *Alopecurus pratensis* L. – Ausdauernd; in dürftigen Rasen, mit kurzkriechender Grundachse, treibt zuweilen kurze unterirdische Ausläufer, 30 bis 100 cm hoch. Halm aufrecht oder am Grund etwas knickig, dann an den Knoten wurzelnd. Blattscheiden glatt, die oberen schwach aufgeblasen, Spreite 3 bis 9 mm breit, oberseits rau. Blatthäutchen bis 4 mm lang, seltener zu einem kurzen Ring reduziert.
Scheinähre dickwalzlich, 4 bis 8 cm lang, bis 1 cm dick, grün, seidig begrannt. Ährchen breit eiförmig, weißlich mit grünen Nerven, seltener violett überlaufen. Blütezeit 5–6, oft im Öhmd zum zweiten Mal.
Sehr häufig; vom Tiefland bis in die Alpen (1600 m), aber oft nur ausgesät und nicht urwüchsig; auf mäßig feuchten bis feuchten Wiesen und in Baumgärten. Liebt nährstoffreichen schweren Boden. Klassencharakterart der Europäischen Wirtschaftswiesen und -weiden *(Molinio-Arrhenatheretea).* In Europa (außer arktische und mittelmeerische Gebiete), Nordasien und im Kaukasus verbreitet.
Sehr formenreiches Gras, dessen Gebirgsrassen vom Typ oft stark abweichen. Eines der besten Futtergräser (allerdings etwas hart), das vor allem sehr frosthart ist und früh gemäht werden kann. Bei guter Düngung deshalb auch für Gebirgswiesen gut geeignet. Neben Winter- und Spätfrösten erträgt es auch gut lange Schneebedeckung. Auf trockenem und ungedüngtem Boden ist es weniger ertragreich.

Scheinähre klein, zierlich, mit 2 bis 3 mm langen Ährchen:

Rostgelbes Fuchsschwanzgras, *Alopecurus aequalis* Sobolewsky (= *A. fulvus* Sm.). – Ein- bis zweijährig; in schwachen Büscheln, 10 bis 30 cm hoch. Halm niederliegend bis knickig aufsteigend, an den Knoten oft wurzelnd. Blätter um 3 mm breit, seegrün, wie die ganze Pflanze oft bläulich bereift. Blatthäutchen bis 3 mm lang, spitzig. Scheinähre dünnwalzlich, 2 bis 5 cm lang, 3 bis 4 mm dick. Ährchen 2 mm lang, länglich-elliptisch, grünlich. Staubbeutel weiß, später rotgelb. Blütezeit 5–8.
Zerstreut; vom Tiefland bis in die Alpenregion (1600 m); an Gräben und Ufern, dort oft schwimmend in das Wasser hinauswachsend, auch auf nassen Wiesen. Liebt offene, schwere Böden, auch Schlamm. Vorwiegend in den Gesellschaften des Zweizahns (z.B. *Bidention tripartitae).* Verbreitet über fast ganz Europa.
Sehr nahe verwandt ist das oft an den gleichen Standorten wachsende **Gekniete** oder **Knick-Fuchsschwanzgras,** *A. geniculatus* L. Kennzeichen: Ährchen bis 3 mm lang, Staubbeutel hellgelb, später braun. Es liebt aber mehr gedüngte oder auch salzhaltige, nasse Wiesen. Die Standorte beider Arten werden wohl häufig übersehen (Einzelpflanzen z.B. auch auf nassen, ausgefahrenen Waldwegen). Ihre Massenverbreitung haben sie an pfützigen Stellen der Flussauenweiden. Dort sind sie als Futtergras auch geduldet.

Gattung Sumpfbinse *(Eleocharis* R. Br. = *Heleocharis* T. Lest.). Die zierlichen Vertreter dieser Sauergrasgattung (6 heimische Arten von insgesamt etwa 80 auf der ganzen Welt) haben wie einige der echten Binsen nur Blattscheiden, aber keine Spreiten am Halm. Die Grundblätter gleichen sterilen Halmen. Der Blütenstand ist ein kleines, endständiges Ährenköpfchen, gebildet aus zwittrigen Blüten mit je einer Spelze (diese ist eigentlich das Tragblatt der Blüte, die Blütenhülle ist zu winzigen Borsten verkümmert); *(eleocharis* = sumpfhold).

Ausläufertreibende Pflanze mit 3- bis 4kantigem Halm:
Nadel-Sumpfbinse, *Eleocharis acicularis* (L.) Roem. et Schult. – Ausdauernd; in lockeren oder dichten Rasen, mit fadendünner, unterirdisch weitkriechender Grundachse und ebensolchen Ausläufern, selten über 10 cm hoch. Stängel aufrecht, borstlich dünn *(acicularis* = nadeldünn), meist vierkantig. Untere Scheiden purpurn überlaufen.
Endähre länglich-eiförmig, spitz, 4- bis 12blütig, bis etwa 4 mm lang. Spelzen stumpflich, oval, braun oder heller, weißrandig, mit grünem Mittelnerv, fast zweizeilig gestellt. Blüte mit 3 Staubblättern und 3 Narben. Blütezeit 6–10.
Zerstreut (oft übersehen?); vom Tiefland bis etwa 1000 m; an (zeitweilig überschwemmten) Ufern fließender und stehender Gewässer, auch auf Sand-, Schlamm- oder Schlickböden. Liebt sandhaltige, wenig nährstoffreiche (besonders kalkfreie), schwere Böden. Charakterart eines eigenen Verbands *(Eleochariton acicularis)* innerhalb der Strandlings-Gesellschaften *(Littorelletalia)*. In ganz Europa mit Ausnahme des Nordens, nördliches Asien, Australien und Amerika. Unsere Art ist trotz ihres zierlichen Baues ein hervorragender Verlandungspionier. Die Verankerung durch die zahlreichen Ausläufer und der niedere, dem Wellenanprall wenig Widerstand bietende Wuchs befähigen sie, zusammen mit anderen Pflanzen die Uferzone zu halten oder auch ganz allein in ausgedehnten, sterilen Unterwasserrasen weiter hinauszuwachsen (dabei erreicht sie eine Höhe bis zu 30 cm). Zwischen den einzelnen Büscheln fängt sich dann der Schlamm, der immer höher anwächst und so größeren Pflanzen die Besiedlung erlaubt.

Pflanze ohne Ausläufer und mit rundlichem Halm:
Eiförmige Sumpfbinse, *Eleocharis ovata* (Roth) Roem. et Schult. (= *E. soloniensis* (Dub.) Hara) – Einjährig; in dichten Büscheln am kurzkriechenden Wurzelstock, 5 bis 25 cm hoch, grün bis gelblichgrün. Halme dünn, aufrecht, leicht knickend, trocken fein gestreift. Untere Blattscheiden purpurn, seltener gelbbraun.
Endähre kugelig-eiförmig (Name!), stumpf, 2 bis 8 mm lang, bis 20blütig. Spelzen dicht gedrängt, eiförmig, stumpf, rötlichbraun mit weißem Hautrand und grünem Mittelnerv. Blüten mit 2 Narben und oft auch nur 2 Staubgefäßen. Blütezeit 6–7.
Zerstreut; im Tiefland (selten über 500 m), wird gegen Norden seltener; an Ufern von Teichen und Seen, auch auf nackten Teichböden und feuchten Waldstellen. Oft plötzlich massenweise auftretend und dann wieder ganz verschwindend. Liebt nährstoffreiche, offene, schwere Böden und Wärme. Verbreitungsschwerpunkt in den Zwergbinsen-Gesellschaften *(Nanocyperion)*. Verbreitet in der gemäßigten Zone Eurasiens. Die **Vielstängelige Sumpfbinse** (s. u.) treibt ebenfalls keine Ausläufer; wegen der Ähnlichkeit mit nachfolgender Art ist sie dort beschrieben.

Ausläufertreibende Pflanze mit rundlichen Halmen:
Gewöhnliche Sumpfbinse, *Eleocharis palustris* (L.) Roem. et Schult. agg. – Ausdauernd; in lockeren Rasen mit weitkriechendem Wurzelstock, 10 bis über 60 cm hoch (je nach Standort, auf Sand z. B. sehr klein), dunkel-, seltener gelblichgrün. Halm steif aufrecht, derb, zuweilen zusammengedrückt. Blattscheiden gelb-rotbraun.
Endähre länglich spitz, 20- bis 30blütig, 0,5 bis 2 cm lang. Spelzen länglich-eiförmig, gelb bis kastanienbraun mit weißem Hautrand und grünem Mittelstreif, die unteren stumpf, die oberen spitz. Narben 2, Staubbeutel meist 3 pro Blüte. Blütezeit 6–8.
Vom Tiefland bis in die Alpen (über 1500 m); häufig und oft sehr zahlreich (täuscht so dichte Rasen vor); auf Teichschlamm, in Gräben und an Ufern im Röhricht, auch auf nassen, gedüngten Wiesen. Nässezeiger. Liebt neutrale bis schwach saure, meist schwerere Böden. Mäßig wärmebedürftig. Kosmopolit.
Unsere häufigste Sumpfbinse. Ihre vielen ökologischen Rassen, die z. T. auch Salzböden bevorzugen, finden sich meist in Verlandungsgesellschaften. Der Wert der Pflanze als Streu ist gering; als Futter ist sie ungeeignet.
Ähnlich ist die **Vielstängelige Sumpfbinse,** *E. multicaulis* (Sm.) Desv. – Kennzeichen: ohne Ausläufer, Ähre über 1 cm lang, Narben 3. Sie ist von atlantischer Herkunft, also regenbedürftig und deshalb nur in Nordwestdeutschland häufig, sonst selten. Sie siedelt auf nährstoffarmen, sauren Torfböden. Die zerstreut (von 0 bis 1500 m) vorkommende **Armblütige Sumpfbinse,** *E. quinqueflora* (F. X. Hartm.) O. Schwarz (= *E. pauciflora* (Lightf.) Link), Kennzeichen: ausläufertreibend, Ährchen nur 3- bis 7blütig (= -spelzig), liebt kalkreiche Torfböden und ist deshalb Ordnungscharakterart der Kalk-Sümpfe *(Tofieldietalia)*.

Die **Einährigen Seggen** zeigen im Habitus größere Ähnlichkeit zum **Ährenried** als zu den anderen Seggen. Der Unterschied liegt im Aufbau der weiblichen Blüte. Alle haben ein endständiges Ährchen, hinter dessen Spelzen bei den Seggen eingeschlechtliche, beim Ährenried scheinbar zwittrige Blüten stehen. Bei den Seggen gibt es dann solche mit eingeschlechtigen oder zweigeschlechtigen Ähren.

Pflanze trockener Hochgebirgsmatten:

Nacktried, Schuppenried, Ährenried, *Kobresia myosuroides* (Vill.) Fiori (= *K. bellardii* (All.) Degl. = *Elyna myosuroides* (Vill.) Fritsch = *E. spicata* Schrad.) – Ausdauernd; in dichten Horsten, 5 bis 25 cm hoch. Halm steif aufrecht, rund, hohl; Blattscheiden hellbraun, glänzend, faserig verwitternd; Spreiten graugrün, um 1 mm breit, steif-borstlich, hohlrinnig, am Rand schwach rau, mindestens so lang wie der Halm. Ähre schlank, 1 bis 3 cm lang, am Grund zuweilen unterbrochen, mit 10 bis 20 Doppelblüten, die von der Spelze der weiblichen Blüte bedeckt sind. *(Elyna* von *elyein* = umhüllen, bedecken). Spelzen lanzettlich, glänzend hellbraun mit weißem Hautrand. Blütezeit 6–8. Nur auf Alpenmatten ab etwa 2000 m (selten tiefer); aber stellenweise sehr häufig und massenhaft auftretend. Bei uns im Allgäu häufig, sonst zerstreut. Humusbewohner; auf felsigem Boden selten zu finden. Nicht gerade kalkbedürftig, aber doch gern auf kalkhaltiger Unterlage. Verbreitet in den Gebirgen Europas, Nordasiens und Nordamerikas. Die dünne, dürftige Ähre regte den Entdecker des Pflänzchens, D. Villars, zum Vergleich mit einem Mäuseschwänzchen an *(myosuroides* = mausschwanzähnlich, *Kobresia* = nach dem deutschen Pflanzenkundler P. v. Kobres).

Pflanze nasser Wiesen und Moore, in lockeren Horsten:

Floh-Segge, *Carex pulicaris* L. – Ausdauernd; mit kurzer Grundachse, ohne Ausläufer, 10 bis 20 cm hoch. Halm rund, dünn, bogig aufsteigend, verlängert sich nach der Blüte und überragt die Blätter. Blätter schmal, borstlich rinnig.
Ähre locker, 1 bis 2 cm lang, oben ♂ unten ♀ und kurz nach der Blüte verdickt, dann die rotbraunen Spelzen abfallend, so dass die 4 bis 5 mm langen, an beiden Seiten verschmälerten, zuletzt zurückgeschlagenen Fruchtschläuche sichtbar werden. Blütezeit 5–6. Bei uns nicht gerade häufig, aber doch vom Tiefland bis in die Alpen (über 1500 m) zerstreut; in feuchten Wiesen oder Wiesenmooren. Nicht absolut kalkmeidend, doch in Kalkgebieten seltener, immer auf nährstoffreichen Moorböden. Fehlt im Mittelmeergebiet, kommt sonst in ganz Europa bis nach Sibirien vor.
Die Früchte werden durch Vögel und Tiere verbreitet, in deren Balg oder Fell sie sich leicht einbohren (wie Flöhe, *pulex!).*

Pflanze nasser Wiesen und Moore, in dichten, festen Horsten:

Torf-Segge, *Carex davalliana* Sm. – Ausdauernd; ohne Ausläufer, 10 bis 40 cm hoch. Halm rund, steif aufrecht, oben meist rau, etwa so lang wie die Blätter. Diese borstlich dreikantig, meist stark rau, dunkelgrün.
Ähren locker, bis 2 cm lang; eingeschlechtige Pflanze, in der Regel zweihäusig, d. h. ein Horst hat entweder nur ♂ (schmale) oder nur ♀ (dickere) Ähren. Spelzen hellbraun bis braun, die der ♀ Ähren nicht vor den – bei der Reife etwas spreizenden – Fruchtschläuchen abfallend. Blütezeit 4–6.
Im Süden häufig, wird gegen Norden zu seltener; vom Tiefland bis in die Alpen (vereinzelt bis 2000 m); in nassen Wiesen und Wiesenmooren, selten in Hochmooren. Bevorzugt nährstoffreiche, kalkhaltige Böden. Charakterart des nach ihr benannten Verbandes der Kalk-Flachmoor-Gesellschaften *(Caricion davallianae).* Verbreitet über Mittel- und Südeuropa bis nach Kleinasien und Sibirien. *Davalliana* nach E. Davall (1763–1798).
Als Streupflanze sehr minderwertig, da ertragsarm. Die Verbreitung erfolgt durch Vögel, an deren Gefieder sich die Früchte anheften. Das gilt auch für die folgende Art.

Pflanze nasser Wiesen und Moore, in lockeren Rasen mit Ausläufern:

Zweihäusige Segge, *Carex dioica* L. – Ausdauernd; 5 bis 30 cm hoch. Halm aufrecht, rundlich oder stumpf dreikantig, die Blätter überragend. Diese borstlich-rinnig, sehr schmal, graugrün, kaum rau, steif aufrecht.
Ähren eingeschlechtig (selten gemischtgeschlechtig), die ♀ bis 1,5 cm lang, dickwalzlich, braun, die ♂ dünner und hellfarbiger. Spelzen am Rand weißhäutig. Fruchtschläuche zuletzt fast waagrecht gespreizt. Blütezeit 5–6.
Im Norden häufig, wird gegen Süden zu seltener, kommt aber vereinzelt bis in die Alpen (ca. 1700 m) vor; auf moorigen Wiesen, Heidemooren und auch im Hochmoor. Liebt nährstoffreichen, kalkhaltigen Moorgrund. Gilt als Verbandscharakterart der Kalk-Flachmoor-Gesellschaften *(Caricion davallianae),* doch auch in anderen Moor-Gesellschaften. Fast über die ganze nördliche (nicht zu kontinentale) Hemisphäre verbreitet. Über die Namen *Carex* und Segge s. S. 162.

Ährchen gelbgrün, schmal, leicht gekrümmt, spitz; Spreiten 1 bis 3 mm breit:

Zittergras-Segge, Waldhaar-Segge, Seegras-Segge, *Carex brizoides* L. – Ausdauernd; lockerrasig aber oft durch Massenwuchs (über viele Ar) von dichtrasigem Eindruck, treibt lange Ausläufer, 20 bis 60 cm hoch. Halm aufrecht, zuweilen schlaff, dünn, dreikantig, oberwärts schwach rau. Grundscheiden braun. Spreiten meist länger als der Halm, grün bis gelbgrün, rau, schlaff und überhängend bis niederliegend.
Ähre aus 3 bis 6 gleichgestalteten Ährchen zusammengesetzt, diese vielblütig, weißlich, dann gelbgrün, bei der Reife hellbraun, unten ♂-, oben ♀blütig. Fruchtschläuche um 3 mm lang, rotbraun mit grünen Nerven, etwas abstehend, aus breit eiförmigem Grund plötzlich in den Schnabel zusammengezogen. Narben 2. Blütezeit 5–6.
Im Norden seltener, gegen Süden sehr häufig; vom Tiefland bis in die Voralpen (1400 m); in Wäldern, auch auf Kahlschlägen und Wegen, zuweilen in nassen Wiesen. Liebt feuchte, schwere, kalkfreie Böden. Gleibodenzeiger, Nässezeiger. Verbandscharakterart der Auwälder *(Alno-Ulmion)*, doch auch in trockeneren Waldgesellschaften; auf Wiesen Auwaldrelikt. In Mittel- und Südeuropa verbreitet.
Wird durch Massenvegetation oft zum (verjüngungshemmenden) Forstunkraut, das durch Abmähen eher noch im Wachstum gestärkt wird. Früher als Ersatz des echten Seegrases oder an Stelle von Rosshaar gesammelt und nach Abbrühen zum Polstern (z. T. noch heute zur Matratzenpolsterung unter dem Handelsnamen Alpengras), als Packmaterial oder zur Herstellung von Seilen und Matten verwendet. Heute gelegentlich als Streu genutzt. Ändert wenig ab, eine seltenere Form mit hellbraunen Spelzen und zur Fruchtzeit abwärts gekrümmtem Stängel leitet zur Früh-Segge über. Die öfters behauptete, schon durch den Namen angedeutete Ähnlichkeit mit dem Zittergras, *Briza* (S. 122) ist nicht vorhanden. (Eher dem Taumel-Lolch [S. 142] ähnlich, der früher auch *Briza* [?] genannt wurde.)

Ährchen braun, eispitz, gerade; Spreiten 1 bis 2 mm breit:

Frühe Segge, *Carex praecox* Schreb. – Ausdauernd; lockerrasig; an langkriechender Grundachse und Ausläufern schmächtige Blattbüschel und Halme, 10 bis 30 cm hoch. Halm aufrecht, manchmal gebogen, dünn, stumpf dreikantig, nur oberwärts rau. Grundscheiden braun, Spreiten meist kürzer als der Halm, dunkelgrün, sehr rau, derb.
Ähre aus 3 bis 6 genäherten, gleichgestalteten Ährchen zusammengesetzt, diese vielblütig, rotbraun, unten ♂-, oben ♀blütig. Fruchtschläuche um 3 mm lang, aufrecht, knapp länger als die Spelzen, plötzlich in den Schnabel verschmälert. Narben 2. Blütezeit 4–5. Zerstreut und im Norden fast fehlend; vom Tiefland bis in die Bergregion; auf sonnigen Rainen, an Wegrändern, selten in lichten Wäldern. (Sommer-)wärme- und kalkliebend. Auf trockenen, nährstoffreichen, leichten, oft steinigen Böden. Ordnungscharakterart der kontinentalen Steppenrasen *(Festucetalia valesiacae)*. Mittel- und Südeuropa bis nach Mittelasien. Ändert wenig ab; eine sehr seltene Form aus Schattenwäldern mit hellbraunen Ährchen vermittelt zur Zittergras-Segge. Verwechslungen könnten vorkommen mit der dünenbewohnenden Französischen Segge (*C. ligerica* Gay, s. S. 162); diese hat aber meist mehr Ährchen, von denen zumindest die untersten in den Achseln laubartiger Tragblätter sitzen. *Praecox*, lat. = frühzeitig, wegen der frühen Blüte.

Ährchen braun, eistumpf, gerade; Spreiten 2 bis 4 um breit:

Hasenpfoten-Segge, *Carex ovalis* Good. (= *C. leporina* L.) – Ausdauernd; lockerhorstig, öfters mit kurzen Ausläufern, meist unter 50 cm hoch. Halm aufsteigend oder aufrecht, steif, scharf dreikantig, schwach rau, Spreiten kürzer als der Halm, grün, derb, meist rau und starr aufrecht. Ährchen eiförmig, hasenpfotenähnlich (*ovalis* = eiförmig, *lepus* = Hase) Ähre aus 5 (bis 6) gleichgestalteten, genäherten Ährchen zusammengesetzt, diese viel- und dichtblütig, graubräunlich, unten ♂-, oben ♀blütig; das unterste zuweilen in der Achsel eines bis zu 3 cm langen, borstenförmigen Tragblättchens. Fruchtschläuche flach, so lang wie die Spelzen, allmählich in den Schnabel verschmälert. Narben 2. Blütezeit 5–7.
Häufig; vom Tiefland bis in die Alpen (ca. 2000 m); in Wäldern, auf Wald- und anderen (feuchten) Wiesen, auch auf Alpenweiden (dort oft stark verändert). Grundwasserzeiger, Gleizeiger. Liebt kalkfreie, naß-saure, humusreiche, schwere Böden. Für Düngung empfänglich. Hauptverbreitung in Gesellschaften der Eichen-Hainbuchen-Wälder *(Carpinion)* und der Borstgras-Rasen *(Nardetalia)*. Verbreitet in der meer(= regen-)beeinflussten gemäßigten Zone der Nordhemisphäre.
Diese Segge gehört zu den wenigen ihrer Gattung, die als gute Futtergräser für Wild und Vieh gelten. Gegen Tritt unempfindlich, taugt sie vor allem für Berg- und Gebirgsweiden, wo wertvollere Gräser nicht mehr wachsen. Auf den Alpenmatten ändert sie aber teilweise im Habitus bis fast zu Unkenntlichkeit ab (nur 10 cm hoch, mit schlaffen, kurzen Blättern und lockerer Ähre aus 3 bis 4 kleinen Ährchen). Über die Namen *Carex* und Segge s. S. 162.

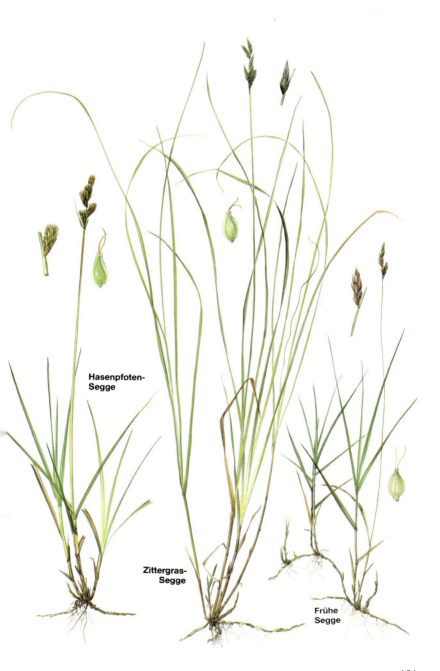

Blütenstand allseitig, mit langem Tragblatt:

Sand-Segge, *Carex arenaria* L. – Ausdauernd; lockerrasig (bei Massenwuchs zuweilen Dichte vortäuschend), mit kriechender Grundachse, 15 bis 40 cm hoch. Halm dick, scharf dreikantig, oben rau, aufrecht. Blattspreiten graugrün, 3 bis 4 mm breit, rinnig, starr, schwach bogig. Rispe ährenartig zusammengezogen, zuweilen schlaff überhängend, dicht, unten etwas lockerer mit 6 bis 20 Ährchen, meist die unteren rein ♀, die mittleren unten ♀, oben ♂, die oberen rein ♂. Blüten eingeschlechtig, von (je einer) stachelspitzigen, lanzettlichovalen, 4 bis 5 mm langen, gelblichbraunen Spelzen gedeckt. Narben 2. Blütezeit 5–6.
Im Norden sehr häufig, im Süden fehlend oder selten, versuchsweise angebaut; auf Dünen, Flugsandfeldern, Heiden, Sandwegen und in Sand-Föhrenwäldern. Trockenheit und Bodenversalzung ertragend, auf lockeren, beweglichen, kalk- und nährstoffarmen, sommerwarmen Böden; frostempfindlich. Verbreitet an den Küsten Europas und Nordamerikas. Flugsandbinder, vielfach zur Dünenfestlegung und Deichbefestigung angepflanzt. Gegen Überwehung unempfindlich.
Der dicke Wurzelstock, der oft bis zu 10 m in schnurgerader Linie kriecht, diente früher als Blutreinigungsmittel und lösende, einhüllende Medizin (Rote Queckenwurzel, Deutsche Sarsaparille).
Ähnliche Standorte besiedelt die zierlichere **Französische S.,** *C. ligerica* Gay, mit 1 bis 3 mm breiten Spreiten und einer Ähre aus 5 bis 7 Ährchen.
Sie ist ebenfalls ein guter Bodenbefestiger, liebt aber mehr nährstoffreiche (und auch schon verfestigte) Sande und geht längs der Sandufer unserer großen Ströme etwas weiter nach Süden als die vorige.

Blütenstand streng zweizeilig, mit langem Tragblatt:

Zusammengedrücktes Quellried, Flaches Q., *Blysmus compressus* (L.) Panz. ex Link. – Ausdauernd; lockerrasig mit kriechender Grundachse und meist kurzen Ausläufern, 10 bis 40 cm hoch. Halm aufrecht oder bogig aufsteigend, rau, unten nur undeutlich dreikantig. Äußerste Blattscheiden braun bis dunkelbraun, Spreiten flach, 3 bis 4 mm breit, am Rand rau, scharf gekielt.
Ähre flach zusammengedrückt (= *compressus*) mit 5 bis 12 sitzenden Ährchen, diese 6- bis 8blütig, bis 8 mm lang, rotbraun. Spelzen grün gekielt, spitz, darunter Blüten mit 3 Staubblättern, 1 Fruchtknoten und 3 bis 6 (bis 3 mm langen) Blütenhüllborsten. Blütezeit 6–7. Zerstreut; vom Tiefland bis in die Alpen (ca. 2000 m) auf Quellmooren, nassen Wegen und an Ufern. Im Süden stellenweise selten. Bevorzugt sehr nasse *(blyzein* = überfließen, vgl. auch „Quell"ried), verdichtete, kalk- und nährstoffreiche, schwere Böden. Verbreitet über das gemäßigte Eurasien.
Gern auf Fußpfaden (durch Moorwiesen). Zuweilen auch auf salzhaltigem Boden, dort aber meist das verwandte, streng salzbodengebundene **Fuchsrote Quellried,** *B. rufus* (Huds.) Link. Dieses ist zierlicher, graugrün und rundhalmig. Es findet sich vor allem im Küstengebiet (Charakterart der Strandnelken-Wiesen, *Armerion maritimae),* im Binnenland ist es äußerst selten.

Blütenstand zwei- bis dreizeilig, ohne oder mit sehr kurzem Tragblatt:

Kamm-Segge, Zweizeilige S., *Carex disticha* Huds. (= *C. intermedia* Good.). – Ausdauernd; lockerrasig, mit weitkriechender, verzweigter Grundachse, 30 bis 70 cm hoch. Halm aufrecht, ober scharf dreikantig. Blattspreiten flach, gekielt, 3 bis 5 mm breit, an Rand und Kiel rau. Rispe ährenförmig zusammengezogen, unten locker, mit 6 bis 20 (40) Ährchen, die untersten oft kurzgestielt Ährchen meist eingeschlechtig, fast alle ♀ oder die mittleren ♂, rotbraun, 5 bis 15 mm lang, oval bis länglich. Blüten eingeschlechtig, von rotbraunen, weißhautrandigen, spitzen Spelzen gedeckt Fruchtknoten mit 2 Narben. Blütezeit 5–6.
Häufig; vom Tiefland bis gegen 500 (selten 1000) m; auf Sumpfwiesen, nassen Stellen und an Ufern. Wärmeliebend, auf lockeren, nährstoff- und meist kalkhaltigen, nassen Böden. Verbandscharakterart der Großseggen-Wiesen *(Magnocaricion).* Von (Nord- und) Mitteleuropa bis Sibirien.
Als Streugras ertragreich, unempfindlich gegen Überschwemmungen, guter Boden- (und Ufer-)befestiger. Deshalb zuweilen auf Moorboden gebaut. Bleibt bei nicht ganz zusagenden Boden- und Klimaverhältnissen steril und vermehrt sich vegetativ, bildet auch so noch oft ausgedehnte Reinbestände. Die Artnamen *(disticha* = zweizeilig = kammartig) beziehen sich auf den Blütenstand. De Gattungsname *Carex* stammt aus dem Römischen und bedeutet wohl ursprünglich „Kratzende Gestrüpp"; *carere* = kratzen; vielleicht aber auch von *secare* = schneiden, in Bezug auf die o schneidend scharfen Blätter einzelner Arten. Aus derselben alteuropäischen Wurzel *sek* (schneden) leitet sich auch das Wort Segge ab.

Halm 2 bis 3 mm dick, Ährchen gedrängt, untere Tragblätter lang:

Fuchs-Segge, *Carex vulpina* L. – Ausdauernd; dichthorstig, 30 bis 80 cm hoch. Halm starr aufrecht, fast geflügelt dreikantig, rau. Blattspreite 4 bis 10 mm breit (nur bei der Salzwiesenform schmäler), am Rand und Rückenkiel schneidend rau, grün bis gelbgrün. Ähre unterwärts aufgelockert, traubig-rispig, oben sehr dicht, aus 5 bis 10 Ährchen zusammengesetzt, anfangs bräunlichgrün, später oft fuchsbraun *(vulpes* = Fuchs). Ährchen eiförmig, die unteren zusammengesetzt, wie die oberen Einzelährchen unten mit ♀, oben mit ♂ Blüten, 2 bis 10 mm lang. Spelzen rotbraun, oft mit grünem Mittelnerv (im Schatten blass), eispitz. Fruchtschläuche bis 5 mm lang, geschnäbelt. Narben 2. Blütezeit 5–6.

Häufig; vom Tiefland bis in die Voralpen (selten über 1000 m); in nassen Wiesen, lichten Wäldern und an Ufern. Gern auf schweren, nährstoffreichen (gedüngten), grundnassen, humusreichen Böden mit mehr oder weniger Kalkgehalt. Ökologische Unterformen auf Salzwiesen (schmale Blätter) und in Wäldern (Blütenstand rispig, lockerer). Verbreitet über Europa bis Sibirien und Vorderasien, auch in Nord- und Südafrika.

Als Futter wie die meisten Seggen unbrauchbar, gibt diese Art bei oft sehr geselligem Vorkommen eine gute Streu (früher auch als Polster- oder Verpackungsmaterial verwendet). Ihre Standorte können aber durch Entwässerung in gute Futterwiesen umgewandelt werden.

Halm um 1 mm dick, Ährchen genähert, untere Tragblätter kurz:

Sparrige Segge, Stachel-Segge, *Carex muricata* L. (= *C. pairaei* F. Sch.) – Ausdauernd; dichthorstig, 30 bis 80 cm hoch. Halm starr aufrecht oder schlaff, dreikantig, schwach rau. Blattspreiten 1 bis 2 mm breit, glatt oder schwach rau, gelb- bis dunkelgrün.

Ähre mehr oder weniger dicht (im Schatten unterwärts locker) mit 3 bis 10 Ährchen. Diese oval, zur Fruchtzeit stark spreizend (durch die abstehenden Fruchtschläuche) oben mit ♂, unten mit ♀ Blüten. Spelzen oval bis lanzettlich, bleich bis braungrün, mit grünem Kiel. Fruchtschläuche 3 bis 4 mm lang, meist langgeschnäbelt; *muricata* = stachelig (bezogen auf die Bohrfrucht), von *murex*, der stachelhäusigen Purpurschnecke, *pairaei* von M. Paira (1823–1879). Narben 2. Blütezeit 5–7. Häufig; vom Tiefland bis in die Alpen (ca. 1500 m).

Ähnliche Arten, die an für sie typischen Standorten zu finden sind, bilden mit der obigen Art oft Übergangsformen:

Dichtährige Segge, *Carex spicata* Huds. (= *C. contigua* Hoppe) – Ähre dicht, bräunlich, Schläuche 5 bis 6 mm lang, stark gespreizt; Blattbreite 2 bis 3 mm. In trockenen, mäßig wärmeliebenden (Unkraut)gesellschaften auf stickstoffbeeinflussten Böden jeder Reaktion sehr häufig; *spicata* = ährig.

Unterbrochenährige Segge, *Carex divulsa* Stok. – Ähre locker, hellgrün bis gelblich, Schläuche 4 bis 5 mm lang, kaum spreizend; Blattbreite 2 bis 4 mm. In mäßig trockenwarmen (Laub)waldgesellschaften auf kalkarmen, nährstoffreichen Böden zerstreut; *divulsus* = voneinander getrennt (die Ährchen).

Westfälische Segge, *Carex guestphalica* Boenn. ex Lang (= *C. polyphylla* Kar. et. Kir. = *C. leersii* F. Sch.) – Ähre dicht, unten locker, braungrün, Schläuche um 5 mm lang, sparrig; Blattbreite 3 bis 5 mm. An lichten Waldstellen auf warmen, nährstoffreichen, kalkarmen, steinigen Böden zerstreut; *guestphalica* = *aus Westfalen; polyphylla* = vielblättrig; wenig charakteristischer Name.

Halm dünn (um 1 mm), Ährchen weit voneinander entfernt, die unteren Tragblätter lang:

Winkel-Segge, Entferntährige S., *Carex remota* Grufb. – Ausdauernd; lockerhorstig, 20 bis 60 cm hoch. Halm schlaff, scharf dreikantig, nur oben rau, oft (nach der Blüte) umgebogen bis niederliegend. Blattspreiten um 2 mm breit, schlaff, hell-, im Schatten dunkelgrün. Ähre aus 4 bis 9 Ährchen, die obersten sich zuweilen berührend, die untersten bis 5 cm voneinander entfernt *(remota* = entfernt). Ährchen 3 bis 11 mm lang, länglichoval, weißlichgrün (im Licht auch gelbbraun), unten mit ♂, an der Spitze mit ♀ Blüten. Spelzen breitoval, spitz. Fruchtschläuche flach, 2 bis 4 mm lang, kurzgeschnäbelt. Narben 2. Blütezeit 5–7.

Häufig; vom Tiefland bis über 1200 m; in feuchten Laubwäldern, an Waldbächen und nassen Waldwegen. Liebt schwere, quellige, nährstoffreiche, schwach (humus-)saure, verdichtete Böden Schattenliebend. Gleizeiger. Verbandscharakterart der Auwald-Gesellschaften *(Alno-Ulmion).* Verbreitet über die gemäßigte Zone der Nordhalbkugel.

Diese leichtkenntliche Segge ist sehr wenig variabel. Sie wächst nur im Wald, findet sich dort allerdings auch auf Lichtungen. Über den Namen Segge und *Carex* s. S. 162.

Untere Scheiden dunkelbraun glänzend, nicht zerfasert, Blattbreite 4 bis 6 mm:

Rispen-Segge, *Carex paniculata* L. – Ausdauernd; in starken, dichten Horsten, 30 bis 100 cm hoch. Halm dick, steif aufrecht, dreikantig. Spreiten flach, meist graugrün, schneidend rau, steifbogig.
Rispe *(paniculata* = rispig) locker zusammengezogen, zuweilen nickend, weißlich-braun glänzend, 4- bis 10ästig; die unteren Äste oft abstehend, bis 4 cm lang. Ährchen eiförmig, von unterschiedlicher Länge, teils sitzend, teils kurzgestielt, mit spelzenartigen (selten verlaubten) Tragblättern, am Grund mit ♀, an der Spitze mit ♂ Blüten. Spelzen breitoval, stachelspitzig, breit hautrandig, so lang wie die bis 3 mm langen, glänzenden, ovalen, allmählich geschnäbelten Fruchtschläuche. Narben 2. Blütezeit 5–6.
Häufig; vom Tiefland bis in die Alpen (selten bis 2000 m); auf nassen Wiesen, an Ufern, in Waldsümpfen. Gern auf schwach sauren, nährstoffarmen Torfböden. Verträgt Schatten. Hauptvorkommen in Großseggen-Wiesen *(Magnocaricion)* und Erlenbrüchen *(Alnion glutinosae),* selten in Hochmoor-Gesellschaften *(Sphagnion magellanici).* Verbreitet über die gemäßigte nördliche Zone.
Diese Segge liefert als Streupflanze gute Ernten; die getrockneten, langen Blätter dienen ihrer Zähigkeit wegen mancherorts als Verpackungsmaterial. In der Natur spielt die Rispensegge als Verlandungspflanze eine gewisse Rolle, da sie häufig vorkommt. Sie ist im Blütenstand variabel; wasserferne Kümmerformen ähneln hierin sehr der Draht-Segge (s.u.).

Untere Scheiden stark schwarzfaserig, Blattbreite 2 bis 3 mm:

Schwarzschopf-Segge, Sonderbare Segge, Wunder-Segge, *Carex appropinquata* Schum. (= *C. paradoxa* Willd.). – Ausdauernd; dichthorstig (bültig), 30 bis 80 cm hoch. Halm aufrecht, dünn, dreikantig, nach oben zu rau. Spreiten flach, gelb-, seltener graugrün, wenig steif, schneidend rau. Rispe stark zusammengezogen *(appropinquata* = gedrängt), ährig-traubig, zuweilen auch locker und schlaff. Äste meist aufrecht abstehend mit spelzigen, seltener laubblattartigen Tragblättern. Ährchen oval bis walzlich, 4 bis 15 mm lang, unten ♀blütig, an der Spitze mit ♂ Blüten. Spelzen rotbraun, schmal hautrandig, breitoval zugespitzt, so lang wie die bis 3 mm langen, rundlich eiförmigen, plötzlich in den Schnabel übergehenden, dunkelbraunen Fruchtschläuche. Narben 2. Blütezeit 5–6.
Zerstreut; vom Tiefland bis gegen die Alpenregion (kaum 1500 m); in nassen Wiesen und Sümpfen, an Gräben und Waldtümpeln. Liebt kalkfreie, nährstoffarme Torfböden. Begleitpflanze in Gesellschaften der Großseggen-Wiesen *(Magnocaricion)* und der Erlenbrüche *(Alnion glutinosae).* Verbreitet in Mittel- und Nordeuropa.
Diese Segge liefert gute Streu, lässt sich wegen des dichthorstigen Wuchses aber schlecht mähen. Am Ufersaum fördert sie die Verlandung. Ihre Früchte enthalten Schwimmgewebe und können durch das Wasser leicht transportiert werden. Sie vermittelt im Rispenbau zwischen Rispen- und Draht-Segge, ist aber durch den Faserschopf gut von beiden zu unterscheiden. Die ebenfalls manchmal ähnliche Kamm-Segge (S. 162) unterscheidet sich schon durch ihre Ausläufer. Der dieser Segge von Willdenow verliehene Name *paradoxa* (die Seltsame), der zur deutschen Bezeichnung Wunder-Segge und Sonderbare Segge geführt hat, soll keinerlei Bedeutung in Bezug auf die Pflanze haben.

Untere Scheiden hellbraun, glänzend, kaum faserig, Blattbreite 1 bis 2 mm:

Draht-Segge, Rundstiel-Segge, *Carex diandra* Schrank. – Ausdauernd; lockerhorstig, 20 bis 60 cm hoch. Halm unten rundlich (Name!), oben mehr dreikantig und etwas rau, dünn, zäh (Name!). Spreiten hohlkehlig, fast gerollt, meist hellgraugrün.
Rispe dicht traubig-ährig zusammengezogen, schmal, mit anliegenden Ästen. Ährchen 4 bis 10 mm lang, walzlich-oval, unten mit ♀, oben mit ♂ Blüten. Spelzen schmaloval, spitz, rötlichbraun, weißhautrandig, kürzer als die bis 3 mm langen, birnförmigen, dunkelbraun glänzenden, allmählich geschnäbelten Schläuche. Narben 2. Blütezeit 5–6.
Zerstreut, stellenweise selten; vom Tiefland bis in die Voralpen (kaum bis 1000 m); in sehr nassen Wiesen, Sümpfen und Waldtümpeln, auch in Hochmoorschlenken. Auf wenig nährstoffhaltigen, schwach basischen bis neutralen Torfböden. Gilt als Charakterart der Kleinseggen-Sumpf-Gesellschaften *(Scheuchzerio-Caricetea nigrae),* ist aber nicht allein auf deren Standorte beschränkt. Verbreitet über die gemäßigte Nordhalbkugel.
Die wenig veränderliche Segge tritt meist sehr gesellig auf und kann so bei der Streugewinnung genutzt werden (wenig ertragreich). Sie besitzt wie alle Seggen 3 Staubblätter pro Blüte; ihr wissenschaftlicher Name beruht auf einer früheren Fehlbeobachtung *(di-andra* = zwei Männer). Über die Namen *Carex* und Segge s. S. 162.

Ähre mit meist 8 bis 12 länglich-walzlichen Ährchen:
Langährige Segge, Walzen-Segge, *Carex elongata* L. – Ausdauernd; dichthorstig, 30 bis 60 cm hoch. Halm schlaff, aufrecht, dreikantig, an den Kanten rau. Spreiten 2 bis 5 mm breit, stark rau, meist hellgrün, schlaff.
Ähre locker, mit aufrechten Ährchen; unterstes Tragblatt oft laubartig. Ährchen bis 12 mm lang, vielblütig, unten mit ♂, oben mit ♀ Blüten. Spelzen hellbräunlich, hautrandig, breitoval, stumpflich, kürzer als die erst grünen, dann hellbraunen, zuletzt nach auswärts gebogenen, bis 4 mm langen, undeutlich geschnäbelten Fruchtschläuche. Narben 2. Blütezeit 5–6. Häufig im Norden, wird gegen Süden zu seltener; vom Tiefland bis gegen die Voralpenregion (ca. 1000 m); an Bächen, vor allem im Wald, Sumpfstellen und Wiesengräben. Liebt schwere, grundnasse, nährstoffreiche Böden. Zeigt oberflächennahes Grundwasser an. Hauptverbreitung in den Erlenbruch-Waldgesellschaften *(Alnion glutinosae),* dort als Charakterart geltend. In Nord- und Mitteleuropa bis nach Sibirien verbreitet.
Diese Segge, die in Norddeutschland oft in Massenvegetation zu finden ist, scheint im Vorkommen an feuchtes, mäßig winterkaltes Klima gebunden zu sein.

Ähre mit meist 4 bis 6 rundlich-ovalen Ährchen:
Graue Segge, *Carex canescens* L. – Ausdauernd; lockerhorstig, zuweilen mit kurzen (Schein-)Ausläufern, 20 bis 50 cm hoch. Halm steif aufrecht, scharf dreikantig, zumindest oberwärts rau. Spreiten 2 bis 4 mm breit, grau- bis gelblichgrün, etwas schlaff, öfters schneidend rau. Ähre meist locker, sehr selten bis 10 Ährchen tragend, zuweilen mit laubartigem unterstem Tragblatt. Ährchen dichtblütig, 5 bis 10 mm lang, am Grund mit ♂, an der Spitze mit ♀ Blüten. Spelzen fast rundlich, stumpf, weißlichgrün *(canescens* = grau), später gelblich, mit grünem Kiel, länger als die um 2 mm langen, eiförmigen, kurz und undeutlich geschnäbelten, aufrecht stehenden, grünen bis bräunlichen Fruchtschläuche. Narben 2. Blütezeit 5–7. Häufig, gegen Südosten zu zerstreut; vom Tiefland bis in die Alpen (1800 m); auf nassen Wald- und Sumpfwiesen sowie in Dünenmooren. Liebt schwach saure, kalkfreie, aber nährstoffhaltige Torfböden. Charakteristisch für die Wiesenseggen-Sümpfe *(Caricion nigrae),* aber auch in verwandten Gesellschaften und somit Charakterart der ganzen Ordnung der Kalkarmen Flachmoor-Gesellschaften *(Caricetalia nigrae).* Kosmopolit (fehlt in den Tropen). Eng verwandt ist die **Bräunliche Segge,** *C. brunnescens* (Pers.) Poir., mit wenigblütigen, fast kugeligen, höchstens 4 mm langen, bräunlichen (= *brunnescens*) Ährchen. Sie besiedelt dieselben Standorte, ist aber in ihrer Verbreitung auf die höchsten Stellen der Mittelgebirge und die Hochalpen beschränkt. Selten steigt sie unter 1500 m herab.

Ähre mit meist 3 bis 4 igelartig rundlichen Ährchen:
Igel-Segge, Stern-Segge, *Carex echinata* Murr (= *C. stellulata* Good.). – Ausdauernd; lockerhorstig oder einzelstehend, 10 bis 30 cm hoch. Halm aufrecht bis aufgebogen, steif, dreikantig mit nach außen gewölbten Flächen (fast sechskantig), oberwärts schwach rau. Spreiten 1 bis 2 mm breit, steif, rau, gelbgrün, seltener graugrün.
Ähre locker, zuweilen mit laubigem Tragblatt. Ährchen bis 1 cm voneinander entfernt, 4 bis 6 mm lang, am Grund mit ♂, an der Spitze mit ♀ Blüten, oberstes Ährchen selten ganz ♂. Spelzen grünlich-olivbraun, stumpfoval, kürzer als die gelbbraunen, flach ovalen, 3 bis 4 mm langen, krummgeschnäbelten Fruchtschläuche. Narben 2. Blütezeit 5–6.
Häufig; vom Tiefland bis in die Alpen (ca. 2300 m); auf Sumpfwiesen und Mooren, gelegentlich auch im Schatten. Liebt nasse, kalkfreie, aber etwas nährstoffhaltige, schwach saure Torfböden. Verbandscharakterart der Wiesenseggen-Sümpfe *(Caricion nigrae).* Verbreitet über die gemäßigten und kalten Zonen der ganzen Welt.
Als Streu wegen der Kleinheit bedeutungslos. Die Früchte kletten sich mit ihrem gebogenen Schnabel leicht fest und bohren sich auch in die Erde. Zur Reife scheinen die Ährchen auf einem schuppigen Stiel zu sitzen, da von den männlichen Blüten nur noch die anliegenden Spelzen übrig sind. Die Namen nehmen Bezug auf die stern- (stella) bzw. igel-*(echinos)*artigen Fruchtährchen. Über die Namen *Carex* und Segge s. S. 162.

Ohne Ausläufer, Spreiten um 5 mm breit:

Steife Segge, Carex elata All. (= C. striata Good.). – Ausdauernd; 40 bis 100 cm (elata =) hoch. Horste dicht und hoch, oft stockwerkartig aufgebaut aus dichtverfilzten, wurzeldurchzogenen, halbverwitterten Resten früherer Jahre; bis über 50 cm hohe, 1 m breite, bei Niedrigwasser sichtbare Sockel bildend. Halm steif aufrecht, scharf dreikantig, oben rau. Untere Scheiden blassbraun, netzartig zerfasernd, Spreiten steif (= stricta), schneidend rau, graugrün. Ähre aufrecht, locker. Untere Ährchen rein ♀ (selten die Spitze ♂), zu 2 bis 4, sitzend oder kurzgestielt, dick, dichtblütig, walzlich, 1 bis 3 cm lang, grün-schwarzscheckig, obere Ährchen ♂, zu 1 bis 2, dünner, hellfarbiger, 1 bis 5 cm lang. Fruchtschläuche ungeschnäbelt, stumpfoval, etwas länger als die Spelzen. Narben 2. Blütezeit 4–5.
Häufig; vom Tiefland bis in die Voralpen (ca. 1600 m); an Ufern, oft inselbildend. Liebt nährstoffreiche, zeitweilig überschwemmte, schlammig-torfige Böden. Indifferent gegen Kalk, etwas wärmeliebend. Charakterisiert innerhalb des ihren Namen tragenden Verbandes der Großseggen-Wiesen (Magnocaricion (elatae)) Gesellschaften der nassesten Standorte. Verbreitet in Europa.
Liefert viel und gute (nicht mähbare) „Rauf"streue. Als Torfbildner und Verlandungspflanze sehr wichtig. Nah verwandt ist die **Rasen-Segge**, C. cespitosa L., mit purpurnen Grundscheiden und 2 bis 3 mm breiten Blättern. Diese kleinere und auch (vor allem im S und W) viel seltenere Segge wächst in Wiesen und Erlenbrüchen auf nassem, nährstoffreichem, kalkarmem Torfboden.

Mit unterirdischen Ausläufern, Spreiten meist 5 bis 10 mm breit:

Schlanke Segge, Zierliche Segge, Carex acuta L. (= C. gracilis Curt.). – Ausdauernd; lockerrasig oder einzelstehend, 20 bis 100 (150) cm hoch. Halm steif aufrecht, scharf (= acuta) dreikantig, rau. Untere Scheiden braun, lappig zerfallend. Spreiten hell- bis bläulichgrün, bis 2 m lang, bei Trockenheit zuweilen gerollt, am Rand rau.
Blütenstand eine meist etwas überhängende, lange, oft traubige Ähre mit eingeschlechtigen Ährchen, die unteren 2 bis 4 ♀, schlankwalzlich, am Grund lockerblütig, z. T. gestielt, das unterste oft nickend, alle mindestens 3, oft bis zu 10 cm lang; die oberen (selten nur 1) 2 bis 3 ♂ aufrecht, schlank, entweder schwarz-grünscheckig (wie die ♀) oder braun. Fruchtschläuche so lang wie die Spelzen, rundlich-oval, 2 bis 3 mm lang, kurzgeschnäbelt. Narben 2. Blütezeit 5–6. Sehr häufig; vom Tiefland bis in die Bergregion, in den Alpen selten (kaum über 1500 m); auf nassen Wiesen, Uferstreifen und Streuwiesen, auch in Waldsümpfen. Liebt grundwassernahe, nährstoffreiche, auch kalkführende, neutrale bis schwach basische, warme Torfböden. Verbandscharakterart der Großseggen-Wiesen (Magnocaricion), nach erfolgreicher Entwässerung oft noch als Überbleibsel in besseren Wiesentypen. Verbreitet über die Nordhalbkugel. Ergiebige Streupflanze (in tiefen Lagen oft 2 Schnitte liefernd), besonders auf frühjahrsüberschwemmten und gedüngten Standorten. Sehr veränderlich; auf ungünstigen Standorten niedrig, schmalblättrig mit aufrechten ♀ Ährchen.

Mit unterirdischen Ausläufern, Spreiten meist 2 bis 3 mm breit:

Wiesen-Segge, Carex nigra (L.) Reichd. (= C. fusca All. = C. goodenowii Gay). – Ausdauernd; lockerrasig, 10 bis 30 (50) cm hoch. Halm steif aufrecht oder unten etwas bogig, scharf dreikantig, nur oberwärts rau. Untere Scheiden braun, meist nicht netzig zerfasernd, Spreiten steif, meist graugrün und aufrecht, zuweilen gerollt oder zusammengeklappt, selten bis 4 mm breit. Blütenstand eine aufrechte, meist traubige Ähre mit eingeschlechtigen Ährchen, die unteren ♀, zu 2 bis 4, kurzwalzlich, aufrecht, meist nur das unterste kurzgestielt, schwarz-grün-scheckig (in niederen Lagen Kennzeichen gegen die Moor-Segge, S. 172), dichtfrüchtig; darüber meist nur 1, selten 2 ♂ Ährchen. Fruchtschläuche kurzgeschnäbelt, um 2 mm lang, grün, selten schwarz. Narben 2 Blütezeit 4–6.
Sehr häufig; vom Tiefland bis in die Hochalpen; auf nassen Wiesen, in Gräben und an Ufern. Liebt nasse, nährstoffreiche, schwach saure, kalkfreie Torfböden. Charakterart der nach ihr benannter Ordnung Kalkarmer Flachmoor-Gesellschaften (Caricetalia nigrae). Verbreitet in der gemäßigter und kalten nördlichen Zone (nach Australien eingeschleppt). Oft massenwüchsig, vor allem in der Alpen und in sehr nassen Wiesen des Tieflandes. Ist dort gute, allerdings wenig ertragreiche Streupflanze. Sehr veränderlich, tritt bei uns in mindestens 15 Formen auf. Auf trockenerem Boder höchstens 20 cm hoch, dichtrasig, mit kurzen breiten Blättern und gedrängter Ähre, an feuchter Stellen höher, steifer, schmal- und langblättrig mit lockerem Blütenstand, in den Alpen oft mit rein schwarzbraunen Ährchen (nigra = schwarz). Über die Namen Segge und Carex s. S. 162.

Untere (weibliche) Ährchen dunkelbraun-grün gescheckt:

Sumpf-Segge, *Carex acutiformis* Ehrh. (*C. paludosa* Good.). – Ausdauernd; lockerrasig mit weitkriechender Grundachse und Ausläufern, bildet oft dichte Wiesen, 40 bis 100 cm hoch. Halm steif aufrecht, scharf dreikantig, rau. Untere Blattscheiden hellbraun bis purpurn, netzfaserig, Spreiten blaugrün, 5 bis 10 mm breit, oft am Rand gerollt, scharf rau. Ähre oft traubig, mit laubblattartigen Tragblättern, oben 2 bis 4 (selten 1) ♂ Ährchen, dickwalzlich, aufrecht, 2 bis 4 cm lang, sitzend oder kurzgestielt; darunter 2 bis 4 ♀ Ährchen, dünnwalzlich, 1 bis 6 cm lang, meist aufrecht und ganz kurz gestielt. Fruchtschläuche kurzgeschnäbelt, bis 6 mm lang, die Spelzen wenig überragend. Narben 3. Blütezeit 5–6.
Häufig; vom Tiefland bis in die obere Bergregion, über 800 m seltener; auf nassen Wiesen, Dünenmooren, an Bach- und Seeufern. Liebt schwere, kalk- und nährstoffhaltige Böden mit bewegtem Grundwasser. Charakterart der Großseggen-Wiesen *(Magnocaricion).* Gute, 2 Schnitte liefernde Streupflanze. Verlandungsfördernd. Wenig variabel: im Schatten mit bis zu 2 cm breiten Blättern. Kleinere Exemplare ähneln stark der Schlanken Segge (früher *C. acuta* L.; *acutiformis* = ähnlich *acuta*), die aber keine netzfaserigen Grundscheiden (und nur 2 Narben) hat; s. S. 170. Die verwandte, seltenere **Ufer-Segge,** *C. riparia* Curt, ist unsere höchste Segge (über 1,5 m). Kennzeichen: Scheiden kaum netzfaserig, Spreiten 1 bis 2 cm breit. Charakterart der Großseggen-Wiesen (aber auch im Erlenbruch), liebt torfige Böden mit stauendem Grundwasser. Als Streupflanze sehr ertragreich.

Untere (weibliche) Ährchen einfarbig gelblich-grünoliv:

Schnabel-Segge, *Carex rostrata* Stokes (= *C. inflata* Huds.). – Ausdauernd; lockerrasig, mit unterirdisch kriechender Grundachse und Ausläufern (täuscht zuweilen dichte Rasen vor), 30 bis 60 cm hoch. Halm schlank, steif aufrecht, stumpf dreikantig. Unterste Blattscheiden braun(rot), wenig netzfaserig, Spreiten blaugrün, 3 bis 5 mm breit (über 1 m lang), schwach rau, öfters eingerollt.
Traube locker, mit langen laubartigen Tragblättern, 2 bis 3 ♂ und darunter 3 bis 6 ♀ Ährchen. Erstere 3 bis 5 cm lang, aufrecht, sitzend bis kurzgestielt, schlank, letztere bis 10 cm lang, aufrecht bis nickend, gestielt (selten oben sitzend), dickwalzlich, dichtblütig. Spelzen braun, kürzer als die bis 5 mm langen, kugelig aufgeblasenen *(=inflata)* (Schwimmorgan!), langgeschnäbelten (= *rostrata),* zuletzt waagrecht abspreizenden Fruchtschläuche. Narben 3. Blütezeit 5–6. Häufig; vom Tiefland bis in die Alpen (über 1600 m); in nassen Wiesen, Gräben und Sümpfen, an Ufern. Gern auf kalk- und nährstoffarmen, schweren, grundnassen Böden. Verbandscharakterart der Großseggen-Wiesen *(Magnocaricion).*
Ertragreiche Streu- und gute Verlandungspflanze, die oft in fast reinen Beständen den Ufersaum beherrscht. In höheren Lagen (wo Schilf fehlt) wichtiger Verlander. Die Schwingrasen (Hochmoore) erhalten ihre Zähigkeit meist durch das Wurzelwerk dieser Segge. In Aussehen, Standort und Bedeutung sehr ähnlich, nur etwas weniger häufig vorkommend ist die **Blasen-Segge,** *C. vesicaria* L., mit meist breiteren, hellgrünen Blättern und scharf dreikantigem Halm und nur schief abspreizenden Fruchtschläuchen. Sie ist etwas anspruchsvoller in Bezug auf Wärme, Kalk- und Nährstoffreichtum des Bodens, gedeiht aber auch noch auf weniger nassen Stellen.

Untere (weibliche) Ährchen einfarbig schwarzbraun:

Moor-Segge, *Carex buxbaumii* Wahlenb. – Ausdauernd; lockerrasig, mit langen unterirdischen Ausläufern, 20 bis 50 cm hoch. Halm steif aufrecht, scharf dreikantig. Untere Blattscheiden schwarzrot, netzartig verwitternd, Spreiten bläulich-graugrün, 3 bis 4 mm breit, am Rand stark rau, zuweilen (trocken) etwas nach außen gerollt.
Ähre nach unten zu öfters traubig, dicht oder auseinandergezogen (dann oft etwas übergebogen) mit laubartigem unterstem Hüllblatt, mit 3 bis 6 braunschwarzen Ährchen (vgl. Wiesen-Segge S. 170). Diese dichtblütig, kurzwalzlich, 1 bis 3 cm lang, die untersten rein ♀, das oberste mehr keulig verdickt, an der Basis ♂, an der Spitze ♀. Spelzen länglichoval, zugespitzt, länger als die bis 3 mm langen, kurzgeschnäbelten, ovalen Fruchtschläuche. Narben 3. Blütezeit 5–6. Zerstreut, gegen Westen und Süden selten, fehlt in den Alpen; vom Tiefland bis in die Bergregion (900 m); auf nassen Wiesen und in Mooren. Gegen Kalk indifferent, besiedelt nährstoffreiche und vor allem nasse Torfböden. (Wiesen-)gesellschaftsvager Nässezeiger, oft in Massenwuchs. Verbreitet über die gemäßigten (bis kalten) Zonen beider Hemisphären. Gilt als gute Streupflanze, ist aber (als Kleinsegge) nicht sehr ergiebig. *Buxbaumii* nach J. C. Buxbaum (1693–1730).
In Süddeutschland findet man die ähnliche **Hartmans Segge,** *Carex hartmanii* Cajander, mit gedrängtem Blütenstand und ohne ausgeprägte Keulenähre. Über die Namen Segge und *Carex* s. S. 162.

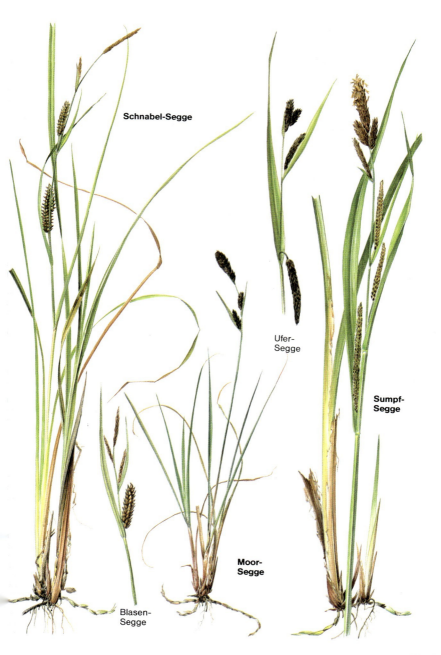

Untere (weibliche) Ährchen 5 bis 10 cm lang, dichtblütig:

Riesen-Segge, Hänge-Segge, *Carex pendula* Huds. – Ausdauernd; dichthorstig, 50 bis 150 cm hoch. Halm scharf dreikantig, aufrecht bis schräg gestellt, die Grundblätter weit überragend. Grundscheiden schwach netzfaserig, purpurn bis dunkelbraun, Spreiten derb, dunkelgrün, unterseits bläulich, 1 bis 2 cm breit, flach, gekielt, am Rand oft zurückgerollt, meist stark rau. Traube einseitswendig, mit laubblattartigen Tragblättern und einer (selten 2) ♂ Ähre an der Spitze. Diese hellbraun, bis 8 cm lang, schlank, übergebogen bis nickend. Darunter 4 bis 7 ♀blütige Ährchen, hängend (= *pendula*), das unterste bis 10 cm lang gestielt, alle grünlich. Fruchtschläuche etwas länger als die dunklen Spelzen, hellgrün, kurzgeschnäbelt. Narben 3. Blütezeit 5–6.

Häufig in der Bergregion zwischen 300 und 600 m; im Tiefland zerstreut; ab 1000 m selten. Wird gegen Norden zu sehr selten. In feuchtschattigen Laub-(Eschenmisch-)wäldern. Bevorzugt kalkfreie, nährstoffreiche, schwere Böden in sommermildem Klima. Wird oft als Differentialart für Montangesellschaften geführt. Verbreitet von Mittel- und Südeuropa durch das gemäßigte (warme) Asien, außerdem in Südafrika.

Die stattliche Segge, die allgemein Grundwassernähe anzeigt, wächst gern an den Böschungen und Rändern der Waldwege, wo Hangdruckwasser hervorsickert.

Untere (weibliche) Ährchen 2 bis 4 cm lang, lockerblütig, dünn:

Wald-Segge, *Carex sylvatica* Huds. – Ausdauernd; lockerhorstig, ohne Ausläufer, 20 bis 70 cm hoch. Halm dreikantig, glatt, ziemlich schlaff, erst aufrecht, später nach außen hängend und meist länger als die Grundblätter. Grundständige Scheiden braun, nicht gitteraderig, Spreiten schlaff, hellgrün, 4 bis 8 mm breit, am Rand schwach rau.

Traube mit bis zu 8 langgestielten, zuletzt oft hängenden, entfernten Ährchen. Das oberste (selten ein zweites) ♂, gelbgrün, aufrecht, bis 3 cm lang. Die anderen ♀, blassgrün, schlaff, 2 bis 5 cm lang. Tragblätter laubartig, lang. Fruchtschläuche wenig länger als die spitzlanzettlichen, breit-hautrandigen Spelzen, dreikantig-eiförmig, 4 bis 5 mm lang, grünlich mit langem, deutlich zweigeteiltem Schnabel. Narben 3. Blütezeit 6.

In Süd- und Mitteldeutschland häufig, im Norden seltener und in Küstennähe fast fehlend; vom Tiefland bis in die Voralpen (ca. 1500 m); in Laubwäldern *(sylvatica!)* und buschigen Hainen. Schattenbedürftig. Liebt schwere, nährstoffreiche, feuchte Böden. Klassencharakterart der Edel-Laubwälder *(Querco-Fagetea).* Verbreitet über die Nordhalbkugel. Die kaum veränderliche Segge ist eine ausgesprochene Laubwaldpflanze, die vor allem die Buche begleitet. Sie gehört zwar nicht zu den Trittpflanzen, doch siedelt sie gerne auf verdichteten Böden und wächst deshalb oft auf Waldwegen.

Auf den ersten Blick sehr ähnlich ist die **Dünnährige Segge**, *C. strigosa* Huds.; sie wächst in nassen, quelligen Wäldern und ist vor allem im Westen stellenweise häufig (wird wohl auch oft übersehen bzw. verwechselt). Sie hat etwas breitere Blätter, ihr sicheres Kennzeichen sind aber die praktisch ungeschnäbelten Schläuche.

Untere (weibliche) Ährchen 2 bis 4 cm lang, dichtblütig, dick:

Scheinzypergras-Segge, *Carex pseudocyperus* L. – Ausdauernd; horstig, 40 bis 80 cm hoch. Halm aufrecht, später oft schräg, dreikantig, vor allem an den Kanten rau, kürzer als die Grundblätter. Grundständige Scheiden hellbraun, nicht netzfaserig, aber durch deutliche Quernerven gitteraderig. Spreiten flach, 5 bis 10 mm breit, gelb- oder hellgrün, am Rand scharf rau. Traube mit 4 bis 7 genäherten, an langen Stielen hängenden Ährchen. Das oberste ♂, schmal, rötlichbraun, bis 4 cm lang, zuweilen aufrecht. Die übrigen weiblichblütig, hellgrün, später bräunlichgelb. Tragblätter laubartig, lang. Fruchtschläuche länger als die spitzlanzettlichen Spelzen, spindelförmig, um 5 mm lang, mit langem Schnabel; zuletzt waagrecht abstehend. Narben 3. Blütezeit 6.

Zerstreut (gegen S zu seltener werdend), vom Tiefland bis in die Alpentäler (ca. 800 m); an Teichen und in Sümpfen. Liebt zumindest zeitweilig überschwemmte, nährstoff- und kalkreiche Böden und warmes Klima. Charakterart der Röhrichte und Großseggen-Wiesen *(Phragmitetalia australis).* Verbreitet über die warme und gemäßigte Zone der Nordhalbkugel. Diese wärmebedürftige Pflanze aus der subtropischen Zone hatte sich, wie Funde belegen, in der klimatisch günstigeren Jungsteinzeit bei uns stark ausgebreitet. Ihre derzeitigen Standorte sind die Restposten des damaligen Areals. *Pseudocyperus* = falsches *Cyperus* (Zypergras?), alter Name. Über die Namen *Carex* und Segge s. S. 162.

Blätter und Blattscheiden kahl, unterstes Tragblatt viel kürzer als der Gesamtblütenstand, aufrecht:

Entferntährige Segge, *Carex distans* L. – Ausdauernd; lockerhorstig, 20 bis 70 cm hoch. Halm aufrecht, dreikantig; untere Blattscheiden braun, obere mit einem Züngchen gegenüber dem Spreitenansatz, Spreiten grün-graugrün, 3 bis 5 mm breit.
Traube ährig, auseinandergezogen (= *distans,* vgl. auch S. 164), das oberste Ährchen ♂, braun, 2 bis 3 cm lang, schmal; darunter 2 bis 3 kurzgestielte ♀ Ährchen, walzlich, 1 bis 3 cm lang, grünbraun gescheckt, zuweilen nickend. Fruchtschläuche lang-eiförmig, langgeschnäbelt, bis 5 mm lang, länger als die eiförmigen Spelzen. Narben 3. Blütezeit 5–7.
Zerstreut; vom Tiefland bis in die Voralpen (vereinzelt bis 1200 m); in feuchten Wiesen und Sümpfen, im Küstengebiet häufig auf Strandwiesen. Liebt salzhaltige, kalkführende, nährstoffreiche, schwere Böden; kälteempfindlich. Zeigt im Binnenland Salz- oder Gipsböden an. Gern auf Fußpfaden durch Wiesen (verdichteter Boden). An der Küste Charakterart des Verbandes der Strandnelken-Wiesen *(Armerion maritimae).* Verbreitet in der warm-gemäßigten Zone der Nordhalbkugel.
Die **Saum-Segge,** *C. hostiana* DC, (nach P. Host), hat eine gewisse Ähnlichkeit zu unserer Art. Sie treibt meist kurze Ausläufer und der Blütenstand ist nicht so stark auseinandergezogen. Sie findet sich zerstreut in Kalk-Flachmooren vom Tiefland bis ins Gebirge (1400 m). Wo sie vorkommt, ist sie meist massenhaft vertreten, so dass sie stellenweise zur Streu (Ertrag gering) gemäht wird.

Blätter und Blattscheiden kahl, unterstes Tragblatt etwa so lang wie der Gesamtblütenstand, zuletzt waagrecht abstehend:

Gelb-Segge, *Carex flava* L. agg. – Ausdauernd; lockerhorstig, 5 bis 60 cm hoch. Halm aufrecht bis aufsteigend, dreikantig. Grundständige Scheiden gelbbraun, Spreiten gelbgrün, 2 bis 5 mm breit.
Traube ährig zusammengezogen, die oberen Ährchen oft sitzend, das oberste ♂ dünn, hellbraun, darunter meist 2 bis 3 ♀, kugelig-eiförmig, zur Fruchtzeit durch die abspreizenden, geschnäbelten Fruchtschläuche igelig, grüngelb (= *flava).* Narben 3. Blütezeit 5–7. Häufig; vom Tiefland bis in die untere alpine Region (selten über 2000 m); auf nassen Wiesen, Mooren, Waldwegen und an Ufern. Sammelart, die sich in zahlreiche Arten mit verschiedenen ökologischen Ansprüchen aufspalten lässt. Verbreitet in Europa, Vorderasien und Nordamerika.
Die Art im engeren Sinne wird 30 bis 60 cm hoch mit scharfkantigem, glattem Halm und 3 bis 5 mm breiten Blättern, bewohnt nasse, schwach saure, kalkführende Böden; die **Schuppenfrüchtige Gelb-Segge,** *C. lepidocarpa* Tausch, 15 bis 30 cm hoch, mit stumpfkantigem, oben etwas rauem Halm und 2 bis 3 mm breiten Blättern, wächst auf nassen, milden, kalkreichen Böden, und die **Kleine Gelb-Segge,** *C. viridula* Michx. (= *C. oederi* Retz), 5 bis 15 cm hoch, mit stumpfkantigem, glattem Halm und um 2 mm breiten Blättern findet sich auf kalkhaltigen und kalkfreien Böden. Übergangsformen sind nicht selten.
Nur im Küstengebiet verbreitet ist die nahestehende **Strand-Segge,** *C. extensa* Good. Die 10 bis 20 cm hohe Pflanze ist graugrün und hat rinnige bzw. eingerollte, höchstens 2 mm breite Blattspreiten. Sie besiedelt feuchte Weiden.

Blätter und Blattscheiden zerstreut behaart:

Bleiche Segge, *Carex pallescens* L. – Ausdauernd; horstig, 20 bis 40 cm hoch. Halm aufrecht, dreikantig, oben rau. Grundscheiden braun, Spreiten hellgrün, schlaff, 2–4 mm breit. Traube zusammengezogen, das oberste Ährchen ♂, blassbraun, schmal, darunter 2 bis 3 gestielte, grünliche ♀ Ährchen, das unterste zuletzt nickend, alle kurzwalzlich, bis 2 cm lang, durch die dichtstehenden ungeschnäbelten Fruchtschläuche von charakteristischem (maulbeerartigem) Aussehen. Tragblätter laubartig, etwa so lang wie der Blütenstand. Spelzen grün, eiförmig, etwas kürzer als die ca. 3 mm langen Fruchtschläuche. Narben 3. Blütezeit 5–7. Häufig; vom Tiefland bis in die Alpen (2000 m); in lichten Wäldern, Gebüschen, feuchten Wiesen und buschreichen Alpenweiden. Liebt mäßig beschattete, feuchte, kalkarme, schwere oder verdichtete, saure Böden. Gesellschaftsvager Magerkeitszeiger. Verbreitet über die gemäßigte Zone der Nordhemisphäre.
Die Segge wird gern vom Wild und vom Alpenvieh abgeweidet, gehört also zu den wenigen Vertretern ihrer Gattung, die einigen Futterwert besitzen. Den Namen *(pallescens* = bleichwerdend) verdankt sie ihrem blassen Aussehen. Über die Namen *Carex* und Segge s. S. 162.

Untere (weibliche) Ährchen hängend, langwalzlich:

Blaugrüne Segge, Blau-Segge, *Carex flacca* Schreb. (= *C. glauca* Scop.). – Ausdauernd; lockerrasig, mit langkriechenden Ausläufern, 10 bis 60 cm hoch. Halm meist aufrecht, stumpf dreikantig. Grundständige Scheiden braun oder rötlich, Spreiten blaugrün (= *glauca),* 2 bis 6 mm breit, steif gebogen (im Schatten grün und gerade). Traube meist aufgelockert, mit 2 bis 3 (selten 1) schmalzylindrischen ♂ Ährchen, darunter 1 bis 3 langgestielte (vgl. Wiesen-Segge, S. 170) und dichtblütige (vgl. Hirsen-Segge, S.180) ♀ Ährchen. Tragblätter laubartig, unterstes mindestens so lang wie der Blütenstand. Fruchtschläuche eiförmig, stumpf, kurzgeschnäbelt, erst gelblich, später fast schwarz, 3 bis 5 mm lang, knapp länger als die eiförmig spitzen, meist dunkelrotbraunen, grünnervigen Spelzen. Narben meist 3. Blütezeit 5–6.
Sehr häufig; vom Tiefland bis in die Alpen (ab 1500 m selten); auf feuchten Wiesen und Rainen, in lichten Wäldern, teils auch auf zeitweilig trockenem Boden. Liebt kalkreiche, frühjahrsfeuchte, sommerwarme, schwere, oft verdichtete Böden. Verbreitet von Europa und Nordafrika bis nach Sibirien, in Nordamerika eingeschleppt.
Diese zu vielen Missbildungen neigende Segge kommt bei uns in einer atlantischen Rasse mit schmalen Blättern, einer mitteleuropäischen (Typus), einer alpinen mit dickeren Ährchen und einer Mittelmeerrasse (in Trockenwäldern) mit stachelspitzigen Spelzen vor, die aber alle durch Übergänge und Bastarde miteinander verbunden sind. Als Streupflanze ist sie von geringem Ertrag, sie liefert auch nur hartes, nährstoffarmes Futter. Ihre zähen Blätter verwendet man ab und zu als Bastersatz zum Aufbinden von Nutzsträuchern *(flacca* = schlapp, hängend – der Ährchen wegen).

Untere (weibliche) Ährchen hängend, rundlich-breitoval:

Schlamm-Segge, *Carex limosa* L. – Ausdauernd; sehr lockerrasig, mit langen ober- oder unterirdischen Ausläufern, 20 bis 40 cm hoch. Halm schlank, aufrecht oder schief, dreikantig, oben rau. Grundständige Scheiden oft spreitenlos, gelbbraun. Spreiten um 1mm breit, oft borstlich gerollt, graugrün, am Rand rau.
Traube locker, oberstes Ährchen ♂, dünn zylindrisch, darunter 1 bis 2 ♀ Ährchen, 1 bis 1,5 cm lang, dichtblütig. Unterstes Tragblatt laubartig, kurz. Fruchtschläuche flach, elliptisch, um 4 mm lang, etwa so lang wie die zugespitzten Spelzen. Diese meist rotbraun mit grünem Mittelnerv (selten mit Hautsaum). Narben 3. Blütezeit 4–6.
Zerstreut: vom Tiefland bis in die Alpen (selten über 1500 m); in Mooren, vor allem in Hochmooren. Liebt kalkfreie, saure, etwas nährstoffhaltige, schlammige *(limosa* = im Schlamm), überflutete Torfböden. Charakterart von Moorschlenken-Gesellschaften *(Rhynchosporion albae).* Verbreitet in Europa, Nordasien und Nordamerika.
Diese leicht kenntliche Segge ist auf den deutschen Standorten als Relikt der Eiszeit anzusehen. Sie ist nässebedürftig und verschwindet bei Trockenlegung des Moors sofort. Hochmoorstellen, auf denen sie wächst, sind meist nicht tragsicher und sollten mit Vorsicht betreten werden.

Untere (weibliche) Ährchen aufrecht, walzlich, behaart:

Behaarte Segge, Raue Segge, *Carex hirta* L. – Ausdauernd; lockerrasig mit langen Ausläufern, 10 bis 80 cm hoch. Halm aufsteigend bis aufrecht, stumpf dreikantig, oben rau. Grundständige Scheiden bräunlichrot, obere behaart, Spreiten grün, meist dicht behaart (= *hirta),* 2 bis 7 mm breit. Ähre unten traubig, locker, oben mit 1 bis 3 genäherten, schlanken, blassbraunen ♂ Ährchen, bis 1 cm lang, ♀ Ährchen zu 2 bis 4, oft über 3 cm lang, lockerblütig, das unterste oft kurz gestielt. Tragblätter laubartig, lang. Fruchtschläuche länglich eiförmig, behaart, 5 bis 7 mm lang, langgeschnäbelt, gelbgrün, später braun, länger als die schmalen, zugespitzten, trockenhäutigen Spelzen. Narben 3. Blütezeit 4–6.
Sehr häufig, vom Tiefland bis in die Voralpen (kaum über 1000 m); auf Wegen, Rainen und Uferböschungen. Liebt zeitweilig trockene, stickstoffreiche, verdichtete, lehmige Sandböden. Verbreitet in Eurasien und Nordafrika.
Die als Sandzeiger brauchbare Segge wechselt (je nach der Höhe ihrer Begleitpflanzen) stark in der Größe. Sie tritt oft als ausgesprochene Tretpflanze an Fußpfaden auf, hier gelegentlich in einer kahlen Abart, bei der nur die Fruchtschläuche behaart sind. Die verwandte **Faden-Segge,** *C. lasiocarpa* Ehrh. (= *C. filiformis* auct.), ist ebenfalls bis auf die Schläuche kahl, hat aber graugrüne, unter 2 mm breite Blätter und findet sich in Mooren (oft in Gesellschaft der Schlamm-Segge, s. o.). Sie ist nur im Alpenvorland häufiger (oft steril), wo sie als gute Streupflanze gilt. *Lasiocarpa* = zottige Frucht, wegen der behaarten Schläuche, *filiformis* = fädlich, der schmalen Blätter wegen. Über die Namen *Carex* und Segge s. S. 162.

Tragblätter der unteren Ährchen laubartig:

Hirsen-Segge, *Carex panicea* L. – Ausdauernd; lockerrasig, mit langen Ausläufern, 15 bis 50 cm hoch. Halm aufrecht oder aufsteigend, dreikantig. Grundständige Scheiden braun. Spreiten graugrün, 1 bis 5 mm breit, an der Spitze rau.
Traube locker, oberstes Ährchen ♂ aufrecht, zylindrisch, bis 2 cm lang, dunkelbraun, darunter 1 bis 3 walzliche ♀ Ährchen, bis 3 cm lang, lockerblütig, gestielt, zuletzt hängend. Fruchtschläuche eikugelig (hirsekornartig – *panicea*), gelbgrün, zuletzt braun, kurz geschnäbelt, bis 4 mm lang, länger als die dunkelbraunen, grünnervigen, eiförmig spitzen Spelzen. Narben 3. Blütezeit 5–6.
Sehr häufig; vom Tiefland bis in die Alpen; auf nassen Wiesen, an Ufern und in Mooren. Liebt nasse, nährstoffreiche (gedüngte), höchstens schwach saure Böden. Verbreitet im gemäßigten Eurasien, in Nordamerika eingebürgert. Da die Segge düngerliebend ist und vom Vieh ungern gefressen wird, kommt sie auf nassen Viehweiden oft massenhaft vor. Sie kann leicht mit Formen der Blaugrünen Segge (s. S. 178) verwechselt werden, mit der sie auch einen (seltenen) Bastard bilden soll. Sie hat aber stets nur 1 ♂ Ährchen (die Blau-Segge 1–3, meist 2), ihre ♀ Ährchen sind lockerfrüchtig, um 1 cm lang gestielt, und das unterste Tragblatt ist kürzer als der Blütenstand.

Tragblätter trockenhäutig, von den Ährchen weit überragt:

Finger-Segge, *Carex digitata* L. – Ausdauernd; in kleinen dichten Horsten, 10 bis 30 cm hoch. Halm auswärts gebogen, dünn, fast stielrund, schlaff, grundständige Scheiden purpurn. Spreiten derb, hellgrün, später dunkelgrün (überwinternd), rau, 3 bis 4 mm breit. Traube fingerförmig *(digitata* = gefingert) zusammengezogen, das oberste Ährchen ♂, dünn, braun-weiß-scheckig, überragt vom obersten der 2 bis 4 lockerblütigen, rotbraun-grün-gescheckten ♀ Ährchen; das unterste stets gestielt, zuweilen entfernt. Tragblätter rötlich, schuppig-scheidenförmig. Fruchtschläuche behaart, verkehrt eiförmig, kurzgeschnäbelt, 3 bis 4 mm lang, oft etwas länger als die rotbraunen, verkehrt eiförmigen Spelzen. Narben 3. Blütezeit 4–5. Häufig in den Kalkgebieten des Südens, sonst zerstreut, im NW selten; vom Tiefland bis über die Bergregion (selten zwischen 1000 und 1800 m); in Laubwäldern. Liebt kalkreiche, sommerwarme, schwere Böden, zieht in kalkarmen Gebieten auf Standorte nährstoffreicher Laubmulldecke. Charakterart der Buchen-Wald-Gesellschaften *(Fagetalia sylvaticae).* Verbreitet im gemäßigten Eurasien.
Diese lehmanzeigende Segge wird durch Ameisen weit verbreitet. An ähnlichen Standorten, aber seltener vorkommend, gedeihen noch die **Vogelfuß-Segge,** *C. ornithopoda* Willd. (in allen Teilen kleiner, weibliche Ährchen hellbraun, unter 1 cm lang, bei der Finger-Segge über 1,5 cm lang), mehr in Kiefer-Eichen-Wäldern, sowie die **Weiß-Segge,** *C. alba* Scop., mit Ausläufern und aufgelockerter Traube aus weißspelzigen Ährchen, bei uns im Alpenvorland; nördlich der Donau nur einzelne Vorposten.

Tragblätter trockenhäutig, die Ährchen fast einschließend:

Erd-Segge, *Carex humilis* Leyss. – Ausdauernd; dichthorstig, Halm 5 bis 15 cm hoch, aufrecht schwach dreikantig, dünn. Grundblätter mit purpurnen Scheiden, 10 bis 25 cm lang, um 1 mm breit, meist borstlich gerollt, starr, derb, grau- oder hellgrün, rau.
Blütenstand mit einem endständigen, großen, rostbraun-weiß-gescheckten ♂ Ährchen von über 1 cm Länge, darunter (oft über 2 cm entfernt) 2 bis 3 braun-silberglänzende, kugelige, 2- bis 4blütige ♀ Ährchen, das untere oft kurzgestielt. Tragblätter oft über 1 cm lang, schwach rotbraun, glänzend. Fruchtschläuche verkehrt eiförmig, dreikantig, kurzhaarig, bis 3 mm lang, etwa so lang wie die abgerundeten, oft stachelspitzigen, breithautrandigen Spelzen. Narben 3. Blütezeit 4–5.
Zerstreut, gegen N und NO selten; vom Tiefland bis in die Voralpen (unter 1500 m); auf Heiden, Trockenrainen und in lichten Trockenwäldern. Liebt trockenwarme, leichte, kalkreiche Böden. Begleiter kalkbedürftiger Steppengesellschaften. Verbreitet in den Wärmegebieten Eurasiens. Im Süden und Südosten Europas weitverbreitete Segge, die bei uns wohl nur Relikt eines Vorstoßes aus diesem Gebiet während wärmerer Zeiten ist. *Humilis* = auf der Erde, wegen des niedrigen Halmes. Über die Namen Segge und *Carex* s. S. 162.

Ohne Ausläufer, Grundblätter hellgrün mit roten Scheiden:

Berg-Segge, *Carex montana* L. – Ausdauernd; locker- bis dichthorstig, zuweilen stehen viele Exemplare ringförmig oder girlandenartig zusammen, 10 bis 30 cm hoch. Halm erst starr aufrecht, stumpf dreikantig, zur Fruchtzeit schlaff überhängend oder niederliegend. Spreiten schlaff aufrecht, bis 2 mm breit, oben schwach rau.
Ähre kopfig gedrungen, aus einem oberen, dick keuligen, schwarzbraunen ♂ Ährchen und 1 bis 2 oval bis kugeligen, schwarzvioletten ♀ Ährchen zusammengesetzt. Unterstes Tragblatt meist häutig, zuweilen mit grüner Mittelrippe. Fruchtschläuche ca. 4 mm lang, knapp länger als die verkehrteiförmigen, stachelspitzigen Spelzen, hellgrün, langoval, braunspitzig. Narben 3. Blütezeit 4.
Im Norden selten, sonst häufig; vom Tiefland bis in die Alpen (über 1600 m); in lichten Laubwäldern und auf trockenen Rasenstellen. Liebt trockene, warme, nährstoffreiche, schwere Böden mit und ohne Kalk. Im Tiefland vor allem in Laubwaldgesellschaften, im Gebirge mehr auf Magermatten. Verbreitet in Europa.
Die oft massenhaft auftretende Segge gilt als Zeiger für Lehm und Bodenverdichtung. Sie ist auch steril leicht erkennbar an den zarten, hellgrünen, rotscheidigen Blättern. Sie ändert wenig ab. Gelegentlich sind die Spelzen ungefärbt. Die sehr seltene, eigentümliche Unterart **Fritschs Berg-Segge** (ssp. *fritschii* Waisb.) hat zwar die roten Scheiden des Typs, aber den starken Faserschopf der Schatten-Segge und das laubartige Tragblatt der Pillen-Segge (s.u.).

Ohne Ausläufer, Grundblätter grün bis dunkelgrün mit hell- bis dunkelbraunen Scheiden:

Pillen-Segge, *Carex pilulifera* L. – Ausdauernd; dichthorstig, 10 bis 40 cm hoch. Halm dünn, dreikantig, aufrecht oder aufsteigend, zur Fruchtzeit nach außen gebogen und oft alle Halme des Horsts im Kreis niederliegend. Spreiten um 2 mm breit, schlaff, schwach rau. Ähre kopfig gedrungen, aus 1 obersten dünnen, 5 bis 10 mm langen, graubraunen ♂ Ährchen und 2 bis 4 kugeligen (*pilulifera* = pillentragend), ca. 5 mm langen, grün-braun gescheckten ♀ Ährchen zusammengesetzt. Unterstes Tragblatt laubartig, mindestens so lang wie die ganze Ähre. Fruchtschläuche bis 2 mm lang, knapp länger als die eiförmig-spitzen, weißhautrandigen Spelzen, dreikantig-kugelig. Narben 3, selten auch 2. Blütezeit 4–5.
Häufig; vom Tiefland bis in die Voralpen (über 1400 m selten); in trockenen Wäldern und Buschheiden, auch auf Kahlschlägen, Lichtungen und Magerrasen. Liebt trockene, sandige, saure, kalkarme, aber mineralreiche, schwach stickstoffhaltige Böden. Magerkeitszeiger. Hauptverbreitung als Begleiter der Gesellschaften der Borstgras-Rasen *(Nardo-Callunetea)*. Verbreitet in Europa und Nordasien.
Die sehr ähnliche **Schatten-Segge,** *C. umbrosa* Host, hat ihre Hauptverbreitung in mäßig trockenen Laubwäldern der Hügel- und Bergregion, in den Alpen zieht sie auch auf offene Weiden. Ihre Grundachse ist stark faserig und soll jung nach Terpentin riechen (die der Pillen-Segge nach Harz), der Halm ist stumpf dreikantig, das unterste Tragblatt hat eine deutliche Scheide.

Ausläufer treibend, Grundblätter grün bis graugrün mit hell- bis graubraunen Scheiden:

Frühlings-Segge, Nelken-Segge, *Carex caryophyllea* Latour. (= *C. verna* Chaix). – Ausdauernd; lockerrasig, 10 bis 30 cm hoch. Halm aufrecht, stumpf dreikantig, höchstens schwach rau. Spreiten bis 4 mm breit, rinnig, derb, steif, etwas zurückgekrümmt.
Ähre oft traubig, aus 2 bis 4 genäherten aufrecht stehenden Ährchen zusammengesetzt; Tragblätter klein, häutig, selten blattartig. Oberstes Ährchen ♂, keulenförmig, bis 1 cm lang, rostbraun; die übrigen ♀, oval-walzlich, um 1 cm lang (gewürznelken)-braun (*caryophyllus* = Gewürznelke). Spelzen eiförmig, fast stachelspitzig, kaum länger als die bis 3 mm langen, dreikantigen Fruchtschläuche. Narben 3. Blütezeit 3–4.
Häufig; vom Tiefland bis in die Alpen (unter 2000 m); auf trockenen, sonnigen Grasplätzen, Wegrändern und in lichten Wäldern und Gebüschen. Liebt saure, kalk- und nährstoffarme, aber mineralreiche, mittelschwere, sandige Böden in sommerwarmen Lagen. Verbreitet im Kontinentalklimabereich der nördlich gemäßigten Zone. Klassencharakterart der Trocken- und Steppenrasen-Gesellschaften *(Festuco-Brometea)*. Kann sehr verändert auftreten; wird im Waldschatten bis über 40 cm hoch, an extrem trockenen Standorten kaum 5 cm; wächst an feuchten Stellen fast horstig mit vielen kurzen Ausläufern, in Wiesen oft mit stark faserschopfigem Wurzelstock (von der Schatten-Segge, s. o., nur durch die Ausläufer unterschieden). Die viel seltenere **Heide-Segge,** *C. ericetorum* Poll., in sandigen Kiefernwäldern, unterscheidet sich durch stumpfe, rotbraune, hautrandige Spelzen. Von *Erica,* Heidekraut, Heide, des Standorts wegen. Über die Namen *Carex* und Segge s. S. 162.

Blattscheiden dunkelbraun, Spreiten 4 bis 7 mm breit:

Trauer-Segge, Schwarze Segge, *Carex atrata* L. – Ausdauernd; dichtrasig, mit kurzen Ausläufern, 10 bis 40 cm hoch. Halm aufsteigend bis aufrecht, zuletzt überhängend, oben scharf dreikantig, meist etwas länger als die hellgrünen Grundblätter. Traube entweder ährig zusammengezogen oder mit 2 bis 4 nickenden, dicken, bis über 2 cm langen Ährchen. Das oberste am Grund ♂, oben ♀, die übrigen rein ♀, das unterste mit laubartigem, den Blütenstand oft überragendem Tragblatt. Spelzen schwarzbraun (*ater* = schwarz), zuweilen mit grünem Rand und grünem Mittelstreif, breit eiförmig, etwas länger als die bis 3 mm langen, meist braunen Fruchtschläuche. Narben 3. Blütezeit 6–8.
Nur in den Alpen ab etwa 1500 m. Häufig auf Felsen, Geröllhalden und steinigen Weiden. Verbreitet auf den Gebirgen Eurasiens.
Zerfällt in mehrere Rassen mit verschiedenen ökologischen Ansprüchen und verschiedenem Aussehen, die aber durch zahlreiche Übergänge miteinander verbunden sind. Die Rasse mit sitzenden Ährchen auf schneefeuchten oder trockenen Alpenweiden und in Felsritzen, die mit langgestielten Ährchen auf mäßig feuchten, steinigen (meist entkalkten) Rasen, die östliche Zwischenform mit teils aufrechten, teils nickenden Ährchen in feuchten Hochgrasfluren und an Stellen mit hochwachsenden Stauden. Die Moor-Segge (s. S. 172) hat Ähnlichkeit mit manchen Formen dieser Segge, unterscheidet sich aber durch lange Ausläufer und bleibt, zumindest in Deutschland, unter den Standorten der Trauer-Segge.

Blattscheiden dunkelpurpurrot, Spreiten 1 bis 2 mm breit:

Rost-Segge, *Carex ferruginea* Scop. – Ausdauernd; lockerrasig, mit dünnen, langen, unterirdischen Ausläufern, 30 bis 60 cm hoch. Halm rundlich, schlaff, fast so lang wie die dunkelgrünen, rauen, schlaffen Grundblätter. Traube locker, mit einem oft übergebogenen dünnen ♂ Ährchen und darunter 2 bis 4 lang und dünn gestielten und oft zur Blüte schon nickenden ♀ Ährchen; diese ockerblütig und dünn, mit laubartigen, kurzen Tragblättern. Ährchenlänge 1 bis 2 cm. Spelzen der ♂ Blüten rostbraun (*ferruginea* = eisenrostig), stachelspitzig, die der ♀ Blüten eiförmig, rostbraun mit grünem Mittelstreif, fast so lang wie die eiförmigen, 3 bis 4 mm langen, dunkelbraunen Fruchtschläuche. Narben 3. Blütezeit 6–9.
Nur in den Alpen. Häufig ab etwa 1000 m; auf Rasenplätzen und Weiden. Liebt kalkreiche, schwach feuchte, lockere Böden. Namengebende Verbandscharakterart der Rostseggen-Gesellschaften *(Caricion ferrugineae)*. Verbreitet in den Alpen und den anschließenden Gebirgen. Die Pflanze erträgt Beschattung gut und zieht deswegen auch in die Nadelgehölze der alpinen Zone. An der Alpensüdflanke steigt sie an feuchtschattigen Stellen weit ins Tal hinab. Sie gilt als gutes Weidefutter und ist auch als Wildheu sehr geschätzt. Als solches wird sie vor allem an Nordhängen geerntet.
Die Immergrüne Segge (s. S. 186) treibt selten vereinzelte Ausläufer und könnte dann als Rost-Segge bestimmt werden, ihre Spreiten sind aber 2–3 mm breit und glänzend glatt.

Blattscheiden hellbraun, Spreiten 2 bis 4 mm breit:

Eis-Segge, *Carex frigida* All. – Ausdauernd; lockerrasig, mit kurzen, beblätterten Ausläufern, 10 bis 30 cm hoch. Halm oben 4- bis mehrkantig, schlaff, später oberwärts gebogen, rau, mindestens doppelt so lang wie die kurzen, rauen Grundblätter.
Traube locker, mit einem dicken, endständigen, ♂ Ährchen, darunter 3 bis 4 ♀ Ährchen, das oberste davon zuweilen noch sitzend, die nach unten folgenden immer länger gestielt, zuletzt nickend. Tragblätter laubartig, das unterste überragt meist den Blütenstand, ♀ Ährchen 1 bis 2 cm lang, dichtblütig, walzlich. Spelzen lanzettlich spitz, dunkel rotbraun, kaum kürzer als die glänzend braunen, lang zugespitzten, 5 bis 6 mm langen Fruchtschläuche. Narben 3. Blütezeit 6–7.
Nur in den Alpen und den höchsten Stellen des Schwarzwaldes von ca. 1300 m an, ab 1600 m häufig; an Quellen und Bachufern. Gern auf berieselten, kalkarmen, neutralen Lockerböden. Bildet innerhalb des Verbandes der Alpinen Schwemmufergesellschaften *(Caricion bicolori-atrofuscae)* eine eigene Assoziation. Verbreitet von den Pyrenäen bis zum Ural. Selten treibt die Immergrüne Segge Ausläufer und könnte so als Eis-Segge bestimmt werden, sie hat aber dunkelrote Blattscheiden. *Frigida* von *frigor* = Kälte, also Kälte liebend, des alpinen Standortes wegen. Über die Namen *Carex* und Segge s. S. 162.

Blätter 3 bis 4 mm breit, kurz, starr:

Polster-Segge, *Carex firma* Host. – Ausdauernd; in dichten, breiten Horsten, 5 bis 20 cm hoch. Halm aufrecht, dünn, stumpf dreikantig, oben übergebogen, länger als die Grundblätter. Scheiden gelbbraun, nicht zerfasert, Spreiten rosettig ausgebreitet dem Boden anliegend. Traube locker, das oberste Ährchen ♂, dick, kurz, darunter 1 bis 3 ♀ Ährchen, langgestielt, bis 1 cm lang, dichtblütig, zuweilen nickend, ihre Tragblätter laubartig, kurz, Fruchtschläuche schmal eilänglich, bis über 4 mm lang, kaum länger als die stumpfen, rostbraunen Spelzen mit hellem Mittelnerv. Narben 3. Blütezeit 6–8.

Sehr häufig in den Alpen ab etwa 1500 m; auf nacktem Fels und steinigem Boden, zuweilen auf Flussgeröll der Alpenflüsse im Vorland. Liebt trockene, kalkreiche, krumearme Steinböden. Bildet innerhalb des Verbandes der Blaugras-Halden *(Seslerion variae)* eine eigene, weitverbreitete Assoziation. Verbreitet von den Pyrenäen bis zu den Karpaten.

Die Pflanze gibt zwar kein Viehfutter (höchstens dürftige Ziegenweide), doch ist sie im Kalkgebirge eine der besten Pionierpflanzen, die noch mit einem Minimum an Boden auskommt. Sie überzieht oft weite Flächen in fast reinen Beständen *(Firmetum = Caricetum firmae)* und fasst überall dort Fuß, wo an steilen Felsen horizontale Flächen auftreten. Ihre Verankerung geht nicht über die Bodenreste hinaus, so dass sich ihre Polster leicht vom Fels abheben lassen; da diese aber meist viel breiter als hoch sind, haben sie trotzdem einen guten Halt. *Firma* = fest, des dichten, festen Wuchses wegen.

Blätter 2 bis 3 mm breit, schlaff, lang:

Immergrüne Segge, Horst-Segge, *Carex sempervirens* Vill. – Ausdauernd; in großen, festen Horsten, selten mit kurzen Ausläufern, der ganze Horst von einem Kranz zerfaserter Blattscheiden umgeben, 10 bis 40 cm hoch. Halm aufrecht, rundlich, Grundscheiden glänzend dunkelrotbraun, zerfasernd, Spreiten grün bis graugrün, glänzend, schief aufrecht, zuletzt länger als der Halm, bleiben lange erhalten (immer grün = *semper viridis).*

Traube locker, mit einem braunen, dick keuligen, ♂ Ährchen und darunter 2 bis 3 langgestielten, erst zur Fruchtzeit nickenden, unten lockerblütigen, grün-braun gescheckten, bis 2 cm langen, ♀ Ährchen, deren langscheidige, laubartige Tragblätter kürzer als der Blütenstand sind. Fruchtschläuche eiförmig-dreikantig, bis 5 mm lang, die Spelzen sind kürzer und eiförmig zugespitzt. Narben 3. Blütezeit 6–8.

Häufig in den Alpen ab etwa 1500 m; auf trockenen Wiesenhängen und Felsschutthalden, gelegentlich ins Tal herabgeschwemmt und deshalb noch an einigen Stellen des Alpenvorlandes zu finden (bis zum Jura). Liebt oberflächlich trockene, doch grundwassernahe, kalkführende, etwas nährstoffreiche, steinige Böden, findet sich aber auch auf Urgestein häufig ein (oft im Firmetum, s. o.). Verbreitet von den Pyrenäen bis zum Balkan.

Die Segge gehört zu den Pionierpflanzen auf nacktem Fels. Sie besiedelt oft sehr steile Geröllhalden und schafft so die Voraussetzung für nachfolgenden Pflanzenwuchs. Sie liefert auch auf sonst kaum nutzbaren Standorten gute Heuernten und ist gegen Beweidung (und Düngung) weitgehend unempfindlich.

Blätter um 1 mm breit, schlaff, lang:

Kurzährige Segge, Dünnstiel-Segge, *Carex brachystachys* Schrank (= *C. tenuis* Host). – Ausdauernd; dichthorstig, 15 bis 30 cm hoch. Halm rundlich, dünn, schlaff. Grundständige Scheiden purpurbraun, Spreiten trocken eingerollt.

Traube locker, oft übergebogen, mit feingestielten, bis zu 2 cm langen, rotbraunen, zuletzt nickenden Ährchen, das oberste ♂, schmal, darunter 2 bis 3 entfernt stehende ♀ Ährchen, lockerblütig, mit bis zu 5 cm langen Stielen und kurzen, laubartigen Tragblättern. Fruchtschläuche schmallanzettlich, 3 bis 4 mm lang, überragen weit die stachelspitzigen oder ausgerandeten Spelzen. Narben 3. Blütezeit 6–8.

Nur im Schwarzwald und in den Alpen, ab der oberen Bergregion; zerstreut; auf überrieselten Felsen und im Geröll. Liebt kalkreiche, nasse, schattige Steinböden. Bildet innerhalb der Klasse der Felsspaltengesellschaften *(Asplenietea trichomanis)* eine eigene Assoziation schattenliebender Kalktuffbewohner. Verbreitet von den Pyrenäen bis zum Balkan. Die bis zu 2 cm langen Ährchen rechtfertigen kaum den Namen *brachystachys* (= Kurzähre), doch lag dem Erstbeschreiber anscheinend ein schwächliches Exemplar der Sippe vor. Über die Namen *Carex* und Segge s. S. 162.

Blattspreiten fehlen oder nur als kurze Spitzen an der Scheide entwickelt:

Rasenbinse, Rasen-Haarsimse, Spitzried, *Trichophorum cespitosum* (L.) Hartm. (= *Scirpus cespitosus* L.). – Ausdauernd; dichthorstig, 10 bis 40 cm hoch. Halm steif aufrecht oder nach außen gebogen, rund (Kennzeichen gegenüber dem im blühenden Zustand ähnlichen Alpenwollgras, s. S. 192). Untere Scheiden braun, spreitenlos, obere wie der Halm grün bis graugrün, die oberste etwas aufgeblasen und mit steifborstlicher Spitze.
Ährchen endständig, aufrecht, länglich-keulig, 3 bis 5 mm lang, gelblich-rostbraun, 3- bis 7blütig. Die untersten Spelzen so lang wie das Ährchen (fallen zur Fruchtzeit ab), die anderen je eine Blüte deckend, diese entweder (bei der ganzen Pflanze meist einheitlich) zwittrig oder eingeschlechtig. Blütezeit 5–6.
Zerstreut; vom Tiefland bis in die Alpen (über 2000 m), dort und im Alpenvorland häufig; in Hochmooren und quelligen Sümpfen. Liebt offene, zeitweilig überschwemmte Torfböden und zeigt den Wachstumsstillstand (damit das Absterben) des Hochmoors an. Verbreitet in der gemäßigten und kalten Zone der Nordhalbkugel.
Dieses oft massenhaft vorkommende Riedgras kommt in zwei Unterarten vor: die kräftigere Deutsche Rasenbinse bewohnt Norddeutschland, die Mittelgebirge und die vom atlantischen Klima geprägten Nordseeküstenstaaten. Eine etwas zierlichere Unterart gedeiht im (sub)alpinen Klima der Alpen und des Vorlandes (Hauptverbreitung über 600 m) und in den vom Kontinentalklima bestimmten Ostgebieten. Dieses Sauergras wird im Alpengebiet Spitzried (= Riedgras mit spitzem Blütenstand) genannt. Jede Blüte ist von 6 haardünnen Borsten umgeben (Name! *trichophorum* = Borstenträger).

Blattspreiten gut entwickelt, borstlich steif:

Rostrotes Kopfried, *Schoenus ferrugineus* L. – Ausdauernd; in dichten, starren Horsten, 10 bis 30 cm hoch. Halm aufrecht, rund. Scheiden dunkelrotbraun, Spreiten graugrün, dünn. Köpfchen (Name!) dicht, schmal, aus 2 bis 4 eng zusammenstehenden Ährchen gebildet, meist scheinbar seitenständig, da das unterste Tragblatt den Halm geradlinig oder etwas gebogen fortsetzt. Es ist nur wenig länger als das Köpfchen und umfasst dieses am Grund mit häutiger Scheide. Ährchen 2- bis 3blütig, dunkelrostbraun *(ferrugineus* = eisenrostig), kaum 5 mm lang, am Grund mit mehreren leeren Spelzen. Spelzen mit weißem Hautrand und grünem Mittelstreif, zwittrige Blüten deckend. Staubblätter und Narben 3. Blütezeit 5–6.
Zerstreut im Alpenvorland (bis 600 m), wird gegen Norden seltener; auf nassen Wiesen. Liebt feuchte, milde aber kalkarme, torfige Böden. Verbandscharakterart der Kalk-Flachmoor-Gesellschaften *(Caricion davallianae),* dort vor allem an trockeneren Stellen. Verbreitet von Europa bis nach Sibirien, vor allem längs der Gebirge.
Das Kopfried gilt als Streuunkraut, da es oft wertvollere Pflanzen durch seinen ausgedehnten Polsterwuchs verdrängt und wegen seiner Härte die Sensen stumpf macht. Es ist auch wenig ertragreich. Eng verwandt (Bastardbildung) ist das **Schwarze Kopfried,** *Sch. nigricans* L., (Spelzen und Scheiden schwarzbraun *(nigricans* = schwärzlich), Köpfchen aus 5 bis 10 Ährchen, vom Tragblatt mindestens um das Doppelte überragt). Es wächst oft zusammen mit der vorigen Art und ist, da stärker kalk- und nässebedürftig, in manchen Gebieten häufiger (anderswo wieder seltener). *Schoenus* = Binse.

Blattspreiten deutlich entwickelt, flach-rinnig, 2 bis 3 mm breit:

Weißes Schnabelried, *Rhynchospora alba* (L.) Vahl. – Ausdauernd; lockerrasig, zuweilen mit kurzen Ausläufern und Winterzwiebelchen, 15 bis 40 cm hoch. Halm rundlich bis stumpf dreikantig, aufrecht, beblättert, Scheiden hellgrün, Spreiten grün, schwach rau. Rispe zusammengezogen zu 1 bis 4 gestielten, locker kopfigen Ährchenbüscheln mit kurzen, laubartigen Tragblättern. Ährchen länglich, spitz, 2- bis 3blütig, unten mit einigen leeren Spelzen, 3 bis 5 mm lang, weiß (= *alba),* später rötlich überlaufen. Blüten zwittrig, mit 2 bis 3 Staubblättern und einem zweinarbigen Fruchtknoten, von je einer eiförmig spitzen Spelze gedeckt. Blütezeit 7–8.
Zerstreut; vom Tiefland bis in die Voralpen (über 1000 m); auf Hochmooren und in der Verlandungszone von Seen. Liebt schwach saure, kalkarme, schwach stickstoffhaltige, offene, nasse oder zeitweilig überschwemmte Torfböden. Namengebende Verbandscharakterart der Schnabelried-Moorschlenken-Gesellschaften *(Rhynchosporion albae).* Verbreitet von Europa bis Sibirien.
Die Pflanze besiedelt die nassesten Stellen des Hochmoors und tritt deshalb besonders im Anfangszustand eines solchen massenhaft auf. Im Winter geben die locker unter dem Moos liegenden Zwiebelchen eine begehrte Schafweide. Das **Braune Schnabelried,** *R. fusca* (L.) Ait., mit langen Ausläufern und bräunlichen (= *fusca)* Ährchen besiedelt oft dieselben Standorte, ist aber (mit Ausnahme des Nordens) viel seltener. *Rhynchospora* = Schnabelsame, der Griffelrest hängt schnabelartig an der reifen Frucht (Bohrfrucht, Hakverbreitung).

Ährchen 5 bis 15 mm lang, flachgedrückt:

Gelbliches Zypergras, *Cyperus flavescens* L. – Einjährig; schwach büschelig verzweigt, 5 bis 25 cm hoch. Halm dünn, stumpf dreikantig, aufrecht bis schräg aufsteigend. Blattscheiden rötlich, Spreiten sattgrün, rinnig, bis 2 mm breit.
Rispe doldig zusammengezogen, mit langen, laubartigen Tragblättern. Ährchen lanzettlich, grünlichgelb *(flavescens* = gelblich), vielblütig. Blüten zweizeilig angeordnet, zwittrig, aus je einer spitz eiförmigen Spelze, meist 3 Staubblättern und einem zweinarbigen Fruchtknoten aufgebaut. Blütezeit 7–10.
Zerstreut (im N fast fehlend); vom Tiefland bis in die Bergregion (selten bis 1000 m); an Teichen und Uferwegen. Liebt freie, zeitweilig überschwemmte, verdichtete Schlamm- und Sandböden. Namengebende Charakterart der Zwergbinsen-Gesellschaften *(Nanocyperon (flavescentis))*. In alle Erdteile verschleppt.
Sehr ähnlich ist das **Braune Zypergras,** *C. fuscus* L. (Kennzeichen: Ährchen dunkelrotbraun = *fuscus)*, das dieselben Standorte bewohnt. Andere Vertreter der artenreichen subtropischen Gattung werden bei uns als Aquarien- und Zimmerpflanzen kultiviert. Viele Arten sind in ihrer Heimat Nutzpflanzen, so vor allem die **Erdmandel,** *C. esculentus* L., deren haselnussartig schmeckende Wurzelknollen auch schon bei uns zu Kulturversuchen Anlass gaben. Der Wurzelstock der afrikanischen *Cyperus papyrus* L. ist ebenfalls essbar, doch rührt die Berühmtheit der Papyrusstaude vor allem von der Verwendung des Marks zur Papyrusbereitung im Altertum her. Von anderen Arten stammt der griechische Name *Kypeiros* (vielleicht von *Kypris* = Venus, das der Göttin geweihte Gras).

Ährchen spitzeiförmig, bis 4 mm lang, gebüschelt:

Binsen-Schneide, Schneidried, Nussried, *Cladium mariscus* (L.) Pohl. – Ausdauernd; lockerrasig mit dicker, unterirdischer, ausläufertreibender Grundachse, 50 bis 150 cm hoch. Halm aufrecht, rundlich, hohl, dick. Blattscheiden bräunlich, derb; Spreiten graugrün, flach, starr, bis 1,5 cm breit, mit langer dreikantiger Spitze, am Rand und am Kiel mit Stachelzähnchen. Rispe reichverzweigt, mit laubartigen Tragblättern. An den Enden der Rispenäste Köpfchen mit 3 bis 10 Ährchen, diese zimtbraun, meist zweiblütig, die oberste Blüte männlich, die andere zwittrig, darunter noch viele leere Spelzen. Narben und Staubblätter je Zwitterblüte 2 oder 3. Blütezeit 6–8.
Nur in Norddeutschland und im Alpenvorland bis etwa 800 m (aber über 600 m meist nur steril); zerstreut; an Ufern stehender Gewässer. Liebt flach überschwemmte, kalkreiche Schlammböden im sommerheißen, wintermilden Lokalklima. Hauptvorkommen im Großseggenbereich *(Magnocaricion)* mit Ausstrahlungen zur Wasser- und Landseite. Verbreitet über die ganze Erde mit Ausnahme der kalten Zonen.
Gute Verlandungspflanze, aber auch heute noch in stetigem Rückgang begriffen, so dass ihr Wert gering ist. Gilt bei uns als Überbleibsel früherer Wärmezeiten. Samenfunde aus der Jungsteinzeit bezeugen ein viel größeres Verbreitungsareal zur damaligen Zeit. Der schneidend rauen Blätter wegen wird die Pflanze Schneide genannt, in Süddeutschland heißt sie Nussried (= Riedgras mit Blütenköpfen wie Nüsse). *Cladium* von *klados,* Zweig, des verzweigten Blütenstands wegen, *mariscus* hieß früher ein Riedgras.

Ährchen länglich eiförmig, 1 bis 2 cm lang, gebüschelt:

Gewöhnliche Strandsimse, Meersimse, *Bolboschoenus maritimus* (L.) Palla (= *Scirpus maritimus* L.). – Ausdauernd; meist dichtrasig, mit kurzkriechendem Wurzelstock, der kurze, an der Spitze knollig verdickte Ausläufer treibt *(bolbo-schoenus* = Zwiebel-Binse), 30 bis 100 cm hoch. Halm aufrecht oder übergebogen, scharf dreikantig, nach oben zu scharf rau. Untere Blattscheiden dunkelbraun, Spreiten selten über 5 mm breit.
Rispe doldig zusammengezogen, von mehreren langen, laubartigen Tragblättern überragt. In der Mitte 5 bis 10 kopfig gebüschelte Ährchen, diese meist von einigen gestielten Ährchenbüscheln aus 2 bis 5 Ährchen überragt. Ährchen braun, vielblütig, Blüten zwittrig, mit einer eiförmigen, ausgerandeten Spelze, dahinter einige kurze Borsten, 3 Staubblätter und 1 Fruchtknoten mit meist nur 2 Narben. Blütezeit 6–8.
In Meeresnähe *(maritimus)* und auf salzhaltigem Boden sehr häufig; sonst zerstreut bis etwa 600 m; an Fluss- und Seeufern (auch am Süßwasser). Salz-, dünger- und wärmeliebend. Charakterart des Verbandes der Brackwasser-Röhrichte *(Scirpetum maritimum)* innerhalb der Ordnung Eurosibirische Röhrichte und Großseggen-Wiesen *(Phragmitetalia).* Über die ganze Erde verbreitet.
Die Strandsimse ist im Mündungsgebiet der Ströme eine gute Verlandungs- und Bodenbefestigungspflanze, da sie unempfindlich gegen Salzwasser ist. Bei Massenvorkommen eignet sie sich auch zur Streu. Halme und Blätter ergeben gutes Flechtmaterial für Matten und Körbe.

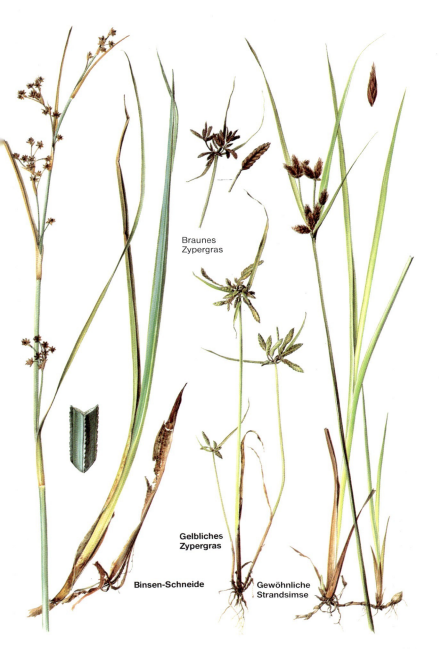

Halm trägt mehrere gestielte silbriggraue Ährchen, die später mit geraden Wollhaaren bedeckt sind:

Schmalblättriges Wollgras, *Eriophorum angustifolium* Honck. – Ausdauernd; lockerrasig, mit langen Ausläufern, 30 bis 60 cm hoch. Halm aufrecht, fast stielrund. Oberste Blattscheide meist blasig aufgetrieben, unterste oft rot überlaufen, Spreiten graugrün, rinnig gekielt, 3 bis 6 mm breit, derb, in eine lange dreikantige Spitze verschmälert, am Rand schwach rau. Dolde mit 3 bis 6 langgestielten, zuletzt nickenden Ährchen, das oberste auch zuweilen sitzend. Unterstes Tragblatt laubartig. Ährchen zur Blüte 2 cm lang, vielblütig, Blüten zwittrig, hinter jeder eispitzen Spelze 3 Staubblätter und 1 Fruchtknoten mit 3 Narben, von einigen Borsten umgeben, die sich nach der Blüte auf 3 bis 4 cm verlängern *(erio-phorum* = Wollträger) und dem Samen als Flugorgan dienen. Blütezeit 4–5.
Häufig; vom Tiefland bis in die Alpen (gegen 2000 m); in Sumpfwiesen und an moorigen Ufern. Liebt nasse, saure, kalkfreie, schwach stickstoffhaltige Torfböden. Klassencharakterart der Kleinseggen-Gesellschaften auf Flach- und Zwischenmooren *(Scheuchzerio-Caricetea nigrae).* Verbreitet auf der Nordhalbkugel und in Südafrika.
Wie alle Wollgräser wird auch unsere Art als Schmuck verwendet; die Wollhaare können anstelle von Baumwollwatte oder zur Kissenfüllung dienen. Der aus den Blattscheiden der Wollgräser entstandene Fasertorf wurde in Notzeiten schon zur Herstellung von groben Spinnwaren oder Pappe benutzt. Als Futtergräser sind alle Arten unbrauchbar.
Weniger häufig als voriges ist das **Breitblättrige Wollgras,** *E. latifolium* Hoppe, ohne Ausläufer, mit rauen Ährchenstielen und 4 bis 8 mm breiten Blättern. Es findet sich vorzugsweise auf kalk- und nährstoffreichen Torfböden. Das sehr seltene **Schlanke Wollgras,** *E. gracile* Koch ex Roth., hat Ausläufer und 1 bis 2 mm breite Blätter. Seine Ährchenstiele sind ebenfalls rau. Es wächst auf sehr nassen, nährstoffarmen Torfböden.

Halm trägt ein einzelnes silbriggraues Ährchen, das später von geraden Wollhaaren bedeckt ist:

Scheiden-Wollgras, *Eriophorum vaginatum* L. – Ausdauernd; in dichten Polstern ohne Ausläufer, 20 bis 60 cm hoch. Halm schlank, unten rundlich, oben dreikantig. Grundscheiden braun oder rot, die der Stängelblätter aufgeblasen und zumindest die oberste ohne Spreite *(vaginatum* = bescheidet). Spreiten borstlich, graugrün, steif, schwach rau.
Ährchen aufrecht, im Aufbau und Aussehen wie ein Ährchen vom Schmalblättrigen Wollgras (s. o.). Blütezeit 3–5.
Zerstreut; vom Tiefland bis über 2000 m; auf Hochmooren und in Waldsümpfen. Pionier auf nacktem Hochmoortorf. Ordnungscharakterart der Moorboden-Gesellschaften *(Sphagno-Ericetalia).* Verbreitet über die gemäßigte Zone der Nordhalbkugel.
Die Art gehört mit ihren faserig verwitternden Scheiden zu den wichtigsten Torfbildnern im Hochmoor. Sie gedeiht dank ihres Baues (Rollblätter mit geringer Verdunstung) noch an den Stellen, die für die Torfmoose zu trocken sind und überlebt auch diese in den Endstadien des Hochmoors.
Das alpine, erst ab 1500 m zerstreut auftretende **Scheuchzers Wollgras,** *E. scheuchzeri* Hoppe, ist ebenfalls einährig, hat aber Ausläufer und oberwärts runde Halme. Es gedeiht in Sümpfen und als Verlandungspflanze an den Ufern stehender Gewässer.

Halm trägt ein einzelnes gelblichbraunes Ährchen, das später von gekräuselten Wollhaaren bedeckt ist:

Alpen-Rasenbinse, Alpen-Haarsimse, Alpenwollgras *Trichophorum alpinum* (L.) Pers. (= *Scirpus hudsonianus* (Michx.) Fern.). – Ausdauernd; dichtrasig, Grundachse kurzkriechend, wenig verzweigt, 10 bis 30 cm hoch. Halm dreikantig, dünn, aufrecht, am Grund bogig, rau. Scheiden graugelb, die oberen wie der Halm hellgelbgrün. Spreiten fehlen oder höchstens an der obersten Scheide als kurzes borstliches Spitzchen ausgebildet.
Ährchen bis 7 mm lang, stumpf eiförmig, 8- bis 12blütig. Unterste Spelze fast so lang wie das Ährchen, mit grüner Stachelspitze, die übrigen stumpf mit grünem Mittelnerv, je eine Blüte deckend. Diese zwittrig, mit dreinarbigem Fruchtknoten, 3 Staubblättern und einigen Borsten, die zur Fruchtzeit zu einem Haarschopf auswachsen *(tricho-phorum* = Haarträger) und der Flugverbreitung der Samen dienen. Blütezeit 4–5.
Zerstreut in der Bergregion (Alpenvorland), ab 1000 m selten (in den Mittelgebirgen, den Alpen und im Tiefland spärlich); auf den nassen Stellen der Hochmoore. Liebt mäßig saure, oft überschwemmte Torfböden. Verbandscharakterart der Moorschlenken-Gesellschaften *(Rhynchosporion albae;* häufig auch im *Caricion lasiocarpae).* Verbreitet in der gemäßigten bis kalten Zone der Nordhalbkugel.

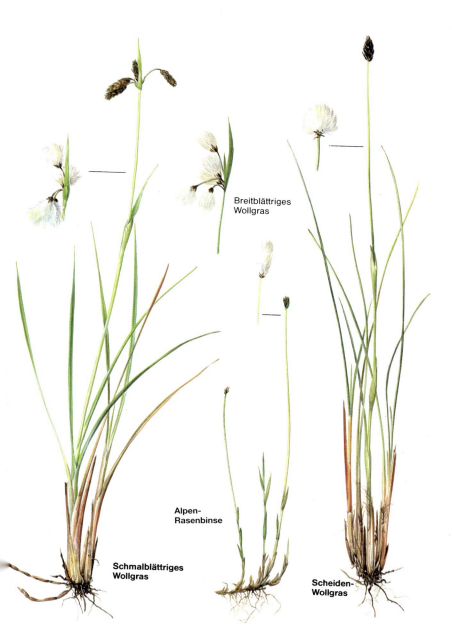

Halm dreikantig, 30 bis 100 cm hoch, beblättert:

Gewöhnliche Simse, Wald-Simse, *Scirpus sylvaticus* L. – Ausdauernd; lockerrasig mit langen Ausläufern. Halm hohl, aufrecht oder übergebogen. Blattscheiden gelbgrün oder braun, Spreiten hellgrün bis grün, um 1 cm breit, am Rand rau.
Rispe locker, mit laubartigen Tragblättern, Äste bis 15 cm lang. Ährchen eiförmig, schwärzlich-grün gescheckt, 4 bis 5 mm lang, einzeln oder gebüschelt, vielblütig. Blüten zwittrig. Spelzen eiförmig, gekielt, stachelspitzig. Narben 3. Blütezeit 5–7.
Häufig; in nassen Wiesen, Waldsümpfen und an Teichen; vom Tiefland bis in die Voralpenregion (selten über 1000 m). Liebt grundwassernahe, nährstoffreiche (gedüngte), meist kalkfreie, gut durchlüftete, mittelschwere Böden. Charakterart der Sumpfdotterblumen-Wiese *(Calthion),* aber auch in Erlenbrüchen (im Wald Zeiger für Eschen- oder Erlenstandort). Verbreitet in Europa, Sibirien und Nordamerika. Ergibt eine gute und ertragreiche Streu, die Blätter werden oft zu Flechtwerk verwendet. Die nah verwandte, eurasisch-kontinentale **Wurzelnde Simse,** *Scirpus radicans* Schkuhr, erreicht in Deutschland die Westgrenze ihres Areals (fehlt schon im NW) und kommt nur zerstreut an ähnlichen Standorten vor. Ihre Ährchen sind stets einzeln gestielt, die Spelzen nicht stachelspitzig und die sterilen Laubsprosse sind lang übergebogen und wurzeln an der Spitze. *Scirpus* war bei den Römern eine Binse. Die Zuordnung des Namens „Simse" zu unserer Gattung ist rein künstlich. Simse und Binse werden in Volksnamen nicht unterschieden. In Süddeutschen Floren werden unsere Simsen Binsen genannt (und die Binsen Simsen), in Norddeutschen Floren ist es umgekehrt. S. auch S. 63.

Halm rund, 50 bis 300 cm hoch, meist blattlos:

Gewöhnliche Teichsimse, Seebinse, *Schoenoplectus lacustris* (L.) Palla (= *Scirpus lacustris* L.). – Ausdauernd; in lockeren, ausgedehnten Rasen mit langen Ausläufern. Halm aufrecht, schwammig markhaltig, feingestreift, nur am Grund mit Blattscheiden, diese braun bis purpurn, oberste grün mit kurzer, rinnig-borstlicher Spreite, Wurzelblätter meist in Büscheln flutend, bis 5 mm breit und 1 m lang, wie der Halm grün bis gelbgrün.
Rispe doldig zusammengezogen, mit häutigen Tragblättern, das unterste zuweilen mit rinnig-stechender Spitze, die Rispe überragend. Äste 1 bis 5 cm lang. Ährchen knapp 1 cm lang, rostbraun, vielblütig, langoval, einzeln oder an den längeren Ästen zu 3 bis 8 gebüschelt. Spelzen rundlich-eiförmig, ausgerandet. Blüten zwittrig. Narben 3. Blütezeit 6–7. Häufig; vom Tiefland bis über 1000 m; am Ufer stehender oder schwach bewegter Gewässer, bis zu 3 m Wassertiefe. Liebt überflutete, nährstoffhaltige Schlammböden (und nicht zu kaltes Wasser). Charakterart der Gesellschaften Echter Röhrichte *(Phragmition australis),* meist im äußersten Verlandungsgürtel (oft dann in Reinbeständen). Kosmopolit.
Als Streupflanze kaum nutzbar, da zu weit im Wasser stehend. Dagegen wurden auf dem Balkan (am Skutari-See) gute Erfolge bei der Kompostierung der Pflanze erzielt: Mit Hilfe des Binsenkompostes wurden große Gebiete urbar gemacht: Die schwimmfähigen Halme brechen jeden Herbst bis zum Grund ab (im Gegensatz zum Schilf, der deshalb als Verlandungspionier weit wichtiger ist) und werden ans Ufer geschwemmt. Getrocknet gibt die Pflanze Flecht- und Packmaterial *(schoenus* = Binse, *plectus* = Geflecht). Nah verwandt ist die **Salz-Teichsimse,** *Sch. tabernaemontani* (Gmel.) Palla (Kennzeichen: graugrün, 2 Narben, unter 2 m hoch). Salzliebend, deshalb vor allem im Brackröhricht, oder im Binnenland auf Gips- und Salzböden. Eine Abart mit weiß- oder gelbgestreiften Halmen wird in Gärten als Zierpflanze gezogen *(tabernaemontani* für J.T.Müller [16. Jh.] alias *Tabernaemontanus* = Bergzaberner, nach seinem Geburtsort).

Halm rund, 5 bis 20 cm hoch:

Borstige Schuppensimse, Borstsimse, Borstige Moorsimse, *Isolepis setacea* (L.) R. Br. – Ein- bis mehrjährig; dichtrasig. Halm aufrecht oder aufsteigend, dünn, oft gebogen, fein gestreift. Scheiden rot, die oberen oft mit langer fadenförmiger Spreite.
Köpfchen scheinbar seitenständig, aus 1 bis 5 dicht gedrängten Ährchen, vom laubartigen, 1 bis 5 cm langen Tragblatt zur Seite gedrängt, dieses borstlich (*seta* = Borste), die Halmspitze vortäuschend. Ährchen sitzend, eiförmig, bis 3 mm lang, meist über 15blütig, grün-braun gescheckt. Blüten zwittrig, Narben 3, Staubblätter 2. Spelzen langeiförmig, gekielt, stachelspitzig. Blütezeit 6–8.
Zerstreut bis selten; vom Tiefland bis gegen 1000 m; auf feuchten Uferstellen, Wegen, an Gräben. Sehr unbeständig. Liebt kalkfreie, schwach saure, nährstoffreiche, nasse, schwere Böden. Lehmzeiger. Charakterart der Zwergbinsen-Gesellschaften *(Nanocyperion).* Verbreitet in den warm-gemäßigten Gebieten der Alten Welt. *Isolepis* = gleichschuppig (-spelzig), im Gegensatz zu anderen ähnlichen (Teich-)Simsenarten, in deren Verwandtschaft sie früher gestellt wurde, sind die untersten Spelzen nicht vergrößert.

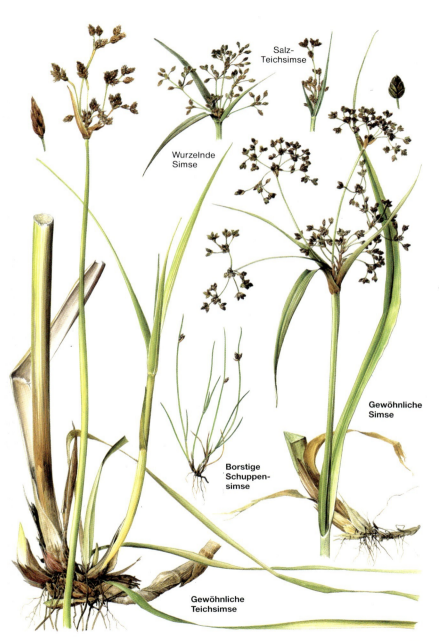

Die hier angeführten Binsen, Juncus L. sind charakterisiert durch ihren scheinbar seitenständigen Blütenstand und ihre halmähnlichen Blätter, die wie der runde, blattlose, markhaltige Halm am Grund schuppenartige Niederblätter tragen. Die Blüten mit 6 strahlig angeordneten, spelzenartigen Blütenblättern sind zu mehr oder minder lockeren, endständigen Rispen angeordnet, werden aber von einem halmgleichen Tragblatt zur Seite gedrängt, das selbst die Fortsetzung des Halms bildet. Die Halme und Blätter unserer Binsen werden gern zu Flechtwerk, das Mark wurde früher zu Lampendochten verwendet. Wegen ihrer zähen Geschmeidigkeit eignen sie sich auch gut zum Aufbinden der Reben *(iungere,* lat. = binden, *juncus* = Binse, vermutlich hängt aber der Name Binse nicht mit unserem Wort „binden" zusammen; vgl. auch Simsen, S.194).

Blütenstand locker, nur wenig vom stechenden Tragblatt überragt:

Strand-Binse, Juncus maritimus Lam. – Ausdauernd; dichtrasig mit kurzen Ausläufern, 50 bis 100cm hoch, gelbgrün. Niederblätter braun bis purpurn, die obersten mit einer kleinen, stielrunden, stechenden Spreite.
Rispenäste bis 10cm lang, Büschel von 2 bis 3 Blütchen tragend. Diese bis 4mm lang. Staubblätter 6, Narben 3, rot. Blütezeit 7–8.
Nur an den Meeresküsten; zerstreut auf Salzwiesen. Liebt feuchte, nährstoffreiche, salzhaltige, schwere Böden. Ordnungscharakterart der Strandwiesen-Gesellschaften *(Glauco-Puccinellietalia).*
Kosmopolit (Unterarten in asiatischen und afrikanischen Salzsteppen). Die stechenden, zähen Pflanzen werden vom Vieh verschmäht.

Blütenstand locker, vom Tragblatt weit überragt:

Flatter-Binse, Juncus effusus L. – Ausdauernd; dichtrasig, mit wenig verzweigter Grundachse, 30 bis 100cm hoch, grün bis dunkelgrün. Halm glänzend, leicht zerreißbar, markerfüllt (bei Schattenformen gelegentlich hohl). Niederblätter bleich, selten dunkelbraun. Rispenäste oft locker-schlaff (flatterig, *effusus* = ausgebreitet), seltener verkürzt, meist jedes Blütchen einzeln gestielt, bis 3mm lang. Staubblätter 3 (selten bis 6), Narben 3. Blütezeit 6–8. Sehr häufig; vom Tiefland bis in die Voralpenregion (sehr selten bis 1500m); in Gräben, nassen Wiesen und Waldsümpfen. Begleiter in nässeliebenden, nicht kalkbedürftigen Wiesengesellschaften. Verbreitet über die kalt-gemäßigten Zonen beider Erdhälften. Sehr veränderliche Pflanze. Neben Formen, die im Aussehen der Knäuel-Binse ähneln (s. u.), wachsen auf nackten Teichböden Riesenformen bis zu 1,5m Höhe und in Dünenmooren einjährige Zwergformen unter 10cm Höhe. Außerdem gibt es Pflanzen mit gefüllten Blüten, mit weiß oder gelb gebänderten oder auch mit spiralig gewundenen Halmen.
Die häufige **Blaugrüne Binse.** *J. inflexus* L. (= *J. glaucus* Ehrh.), lässt sich leicht durch ihre blaugrünen, stark gestreiften Halme mit leiterartigem Mark unterscheiden. Sie besiedelt ähnliche Standorte, liebt aber kalkhaltige, nährstoffreiche Böden, die auch etwas Salz führen können. Die lockerrasige Varietät der Ostseeküste **Baltische Binse,** *J. balticus* Willd. (= *J. glaucus, var. litoralis* Wahlenb.) besiedelt nur stark salzhaltige Strandwiesen und Dünensenken.

Blütenstand geknäuelt, vom Tragblatt weit überragt:

Knäuel-Binse, Juncus conglomeratus L. – Ausdauernd; dichtrasig, mit kurzkriechender Grundachse, 30 bis 60cm hoch, grün bis graugrün. Halm schwach glänzend, zäh, oben fein gestreift, markerfüllt. Niederblätter hell- bis rotbraun.
Rispenäste nur wenige mm lang, kaum erkennbar. Blütchen um 3mm lang, Narben 3, Staubblätter 3 (bis 6). Blütezeit 6–7.
Häufig; vom Tiefland bis in die Voralpenregion (über 1000m selten); in feuchten Wiesen, Gräben, Sümpfen und an nassen Waldstellen. Begleiter feuchtigkeitsliebender Gesellschaften auf nährstoffreichen, sauren und kalkarmen Böden. Verbreitet in Europa, Asien und Nordafrika, nach Südamerika verschleppt. Die Unterscheidung von der Flatter-Binse gelingt nicht immer leicht, da diese zuweilen einen stark geknäuelten Blütenstand hat; außerdem kann auch der Blütenstand der Knäuel-Binse gelegentlich aufgelockerter sein, zudem ist bei manchen Waldschattenformen der Halm stark glänzend. Die endgültige Entscheidung bringt die Untersuchung des Griffels (Lupe!), der zwischen den 3 Zipfeln des Fruchtknotens eingesenkt ist. Er steht bei der Knäuel-Binse auf einem Höcker in der Fruchtknotengrube, dieser fehlt bei der Flatter-Binse. (Mnemotechnisch: Flauer = flach, Knäuel = Knopf.)

Blütenstand 3- bis 7blütig, (scheinbar) seitenständig in der Halmmitte:

Faden-Binse, *Juncus filiformis* L. – Ausdauernd; lockerrasig, 10 bis 40 cm hoch. Halm starr aufrecht, stielrund oder schwach zusammengedrückt, dünn *(filiformis* = fädlich), mit zartem Mark, am Grund mit braungelben, schuppenartigen Scheiden, die oberste öfters mit kurzer, rinniger Spreite. Übrige Blätter halmähnlich, kurz, hellgrün.
Dolde köpfchenartig zusammengezogen, von einem schlaffen, halmähnlichen Tragblatt zur Seite gedrängt und weit überragt (gelegentlich auch noch ein weiteres, kürzeres Tragblatt vorhanden). Blüten mit 6strahliger Blütenhülle. Blütenblättchen spelzenartig, ca. 4 mm lang, weißlich-grün. Staubblätter 6, Fruchtknoten 1, dreinarbig. Blütezeit 6–8.
Selten im Tiefland, ab etwa 800 m häufig (bis über 2000 m); in nassen Wiesen und Mooren. Liebt nasse, nährstoffreiche (gedüngte), kalkfreie, schwach saure, leichte Böden. Begleiter der Wiesenseggen-Sümpfe *(Caricion nigrae)* und ähnlicher Gesellschaften. Verbreitet in der kalt-gemäßigten Zone der Nordhalbkugel.

Blütenstand 1- bis 4blütig, endständig, von mehreren langen Tragblättern überragt:

Dreispaltige Binse, Dreiblatt-Binse, Gämsen-Binse, *Juncus trifidus* L. – Ausdauernd; dichtrasig, von abgestorbenen vorjährigen Blattresten umgeben, 10 bis 30 cm hoch. Halm aufrecht, rund, dünn. Grundblätter glänzend hellbraun, schuppenförmig, zuweilen mit (verkümmerter) borstlicher Spreite; Halmblätter grün bis dunkelgrün, am Abgang der schmalen, tiefrinnigen Spreite mit langem, tiefgeschlitztem Anhängsel (Spreite sozusagen dreigespalten = *trifidus*). Dolde geknäuelt, mit kurzgestielten, 6strahligen Blütchen. Blütenblätter spelzenartig, schmal, spitz, braun, oft mit grünem Mittelnerv, bis zu 5 mm lang. Staubblätter 6, Fruchtknoten 1, mit verlängertem Griffel und 3 Narben. Blütezeit 7–8.
Nur in den Alpen und den höchsten Stellen der Mittelgebirge (selten unter 1500 m); zerstreut auf Geröll, in Felsritzen und auf trockenen, steinigen Matten. Zerfällt in eine kalkliebende Unterart (Grundblätter mit ausgebildeten, kurzen Spreiten) und in eine kalkmeidende (Grundblätter ohne Spreiten), die aber durch Übergänge verbunden sind. Beide lieben schwere, steinige, nährstoffarme und höchstens schwach feuchte Böden. Verbreitet in den kalten Gebirgen der Nordhemisphäre.
Auch **Jacquins Binse,** *J. jacquinii* L. wird im Alpenraum als Gämsen-Binse benannt. Sie ist seltener als vorige und steht meist an feuchteren Stellen. Der Halm trägt nur 1 Laubblatt, das den köpfigen, meist über 10blütigen Blütenstand zusammen mit den Grundblättern überragt.

Blütenstand vielblütig, endständig, selten von 1 Tragblatt überragt:

Sparrige Binse, *Juncus squarrosus* L. – Ausdauernd; dichthorstig, 10 bis 40 cm hoch. Halm starr, aufrecht oder gebogen, rundlich, trägt selten im unteren Teil ein Blatt. Grundblätter mit hellgrünbräunlichen Scheiden, zahlreich, dickborstig, sparrig (= *squarrosus)* nach außen gebogen, rinnig, graugrün, zur Blüte meist kürzer als der Halm.
Rispe meist geknäuelt, gelegentlich aber auch sehr locker und ausgedehnt; unterstes Tragblatt laubartig, kurz, die übrigen schuppenartig, häutig. Rispenäste sehr ungleich lang, tragen einzelne oder gebüschelte 6strahlige Blütchen. Blütenblätter spelzenartig, 2 bis 3 mm lang, derb, braunglänzend, im Schatten blass, meist mit grünem Mittelnerv und weißem Hautsaum. Staubblätter 6, Fruchtknoten 1, dreinarbig. Blütezeit 6–8.
Häufig im Norddeutschen Tiefland; gegen S zerstreut bis in die Voralpen (ca. 1500 m); auf feuchten Heiden und quelligen Mooren. Liebt nasse, kalkfreie, saure, leicht stickstoffhaltige Torfböden. Charakterart der Atlantischen Borstgras-Rasen *(Juncion squarrosi)*, auch in Moorboden-Gesellschaften (Sphagno-Ericetalia) sehr häufig. Verbreitet in Eurasien. Diese Binse ist ein sehr charakteristischer Bestandteil der Norddeutschen Heidemoore. In den Anfangszuständen dieser Moore finden wir sie häufig in Begleitung der **Kopf-Binse,** *J. capitatus* Weigel, die ebenfalls gegen S zu sehr selten wird. Diese kalkmeidende, wärmeliebende, einjährige Zwergbinse (Höhe 5 bis 10 cm) hat einen endständigen, köpfchenartigen Blütenstand, der vom Tragblatt überragt wird und aus dem oft noch 1–2 gestielte Nebenköpfchen entspringen. (Im Blütenstand ähnlich der viel kräftigeren alpinen Jacquins Binse, s. o.) Über „Binse" und *Juncus* s. S. 196.

Die hier angeführten, ausdauernden Binsenarten besitzen halmähnliche, rundliche Blätter (auch am Halm selbst). Ihr Blütenstand ist eine mehr oder weniger reichblütige Rispe. Die Blüten mit 6strahlig angeordneten, spelzenartigen Blütenblättchen, 3 bis 6 Staubblättern und einem dreinarbigen Fruchtknoten sitzen zu Köpfchen gebüschelt an den Enden der Rispenäste. Über die Namen *Juncus* und „Binse" s. S. 196.

Blätter und Halme fadendünn, schlaff:

Zwiebel-Binse, Knoten-Binse, *Juncus bulbosus* L. (= *J. supinus* Moench). – Dichtrasig, schmutziggrün, öfters rötlich überlaufen, 3 bis 20 cm hoch. Halm an trockenen Stellen oft aufrecht, an feuchten Standorten meist niederliegend (= *supinus*) und gelegentlich verzweigt, wurzelt am Blattansatz und treibt neue Blattbüschel; unten oft knotig verdickt (*bulbus* = Zwiebel).
Rispe schwach verzweigt, oft fast traubig, auseinandergezogen, mit kurzen laubartigen Tragblättern. Blüten zu 3 bis 6 gebüschelt, in den Büscheln oft Laubtriebe. Blütenblätter hell- bis rotbraun, zuweilen mit grünem Mittelnerv, selten rein grün, schmal, die 3 äußeren spitz, die inneren stumpf. Blütezeit 7–10.
Zerstreut; vom Tiefland bis in die Bergregion (selten bis 1000 m); in Mooren, Gräben, Tümpeln und nassen Wiesen. Liebt offene, zeitweilig überschwemmte, immer feuchte, saure kalkfreie, nährstoffarme Schlammböden. Charakterart der Strandling-Gesellschaften (*Littorelletalia*). Verbreitet in Europa und Nordafrika.
Dieser Schlammbodenpionier ist je nach den Standortsgegebenheiten im Wuchs sehr variabel; man findet ihn aufrecht bis zur Rispe im Wasser stehend, flutend, kriechend, aufsteigend oder aufrecht auf ausgetrocknetem Boden.

Blätter und Halme derb, steif, Rispenäste abstehend:

Glanzfrüchtige Binse, Glieder-Binse, *Juncus articulatus* L. – Lockerrasig, freudig- bis schmutziggrün, 10 bis 50 cm hoch. Halm aufrecht oder aufsteigend, höchstens schwach zusammengedrückt, bis oben beblättert, untere Blätter oft nur mit Scheide, obere mit runder oder wenig zusammengedrückter Spreite (diese wie bei der Alpen-Binse und der Wald-Binse durch innere Querwände „gegliedert" = *articulatus*).
Rispe reichverzweigt, mit kurzen, laubartigen Tragblättern. Blütenbüschel mit 3 bis 10 Blüten, 5 bis 10 mm im Durchmesser, sehr zahlreich, gelegentlich stark verlaubt (Missbildung, vom Stich des pflanzensaftsaugenden Binsen-Flohs, *Livia juncorum* L. einem Blattfloh, hervorgerufen). Blütenblätter dunkel-rotbraun, selten grünlich, die drei äußeren lanzettlich spitz, die inneren eiförmig, hautrandig. Staubblätter 6. Früchtchen glänzend schwarzbraun (Name!, früher *J. lampocarpus* genannt, nach *karpos* = Frucht und *lampo* = ich leuchte). Blütezeit 7–10. Häufig; vom Tiefland bis in die Alpen (über 1500 m); in nassen Wiesen, Sümpfen und Gräben. Liebt nassen, gedüngten, neutralen bis sauren Boden, auch auf Torf-, Schlamm- und Salzböden. In vielen feuchtigkeitsliebenden Gesellschaften als Begleiter. Verbreitet in der kalten und gemäßigten Zone der Nordhalbkugel.
Die Glieder-Binse ist sehr veränderlich und zeigt in manchen Formen Ähnlichkeit mit den beiden oben angeführten Pflanzen sowie mit der nahestehenden **Spitzblütigen Binse,** Wald-Binse, *J. acutiflorus* Ehrh.), die stellenweise sehr häufig ist und auf ähnlichen Standorten wächst. Allerdings ist sie mehr wärmeliebend und wird bei 1000 m Höhe selten. Sie zeichnet sich durch hohen Wuchs (30 bis 80 cm) und noch stärker verzweigten Blütenstand (meist über 100 Büschel; Glieder-Binse meist unter 50) sowie spitze innere Blütenblätter aus (*acutus* = spitz, *flos, floris* = Blüte).

Blätter und Halme derb, steif, Rispenäste aufrecht:

Alpen-Binse, *Juncus alpinus* Vill. (= *J. alpino-articulatus* Chaix). – Lockerrasig, frischgrün, 10 bis 50 cm hoch. Halm aufrecht, höchstens schwach zusammengedrückt, bis oben beblättert. Blätter langscheidig, stielrund bis zusammengedrückt.
Rispe schwach verzweigt, im Gebirge oft fast doldig, mit kurzen, laubartigen Tragblättern, Blütenbüschel klein, 3 bis 4 mm im Durchmesser, meist aus 3 bis 6 Blüten. Blütenblätter dunkelbraun, im Gebirge oft fast schwarz, selten blassbraun, eiförmig, stumpf, die 3 äußeren zuweilen stachelspitzig, die inneren weißhautrandig. Staubblätter 6. Blütezeit 6–8. Zerstreut vom Tiefland bis in die Bergregion; von 1000 m bis gegen 2000 m häufig; in nassen Wiesen, Mooren, und Tümpeln. Liebt nasse, kalkreiche, basische bis neutrale Schlammböden. Die niedere, schwarzblütige Gebirgsform ist Charakterart der Flach- und Zwischenmoor-Kleinseggen-Sümpfe *(Scheuchzerio-Caricetea nigrae)*. Verbreitet in Europa, Sibirien, Nordamerika und Grönland.

Die hier angeführten Binsen zeichnen sich durch flache bis schwach rinnige Grundblätter aus. Der Halm trägt eine endständige, mit laubartigen Tragblättern durchsetzte, meist lockere Rispe mit strahligen Blütchen. Diese bestehen aus 6 spelzenartigen Blütenblättern, 6 Staubblättern und einem Fruchtknoten mit 3 Narben. Über „Binse" und *Juncus* s. S. 196.

Untere Halmhälfte blattlos und unverzweigt:

Zarte Binse, *Juncus tenuis* Willd. – Ausdauernd; lockerrasig, 15 bis 40 cm hoch, gelbgrün. Halm aufrecht, rundlich, am Grund mit braunen Scheiden, oft kürzer als die aufrechten, zarten *(= tenuis)*, bis 2 mm breiten Grundblätter. Rispe meist kürzer als die zwei untersten Tragblätter, meist fast doldig zusammengezogen, mit zum Teil verlängerten Hauptästen. Blütenblätter grünlichgelbbraun, schmal, spitz, die 3 inneren mit breitem Hautrand. Blütezeit 6–9. Häufig; vom Tiefland bis etwa 1000 m; auf Waldwegen und Fußpfaden, auch auf Heiden und (Salz-)Wiesen. Liebt mäßig feuchte, kalkarme, stickstoffhaltige, schwere, verdichtete, offene Böden. In Zwergbinsen-Gesellschaften (Verband: *Nanocyperion*) und in Trittrasen *(Plantaginetalia majoris)* als Charakterpflanze. Aus Nordamerika weltweit verschleppt. Diese Binse trat 1825 zum ersten Mal in Europa (Belgien) auf und wurde schon 1834 im Allgäu für Deutschland neu entdeckt. Heute ist sie weitverbreitet. Ihre winzigen, kaum 0,5 mm großen Samen quellen bei Regen froschlaichartig auf und bedecken die ganze Pflanze mit Schleimbällchen. Sie werden von vorübergehenden Menschen oder Tieren leicht abgestreift und sichern so eine rasche Verbreitung (vor allem entlang der Wege – und, da die Pflanze Halbschatten liebt, besonders der Waldwege).

Untere Halmhälfte beblättert, unverzweigt:

Zusammengedrückte Binse, *Juncus compressus* Jacq. – Ausdauernd; dichtrasig mit kriechender, verzweigter Grundachse, 15 bis 40 cm hoch, grau-, seltener hellgrün. Halm aufrecht, seltener aufsteigend, flachgedrückt (= *compressus),* am Grund mit dunkelbraunen Scheiden; Grundblätter kaum 2 mm breit, rinnig-flach.
Rispe meist locker, reichverzweigt, vom untersten Tragblatt meist überragt. Rispenäste aufrecht. Blütenblätter rötlichbraun mit grünem Mittelstreif, selten ganz grün, eiförmig stumpf, die 3 inneren breithautrandig. Klebeverbreitung. Blütezeit 6–9.
Sehr häufig; vom Tiefland bis in die Voralpen (vereinzelt bis 1500 m); auf Wegen, an Ackerrainen und feuchten Wiesen; gern auf oft begangenen Fußpfaden durch die Streuwiesen. Liebt feuchte, kalkhaltige, stickstoffreiche, verdichtete, schwere Böden. Schwach salzliebend. Charakterart in den Trittgesellschaften der Fingerkraut-Queckenrasen *(Agropyro-Rumicion crispi).* Verbreitet in Eurasien, ursprünglich wohl Salzwiesenpflanze, heute weit verschleppt. Eine nahe Verwandte ist die **Salz-Binse,** *J. gerardii* Lois., die in allen Teilen etwas zarter gebaut ist und eine mehr hell- bis olivgrüne Farbe hat; der Blütenstand wird vom Tragblatt nie überragt. Sie ist eine salzgebundene Tieflandsform und ist nur in den Salzwiesen der Küste häufig (Charakterart der Salzwiesen-Gesellschaften, *Glauco-Puccinellietalia).* Oft nur als Salzform der Knollen-Binse angesehen; *gerardii* nach Louis Gerard (1733–1819).

Untere Halmhälfte verzweigt und beblättert:

Kröten-Binse, *Juncus bufonius* L. – Einjährige Büschel, zuweilen Pflanze an Pflanze: bildet so dichte Rasen. Je nach Standort (im Trockenen sehr nieder) 1 bis 30 cm hoch, hell-, selten graugrün. Halm aufrecht oder niederliegend, rund, zart. Zumindest die unteren Blattscheiden gelb oder rötlich, Spreiten schmal, fädlich, zuweilen fast borstlich-rinnig.
Rispe sehr locker mit gabeligen Ästen, die laubartigen Tragblätter etwa so lang wie der Blütenstand. Blütchen meist einzeln, kurzgestielt, relativ groß (bis über 5 mm lang). Blütenblätter spitzlanzettlich, grünlich, weißgesäumt. Staubblätter gelegentlich weniger als 6. Blütezeit 6–10. Häufig; vom Tiefland bis über die Bergregion (über 1000 m selten); auf Äckern, Wegen und offenen Stellen. Liebt nasse oder mindestens zeitweilig feuchte, meist kalkarme, nährstoffreiche, verdichtete Böden. Charakterart der Zwergbinsen-Gesellschaften *(Isoeto-Nanojuncetea).* Kosmopolit, fehlt nur im Äquator- und Polargebiet (ursprünglich eurasisch; durch den Europäer verschleppt, Klebeverbreitung). Die Pflanze ist sehr formenreich und ändert stark ab in Größe, Verzweigung und Blütenfarbe. Ihren Namen *(bufo,* lat. = Kröte) hat die Binse, weil sie an feuchten, oft schlammigen Orten wächst, wo sich auch gerne Kröten aufhalten. Die **Frosch-Binse,** *J. ranarius* Perr. et Song. gedeiht auf salzhaltigen Böden, hat dunkelrote Blattscheiden und ist vor allem an der Küste verbreitet *(rana,* lat. = Frosch; in Anlehnung an *bufonius,* wegen der etwas geringeren Größe). Öfters finden sich auch vergrünte oder kleistogame Blüten.

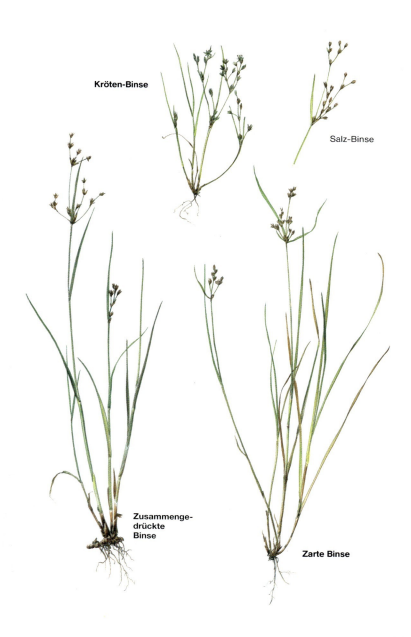

Hainsimsen, *Luzula* DC. – Diese Gattung gehört zur Familie der Binsengewächse *(Juncaceae)* und damit zu den Scheingräsern: Die Blüten sind keine Spelzenblüten, sondern besitzen eine 6blättrige radiäre Blütenhülle. Allerdings sind die Blütenblätter spelzenähnlich. Die Bestäubung erfolgt durch den Wind. Jede Blüte enthält 6 (selten durch Verkümmerung nur 3 bis 5) Staubgefäße und einen dreinarbigen Fruchtknoten, der bei der Reife zu einer einfächrigen Kapsel mit 3 Samen auswächst. Die Samen haben bei unseren Arten ein ölhaltiges Anhängsel; dieses wird von Ameisen gern gefressen, die so zur Verbreitung der Pflanzen beitragen. Die Hainsimsen unterscheiden sich von den echten Binsen *(Juncus* L.) durch ihre flachen, grasartigen und (zumindest jung) behaarten Blätter. *Luzula* von ital. *erba lucciola* = Glanzkraut *(lucere* = glänzen) wegen der glänzenden Blüten (Blätter?, Samen?) einiger Arten. „Hainsimse" = Simse auf trockenem Standort; vgl. S.63.

Blütenstand verzweigt, mit einzeln stehenden Blüten:

Haar-Hainsimse, *Luzula pilosa* (L.) Willd. – Ausdauernd; in meist dichten Rasen, sehr selten mit kurzen Ausläufern; 15 bis 30 cm hoch. Spreiten bis 10 mm breit und bis 10 cm lang, weiß bewimpert (= *pilosa).* Halmblätter klein und schmal.
Rispe mit dünnen, aufrechten, später zurückgeschlagenen Ästchen, die meist nur 1, seltener 2 Blütchen tragen. Blüten ca. 3 bis 4 mm lang, braun. Blütezeit 3–5.
Sehr häufig; vom Tiefland bis in die Voralpenregion (selten gegen 1500 m); in Laub- und Nadelwäldern, auch in Gebüschen oder auf Waldwiesen. Lehmhold; in verschiedenen Waldgesellschaften. Hauptvorkommen auf schwach feuchten, milden, lockeren, mineralreichen Böden. Europa bis Westsibirien.

Blütenstand reichverzweigt, mit gebüschelten Blüten:

Weiße Hainsimse, *Luzula luzuloides* (Lam.) Dandy et Wulm. (= *L. nemorosa* (Poll.) E. Mey). – Ausdauernd; in lockeren Rasen, selten mit kurzen Ausläufern; 30 bis 70 cm hoch. Untere Blattscheiden braun, Blätter 3 bis 5 mm breit, hellgrün, am Rand dicht bewimpert. Rispe aufrecht, erst schmal zusammengezogen, später locker, oft überhängend, höchstens so lang wie (meist kürzer als) die untersten, laubigen Tragblätter. Blüten meist nur 2 bis 3 mm lang, zu 2 bis 6 gebüschelt. Blütenblätter meist weiß, selten braun. Blütezeit 6–7. Häufig im Süden, weit gegen Norden zu seltener (aber in Ausbreitung begriffen), im Gebirge bis über 1800 m; in meist trockenen Wäldern, Gebüschen, auch auf Bergwiesen und Almen. Bevorzugt eindeutig sauren Boden (deshalb oft als Differentialart der sauren Assoziationen innerhalb der Gesellschaften der Edel-Laubwälder *(Querco-Fagetea)* herangezogen). Liebt nicht zu mineralarme Steinverwitterungsböden mit gutzersetzter Humusschicht. Gern an S- oder W-Hängen. Heimat Eurasien, zuweilen verwildert (New York).
Formenreiche Pflanze. Als Schattengras (Waldsame) in Gärtnereien verwendet (dadurch oft verschleppt). Der an sich paradoxe Name *Luzula luzuloides* = hainsimsenähnliche Hainsimse sagt uns, dass die Pflanze (von Lamarck) zuerst als Binse (hainsimsenähnliche Binse, *Juncus luzuloides)* angesprochen wurde.
Eine Zierde der Bergwälder ist die **Wald-Hainsimse,** *Luzula sylvatica* (Huds.) Gaud. Kennzeichen: Unterstes Tragblatt viel kürzer als der Blütenstand. Höhe 30 bis 90 cm, Blätter oft über 1 cm breit, Blüten 3 bis 4 mm lang zu 3 bis 5 gebüschelt. Steigt selten unter 300 m hinab, Massenverbreitung in Wäldern (auch auf Alpenmatten und in Latschenbeständen) über 500 m (bis 2000 m). Auf gut durchfeuchteten, sandigen, sauren Böden, in Regen- und Schneelage (bei uns W- und N-Hänge). Dort oft in so ausgedehnten Beständen, dass sie verjüngungshemmend wirkt. Wird auch vom Wild (und Vieh) nicht gern gefressen.

Blütenstand wenig verzweigt (doldig), Blüten in Ährchen:

Feld-Hainsimse, Hasenbrot, *Luzula campestris* (L.) DC agg. – Ausdauernd; zuweilen bräunlich überlaufen. Blätter 1/2 bis 4 mm breit. Dolde mit fast gleichlang gestielten Ährchen (das mittlere oft sitzend), diese erst aufrecht, später oft hängend, braun bis schwärzlich. Blütezeit 3–6.
Sehr häufig; vom Tiefland bis in die Alpen (über 2300 m). Kosmopolit. Die Blütenstände sollen süßlich schmecken (Hasenbrot).
Die Art im engeren Sinne oft mit kurzen Ausläufern, 4 bis 20 cm hoch, mit 3 bis 6 kugelig-eiförmigen, 6- bis 10blütigen Ährchen. Blütezeit 3–4. In Magerrasen und Heiden mit trockenen oder schwach feuchten, kalkarmen, sauren Böden.
Weiterhin zur Artengruppe gehört die **Vielblütige Hainsimse,** *L. multiflora* (Ehrh. ex Retz.) Lej. Ohne Ausläufer, 30 bis 50 cm hoch, breitblättrig, mit 5 bis 10 länglichen, 8- bis 16blütigen Ährchen. Blütezeit 4–6. Mehr in Wäldern und auf periodisch feuchten Wiesen mit sauren, nährstoffreichen, schweren Böden; *multiflora* = vielblütig.

Igelkolben, *Sparganium* L. – Die Familie der Igelkolbengewächse *(Sparganiaceae)* besteht nur aus dieser einzigen Gattung mit etwa 20 Arten, die vor allem in der kalten und gemäßigten Zone der Nordhemisphäre sowie in Neuseeland vorkommen. Es sind ausdauernde Kräuter (= Scheingräser) aus der Ordnung Schraubenpalmengewächse, *Pandanales,* mit langkriechendem Wurzelstock und Ausläufern. Die im Querschnitt dreikantig-schwammigen Blätter stehen schraubenartig am markerfüllten Halm. Die Blüten sind eingeschlechtig, zu ebensolchen Köpfchen vereinigt, die in den Achseln der laubartigen Tragblätter stehen. Dieselbe Pflanze trägt unten weibliche, oben männliche Köpfe, ist also einhäusig. Die Blüten sind von spelzenartigen Blütenblättern umgeben. Die Bestäubung erfolgt durch den Wind; die Pollen reifen gewöhnlich vor den Narben, doch ist Selbstbestäubung nicht ganz ausgeschlossen. Die langovalen Früchte sind nach vorne schnabelartig zugespitzt und spreizen sich vom Fruchtköpfchen igelartig (Name!) nach allen Seiten. Ihr Fruchtfleisch ist schwammig-porös und dient als Schwimmgewebe für die Wasserverbreitung.

Die Igelkolben spielen eine wichtige Rolle bei der Verlandung. Sie können weit ins Wasser hinein siedeln, wobei Halme und Blätter sich verlängern und im Wasser fluten (nur der Blütenstand wird über den Wasserspiegel gehoben). Als Streu oder gar Viehfutter sind sie ungeeignet. Gelegentlich werden die großen Formen zum Dachdecken mitverwendet.

Sparganon, gr. = Wickelband, der bandartigen Blätter wegen. Die systematische Abgrenzung der einzelnen Arten wird unterschiedlich gehandhabt, doch lassen sich 3 Formenkreise bei uns gut unterscheiden:

Blütenstand reichverzweigt, insgesamt 20 bis 100 Köpfchen:

Ästiger Igelkolben, *Sparganium erectum* L. (= *S. ramosum* Huds.). – In lockeren bis dichten Rasen, gras- bis gelbgrün, 30 bis 100 cm hoch. Halm starr aufrecht (= *erectum),* zur Fruchtzeit oft niedergedrückt. Halmblätter scheidenlos, 3 bis 15 mm breit, steif aufrecht, bei anderen Rassen schlaff übergebogen.

♂ Blütenköpfe erbsengroß, die Blüten mit 3 bis 8 Staubgefäßen und meist 3 schuppenartigen Blütenblättern; ♀ Köpfe haselnussgroß, die Blüten mit 3 bis 6 Blütenblättern und 1 Fruchtknoten. Blütezeit 6–8.

Häufig; vom Tiefland bis etwa 1000 m; an stehenden und langsam fließenden Gewässern im Röhricht, seltener in Sümpfen. Bevorzugt nährstoffreiche Gewässer mit Schlammgrund. Ordnungscharakterart der Röhrichte und Groß-Seggen-Riede *(Phragmitetalia australis).* Verbreitet in der gemäßigten Zone Eurasiens (bis zum Polarkreis).

Gliedert sich in mehrere ökologische Rassen, denen zuweilen Artrang gegeben wird, die aber durch Übergänge miteinander verbunden sind. Bei uns sind es vor allem 2 Formen, die eine ist höher und kräftiger und findet sich an stehenden Gewässern, die andere, an Fließgewässern, ist nur 30 bis 60 cm hoch.

Blütenstand einfach, mit 6 bis 15 Köpfchen:

Einfacher Igelkolben, *Sparganium emersum* Rehm. (= *Sp. simplex* Huds.). – In lockeren Rasen, hellgrün, 20 bis 60 cm hoch, meist im Wasser stehend oder aber (selten) bis über 1 m lang im Wasser flutend. Halmblätter 3–8 mm breit, am Grund scheidig verbreitert. ♂ Blütenköpfchen zu 1 bis 8, mit schuppenartigen Tragblättern, ♀ zu 2 bis 5 mit laubartigen Tragblättern, die untersten zuweilen kurzgestielt. Blütezeit 6–7.

Zerstreut; vom Tiefland bis in die Voralpen (900 m); im Röhricht stehender oder langsam fließender Gewässer, auch in Sümpfen und Gräben. Schlammsiedler. Ordnungscharakterart der Röhrichte und Groß-Seggen-Riede *(Phragmitetalia australis).* Verbreitet in der gemäßigten Zone der nördlichen Hemisphäre. Formenreich.

Blütenstand einfach, mit 2 bis 5 Köpfchen:

Zwerg-Igelkolben, *Sparganium natans* L. (= *Sp. minimum* Wallr.). – In lockeren, gelbgrünen Rasen, 15 bis 30 cm hoch oder (meist) flutend bis 80 cm lang. Stängel etwas schlaff. Blätter zart, schlaff, niederliegend oder flutend, 2 bis 8 mm breit.

Nur 1 (sehr selten 2) ♂ Köpfchen, ♀ meist 3, das unterste öfters gestielt. Blütezeit 7–8. Im Norden häufig, gegen Süden zu zerstreut, einzeln bis in die Alpen (1400 m); an nährstoffreichen Tümpeln und Gräben. Liebt mehr torfige (schlammige) Böden mit Sanduntergrund. Verbandscharakterart der Atlantisch-montanen Torfschlamm-Gesellschaften *(Sphagno-Utricularion),* aber auch in Laichkrautgesellschaften *(Potamogetonion pectinati).* Verbreitet im mittleren und nördlichen Teil von Europa, Asien und Nordamerika. Formenreich, in Faulgewässern oft riesenwüchsig.

Rohrkolben, *Typha* L. – Diese, zu den Scheingräsern zählenden Pflanzen sind Vertreter der vorzugsweise tropischen Ordnung der Schraubenpalmengewächse *(Pandanales).* Etwa 12 Arten bilden die einzige Gattung der Familie Rohrkolbengewächse *(Typhaceae).* Sie haben alle langkriechende Wurzelstöcke und aufrechte, markige, unverzweigte Halme mit zweizeilig angeordneten Blättern. Zwei dicke, übereinanderstehende Kolben am Halmende bilden den Blütenstand. Der untere, dichte, braunsamtige enthält die ♀ und sterile, der lockere, hellerfarbige, obere die ♂ Blüten. Alle sind ohne Blütenhülle, doch wird jeder Kolben für sich im Jugendzustand von einem häutigen Blatt umschlossen. Die Bestäubung erfolgt durch den Wind. Die Pollenkörner sind in sehr charakteristischer Form zu Vierergruppen vereinigt und reifen vor den Narben derselben Pflanze. Die reifen Früchtchen werden durch den Wind verbreitet, da ihr Stiel mit Flughaaren besetzt ist.

Alle heimischen Rohrkolben spielen als Verlandungspflanzen eine wichtige Rolle. Ihre Blätter ergeben nach Natronlaugenbeize eine Spinnfaser, doch dienen sie vor allem als Flecht- und Verpackungsmaterial oder zum Abdichten von Fässern (Küfergras!). Die Halme eignen sich zum Dachdecken oder als Brennmaterial, die stärkehaltigen Wurzelstöcke ergaben in Notzeiten bei uns eine Nahrung (in China, Neuseeland, Sibirien und Amerika sowie in Afrika stellenweise zur üblichen Kost zählend). Früher wurden auch die Fruchthaare als Polsterung, Bettfüllung oder Watteersatz verwendet. Die Blütenstände werden noch heute für dekorative Trockensträuße gesammelt. Die Griechen gaben den Namen *typha,* vielleicht von *typhein,* rauchen, brennen. Entweder wegen der Verwendung der Pflanze als Brennmaterial oder – nach anderer Lesart – weil der ♀ Kolben wie angebrannt aussieht.

Blattbreite 1 bis 2 cm:

Breitblättriger Rohrkolben, *Typha latifolia* L. – Ausdauernd; in lockeren, hohen Rasen, 1–2,5 m hoch; Wurzelstock bis 2 cm dick. Blätter blaugrün, mit sehr breiter Scheide, den Blütenstand erreichend oder überragend. Blütenstand insgesamt 10 bis 50 cm lang, beide Kolben gleich lang, einander berührend oder sehr selten bis zu 3 cm auseinandergerückt, der untere bis 2 cm dick. Blütezeit 7–8.

Häufig; vom Tiefland bis in die Voralpenregion (800 m); an Ufern, in Gräben und im Röhricht, sehr selten in Hochmooren. Meist in Verlandungsgesellschaften nährstoffreicher, stehender Gewässer; bis zu 1 m Wassertiefe. Charakterart der Rohrkolben-Röhrichte *(Typhetum latifoliae)* innerhalb des Verbandes der Echten Röhrichte *(Phragmition australis).* Kosmopolit.

Blätter 0,5 bis 1 cm breit:

Schmalblättriger Rohrkolben, *Typha angustifolia* L. – Wie voriger, aber grasgrün, 1 bis 2 m hoch. Blätter unterseits etwas gewölbt, ♀ Kolben bis 1 cm dick, meist 3 bis 6 cm vom oberen entfernt, sehr selten genähert. Blütezeit 7–8.

Ebenfalls häufig, doch im ganzen etwas seltener als voriger; vom Tiefland bis in die Alpentäler (600 m); in Gräben, Heidemooren und in der Verlandungszone stehender oder langsam fließender Gewässer. Salzliebend. Verbandscharakterart der Echten Röhrichte *(Phragmition australis).* Verbreitet in Europa, westliches Asien, Nordamerika, Australien. Im Habitus variabel. **Shuttleworth-Rohrkolben,** *T. shuttleworthii* Koch et Sond. – Steht zwischen beiden Arten: Höhe 60 bis 150 cm, Blätter 5 bis 10 mm breit, Kolben sich berührend, der obere meist nur halb so lang wie der untere. Zerstreut, nur im Süden, im weiteren Alpenvorland selten, an kühlen Fließgewässern. Verbreitet in den Alpen und ihren Nachbargebirgen (Ostpyrenäen bis Siebenbürgen).

Blätter unter 3 mm breit:

Kleiner Rohrkolben, *Typha minima* Funck ex Hoppe. – 30 bis 60 cm hoch, Kolben kugelig bis eiförmig. Blütenhalm ohne Blattspreiten. Bei der Herbstform Halm mit Blättern. Äußerst seltene und im Rückgang begriffene Art im Gebiet der größeren Alpenflüsse (Oberrhein, Lech, Isar, Inn). Wird in Nordchina als Nahrungspflanze (Wurzelstock) angebaut.

Die nachfolgenden Pflanzen gehören den verschiedensten Ordnungen des Pflanzenreichs an. Sie ähneln im äußeren Aufbau aber den Gräsern.

Blütenstand lockertraubig, endständig, ohne Tragblätter:

Sumpf-Dreizack, *Triglochin palustre* L. – Ausdauernd; 10 bis 50 cm hoch, Halm dünn, blattlos. Blätter grundständig, rosettig, binsenartig.
Traube mit bis zu 50 spiralig stehenden, kurzgestielten, grüngelben, sechsstrahligen Blütchen, Blütenblättchen bald abfallend, Staubblätter 6, 1 Fruchtknoten mit 3 (-6) Narben. Frucht dreizackig (Name! *tri* = drei, *glochin* = Pfeilspitze). Blütezeit 6–8.
Zerstreut; vom Tiefland bis in die Alpen (über 1500 m); in Sumpfwiesen und Gräben, oft halb im Wasser. Der **Strand-Dreizack,** *T. maritimum* L., sehr häufig auf nassen Salzwiesen der Küste im Binnenland selten auf Salzböden, ist oft höher und hat eine dichtere, grünblütige Traube (Frucht sechszackig, daher auch Sechszack genannt). Er gilt als gutes Viehfutter und wird als Gemüse gelegentlich gesammelt. Der fadlaugige Geschmack verschwindet beim Kochen. Früher auch zur Sodagewinnung verwendet.

Blütenstand lockertraubig, endständig, mit Tragblättern:

Gewöhnliche Simsenlilie, *Tofieldia calyculata* (L.) Wahlenb. – Ausdauernd; 10 bis 30 cm hoch, Halm unten mit kleinen Blättchen, Grundblätter rosettig-reitend, sattgrün, flach.
Traube unten locker, oben dichter, mit 5 bis 20 kurzgestielten, grüngelben bis gelblichweißen, sechsstrahligen Blütchen. Jedes in der Achsel eines laubartigen Tragblattes. Staubblätter 6, 1 Fruchtknoten mit 3 Narben. Blütezeit 6–8.
Häufig in den Alpen und ihrem Vorland, sonst selten; in nassen bis periodisch feuchten Rasengesellschaften. Kalkliebend, auf schweren, grundnassen, nährstoffreichen Böden. Tonzeiger. Vertreter der Liliengewächse, ähnlich einer Simse (Name!); *Tofieldia* nach dem englischen Botaniker Tofield; 3 winzige Blattschuppen bilden unter jeder Blüte eine Art Kelch (= *calyx*).

Blütenstand dichtkolbig, endständig:

Strand-Wegerich, *Plantago maritima* L. – Ausdauernd; 15 bis 40 cm hoch. Halm meist bogig, blattlos. Blätter in grundständiger Rosette, fleischig, binsenartig.
Blüten vierzählig, mit trockenhäutiger Hülle, dichtgedrängt. Staubblätter 4,1 Fruchtknoten mit einer Narbe. Blütezeit 6–10.
Häufig an der Küste, im Binnenland selten auf feuchten Salzwiesen. Mäßiges Viehfutter, gelegentlich zu Gemüse gesammelt. Sehr ähnlich, doch im Wuchs kleiner (5 bis 15 cm) und nur in den Alpen (häufig) auf Matten und im Hangschutt: **Alpen-Wegerich,** *P. alpina* L., als Weidefutter geschätzt. Die Samen beider Arten werden wie die ihrer Verwandten zu Vogelfutter und als Abführmittel verwendet. Beide gehören zu den Wegerichgewächsen. *Planta* = Fußsohle, die dem Boden angedrückten Blätter (anderer Arten) ähneln Fußstapfen; vielleicht auch wegen der Verbreitung längs der begangenen Pfade (hierfür Wegerich).

Blütenstand dichtkolbig, seitenständig:

Kalmus, *Acorus calamus* L. – Ausdauernd; 60 bis 120 cm hoch, lockerrasig mit langkriechendem, stark verzweigtem, bis 3 cm dickem, aromatisch riechendem Wurzelstock. Halm aufrecht bis aufsteigend, unten rötlich, dreieckig (eigentlich zweiseitig mit einer scharfen und einer rinnigen Kante), mit zweiseitig gestellten Laubblättern, nach oben durch ein Laubblatt fortgesetzt. Blätter hellgrün, unten rötlich, 10 bis 15 mm breit, bis 120 cm lang.
Kolben (selten zu zweit) gelbgrün, walzlich, bis 1 cm dick und 8 cm lang, mit zwittrigen Blüten aus 6 kleinen Blütenblättchen, 6 Staubblättern und 1 Fruchtknoten. Blütezeit 6–7. Kommt bei uns nie zur Reife (Vermehrung durch Stücke des Wurzelstockes).
Zerstreut; im Röhricht der Seen und Bäche; bei uns nur aus alten Kulturen verwildert (Heimat subtropisches Asien, von Alexander d. Gr. aus Indien nach Kleinasien, gegen 1570 aus der Türkei nach Europa gebracht). Selten über 800 m, da sehr wärmeliebend.
Altes Arzneimittel, der Wurzelstockextrakt galt als magenstärkend und verdauungsfördernd, er wird auch in der Parfümerie und zur Likörbereitung verwendet. Der Wurzelstock ist stärkehaltig und kann kandiert gegessen werden, pulverisiert dient er als Zahnputzmittel und für (schwach) hautreizende Bäder. Neben seiner Verwendung als Zimmerschmuck spielt der Kalmus auch im Volksglauben und als Material für Kinderspiele eine Rolle (Pfingstsymbol); die jungen, inneren Blätter werden gern gegessen. Gehört zu den Aronstabgewächsen. Kalmus von *calamus* = Schilfrohr, *akoros* war bei den Alten eine Pflanze mit aromatisch riechender Wurzel (vermutlich der Kalmus), Ableitung vieldeutig: *akoros* = ungeschmückt (ohne farbige Blüten); *akos* = Heilung (also Heilpflanze); a = gegen, *kore* = Pupille (Mittel gegen Augenleiden).

Extra

Ökowerte einiger in Mitteleuropa weitverbreiteter Gräser und Grasartigen

In der Tabelle sind ökologische Grunddaten der in Mitteleuropa häufigen Arten dieses Buches aufgelistet (T-W-R-N-Werte).

In der **T-Spalte** (Temperaturwerte) wird die Vegetationszone genannt, in der die Art ihre Hauptverbreitung hat.

3 – (alpine und) boreale Nadelwaldzone
4 – Zone der Laub/Nadel-Mischwälder
5 – Zone der sommergrünen Laubwälder
6 – Zone der südlichen Hartlaubwälder
7 – mittelmeerische Buschwaldzone

0 – weltweite (bzw. fast weltweite) Verbreitung

Der Zusatz **a** weist auf mehr atlantische (meernahe) Ausbreitungstendenz (milde Winter, kühle Sommer, regenreich), der Zusatz **k** auf eher kontinentale (binnenländische) Ausbreitungstendenz (kalte Winter, heiße Sommer, trocken).

Die Zahlen in der **m ü.M.-Spalte** daneben geben Auskunft über die vertikale Ausbreitung. Sie zeigen auf, bis zu welcher Höhengrenze (in m ü.M.) die Pflanze in Mitteleuropa noch angetroffen werden kann (unbeständige Gelegenheitsvorkommen ausgeschlossen).

W-Werte bezeichnen den Anspruch der Pflanze an das Wasserangebot im Boden.

1 – sehr trocken
3 – mäßig trocken
5 – frisch
7 – feucht
9 – nass

2 – trocken
4 – mäßig frisch
6 – mäßig feucht
8 – mäßig nass
10 – sehr nass

0 – besiedelt Böden aller Feuchtigkeitsgrade.

(trocken – Trockenheit in Handprobe spürbar, frisch – Feuchte in Handprobe spürbar, feucht – Wasser lässt sich aus Handprobe mit großer Kraft auspressen, nass – Boden stellen- (oder zeit-)weise wasserbedeckt, zumindest Trittspuren füllen sich mit Wasser).

R-Werte stehen für Ansprüche an den Säure- bzw. Kalk(Basen)gehalt des Bodens.

1 – Pflanze ist guter Säurezeiger
2 – Pflanze ist schwacher Säurezeiger
3 – Pflanze tritt besonders auf schwach sauren Böden auf
4 – Pflanze meidet stark saure Böden
5 – Pflanze ist Kalkzeiger

0 – Pflanze verhält sich indifferent gegenüber dem Säuregrad des Bodens.

Die **N-Skala** bezieht sich auf den Nährstoffbedarf der Pflanze (Stickstoffgehalt des Bodens).

1 – fast nur auf magerem Boden
2 – vorwiegend auf mageren Böden
3 – auf mäßig nährstoffreichen Böden
4 – auf nährstoffreichen Böden
5 – auf übermäßig nährstoffreichen = überdüngten Böden

0 – Vorkommen unabhängig vom Nährstoffgehalt des Bodens

Sämtliche Daten sind als Näherungswerte aufzufassen, da die botanische Forschung noch lange nicht so fortgeschritten ist, um für alle Arten exakte Messergebnisse liefern zu können. Die bislang gemachten Erhebungen stammen zudem aus verschiedenen und entfernten Gebieten Europas. Es ist sehr wahrscheinlich, dass die Arten im Großraum mit mehreren Sippen vertreten sind, unter denen sich auch solche mit unterschiedlichen ökologischen Ansprüchen befinden.

In der letzten Spalte sind die bislang bekanntgewordenen Chromosomenzahlen der Arten (doppelter Satz = **2n**) angegeben. In der **2n-Spalte** werden zwei bei derselben Art konstatierte Chromosomenzahlen durch ein „/" getrennt aufgeführt. Liegen für eine Art mehrere verschiedene Angaben vor, ist der Minimalwert durch „–" mit dem Maximalwert verbunden.

Wolliges Honiggras

Name	Seite	T	m ü.M.	W	R	N	2n
Süßgräser							
Grüne Borstenhirse	98	6k	800	3	0	4	18
Hühnerhirse	98	0	600	9	3	4	54
Wald-Flattergras	100	5a	1900	6	3	3	28
Rotes Straußgras	102	5a	2200	3	2	2	28
Weißes Straußgras	102	5	1800	8	4	3	28–42
Windhalm	104	5	1000	1	3	4	14
Land-Reitgras	106	5	1100	3	0	2	28–56
Wald-Reitgras	106	5	1500	4	2	3	28
Wolliges Honiggras	108	5a	900	5	0	3	14
Wiesen-Knäuelgras	108	5a	2000	6	4	4	28
Wald-Knäuelgras	108	5a	1400	4	3	3	14
Rohr-Glanzgras	108	5	1000	9	4	4	14/28
Glatthafer	112	5a	1400	5	0	4	14/28
Goldhafer	112	5	2400	4	4	4	14/28
Rasenschmiele	112	5	2400	7	0	2	26
Flaumiger Wiesenhafer	114	5	2200	4	0	3	14
Gewöhnliches Ruchgras	116	5	2200	4	3	0	20
Einblütiges Perlgras	118	5a	1000	4	4	3	18
Nickendes Perlgras	118	5a	1900	5	3	3	18
Dreizahn	118	5a	2200	4	2	1	36
Schilf	120	0	1100	10	4	3	36–96
Pfeifengras	120	5	1900	5	2	1	18–90
Draht-Schmiele	122	3	2300	4	1	2	26/28
Zittergras	122	5a	1900	6	0	2	14
Einjähriges Rispengras	124	0	2500	8	0	5	28
Wiesen-Rispengras	126	5	2400	6	0	0	28–147
Gewöhnliches Rispengras	126	5	2400	9	0	4	14/28
Hain-Rispengras	126	5	2000	4	3	1	28/56
Flutender Schwaden	128	5a	1600	9	0	3	20/40
Schaf-Schwingel	130	5a	1500	4	2	0	14–42
Rot-Schwingel	132	5	2200	5	0	0	42/56
Wiesen-Schwingel	134	5	1600	7	0	4	14
Riesen-Schwingel	134	5	1100	7	3	4	42
Aufrechte Trespe	136	6a	1400	2	4	2	56
Wehrlose Trespe	136	5k	600	3	4	3	28–56
Taube Trespe	136	7	800	2	4	4	14/28
Weiche Trespe	138	5	1000	3	0	3	28
Fieder-Zwenke	140	5a	1500	2	4	2	28
Wald-Zwenke	140	5a	1100	5	4	3	18
Kammgras	140	5a	1700	4	0	3	14
Englisches Raygras	142	5a	1100	5	0	4	14
Borstgras	142	3a	2500	4	2	1	26
Gewöhnliche Quecke	144	5	900	3	0	5	42
Hunds-Quecke	144	5	1200	6	4	4	28
Wiesen-Lieschgras	150	5	1700	5	0	4	42
Wiesen-Fuchsschwanzgras	152	5	1500	8	0	4	28

Name	Seite	T	m ü.M.	W	R	N	2n
Riedgräser							
Gewöhnliche Sumpfbinse	156	5a	1600	10	4	3	16–18
Vielstängelige Sumpfbinse	156	5a	600	10	4	2	20
Zittergras-Segge	160	5a	1400	6	2	1	58
Hasenpfoten-Segge	160	4	1900	8	3	3	64–68
Kamm-Segge	162	5	1200	9	4	2	62
Fuchs-Segge	164	5	900	9	4	4	68
Sparrige-Segge	164	5	1300	4	0	3	56/58
Winkel-Segge	164	5a	1300	8	3	4	62
Rispen-Segge	166	5a	1800	10	4	1	60–64
Graue Segge	168	4	1900	10	2	3	56
Steife Segge	170	5a	1600	10	0	2	74–80
Schlanke Segge	170	5	1600	10	0	3	74/84
Wiesen-Segge	170	5	2200	9	3	2	74–88
Sumpf-Segge	172	5a	1700	10	4	3	78
Blasen-Segge	172	5	1600	10	4	1	74–86
Riesen-Segge	174	5a	1200	9	4	3	58/60
Wald-Segge	174	5a	1600	6	4	3	58
Gelb-Segge	176	5a	1900	9	0	1	60–70
Bleiche Segge	176	5a	2000	6	3	1	62–66
Blaugrüne Segge	178	5a	2000	3/7	4	1	76
Behaarte Segge	178	5a	1100	7	0	3	112
Hirsen-Segge	180	5a	1800	7	0	2	32
Finger-Segge	180	5a	1800	5	3	3	48–54
Berg-Segge	182	5a	1700	4	3	2	38
Pillen-Segge	182	5a	1700	4	1	3	18
Schatten-Segge	182	5a	1700	6	3	3	66
Frühlings-Segge	182	5	1800	4	0	2	62
Strandsimse	190	0	500	10	5	0	76–110
Schmalblättriges Wollgras	192	3	1900	9	3	1	58
Gewöhnliche Simse	194	5	1000	9	0	3	62/64
Gewöhnliche Teichsimse	194	5/6	1000	10	4	4	38–54
Binsengewächse							
Flatter-Binse	196	5	1300	9	3	3	42
Knäuel-Binse	196	5	1100	9	3	2	40/42
Glanzfrüchtige Binse	200	5	1700	10	0	1	80
Zarte Binse	202	5	1000	6	3	3	30–40
Zusammengedrückte Binse	202	5	1200	7	4	4	40/44
Kröten-Binse	202	0	1100	9	3	3	30–106
Haar-Hainsimse	204	5	1600	4	4	3	66–72
Weiße Hainsimse	204	5a	1900	4	2	2	12
Wald-Hainsimse	204	5	2000	5	3	3	12
Feld-Hainsimse	204	0	2100	4	2	1	12–48
Sonstige Grasartige							
Ästiger Igelkolben	206	5	900	11	0	4	30
Breitblättriger Rohrkolben	208	0	800	10	4	4	30
Schmalblättriger Rohrkolben	208	4	700	10	4	3	30

Zur Beurteilung von Wirtschaftsgrünland

Seit eh und je ist der größte Teil des mitteleuropäischen Grünlandes Kulturfläche, d.h. bearbeitet und erhalten vom Mensch zum Zwecke des Nutzungsgewinnes.
Wurde früher durch regelmäßige Mahd oder Beweidung nur das Aufkommen von Wald verhindert, wird heute eine optimale Nutzung der zur Verfügung stehenden Flächen angestrebt.
Dazu gehört neben Bodenverbesserung auf verschiedene Art auch eine intensive Bestandspflege. Eine Wiese oder Weide liefert nur dann bestes Futter in großer Menge, wenn sie aus einem Gemisch von (wenigen) ausgesuchten Gras- und Kleearten aufgebaut ist.
Extensivgrünland ist heute zum größten Teil in Intensivgrünland oder Ackerland umgewandelt, bzw. aufgeforstet worden.
In der nachfolgenden Übersicht sind sämtliche derzeit noch in Mitteleuropa gebräuchlichen Hauptarten von Grünlandnutzung aufgelistet, gegliedert in absteigender Reihenfolge nach Zunahme der Nutzungsintensität.

Extensive Weidenutzung
Hutung: (Wander-)Schäferei auf nicht eingezäunten Flächen, Daueraufsicht.
Standweide: Wenige große Koppeln mit Dauerweidebetrieb, wenig Aufsicht.

Intensive Weidenutzung
Mähstandweide: Großkoppel mit wechselnder Unterteilung + Mahd (Futterüberschuss).
Mehrkoppelweiden: Kleinkoppeln, kurz beweidet + Mahd (Futterüberschuss); z. B.:

Portionsweide mit 15–25 Koppeln, Wechsel: täglich	Umtriebsweide mit 8–12 Koppeln, Wechsel: 1–3 Tage	Koppelweide mit 4–8 Koppeln, Wechsel: 1–2 Wochen

Extensive Mähnutzung
Einmähdige ungedüngte Wildheuwiese: Naturbelassen, Mahd im Spätsommer.
Ein-/zweimähdige gedüngte Wiese: Wenig gepflegt, Herbstdüngung (Mist).

Intensive Mähnutzung
Zweimähdige vollgedüngte Wiese: Mehrmalige Düngung, Bodenpflege, geringe Bestandspflege, Heu/Öhmd.
Mehrmähdige vollgedüngte Wiese: Ertragssortenansaat, Intensivpflege. Null-Weide (Zerograzing): Statt Weide laufend Stallfütterungsschnitt auf kleinen Portionsflächen, Intensivpflege, Intensivdüngung

Eine Intensivwiese von heute besteht zu mehr als 80 % aus nur einer Grasart oder einem Gemisch weniger Arten, zu denen neben den Hochertragsgräsern auch noch der Weiß-Klee *(Trifolium repens)* zählt. Die Hochertragsgräser, von denen manche inzwischen in zahlreichen Zuchtsorten vorliegen, sind in der nächsten Tabelle aufgezählt. Alle anderen Arten gelten in der modernen Grünlandwirtschaft als »Unkräuter« bzw. »Ungräser«.

Name	Seite	Sorten		Besondere Eignung für: Wiesentyp	Boden	Nachteile:
Wiesen-Schwingel	134	> 25	O	alle Typen	frisch-feucht	kaum
Wiesen-Rispengras	126	> 10	U	alle Typen	frisch-trocken	kaum
Wiesen-Lieschgras	152	> 10	O	alle Typen	feucht (kühl)	verdrängbar
Wiesen-Knäuelgras	108	10	O	alle Typen	mäßig trocken	frühreif
Engl. Raygras	142	±100	U	eher Weiden	frisch	schnittschwach
Goldhafer	112	1	M	eher Mähwiese	frisch-trocken	Berggras
Wiesen-Fuchsschwanzgras	144	1-2	O	nur Mähwiese	mäßig feucht	sehr frühreif
Glatthafer	112	± 5	O	nur Mähwiese	frisch-trocken	weideschwach
Rot-Schwingel	132	> 5	U	nur Mähwiese	frisch-trocken	eher Berggras

Weniger extrem genutztes Intensivgrasland weist neben einem geringen Prozentteil der vorigen mehr oder weniger hohe Anteile weiterer Gräser auf:

Name	Seite		Futterwert	Hauptfundort	Zeiger für
Wolliges Honiggras	108	M/O	gering	jedes Grünland	±Feuchtboden
Kammgras	140	M/O	gut	jedes Grünland	Lehmboden
Gewöhnliches Ruchgras	116	U	gering	jedes Grünland	Ca-+N-Armut
Rotes Straußgras	102	U	gering	(Berg-)Grünland	±Säure, N-Armut
Herbst-Rot-Schwingel	132	U/M	gut	(Berg-)Weiden	±Säure, mäßig N
Einjähriges Rispengras	124	U	bedingt gut	Weiden	Unterbeweidung
Gewöhnliche Quecke	146	O	mittel/gut	Weiden	Überbeweidung
Gewöhnliches Rispengras	126	M/O	mittel/gering	Feuchtwiesen	Riegemängel
Rohr-Schwingel	104	O	mittel/gut	Mähwiesen	±Nässe, Dichte
Weiche Trespe	138	U/M	gering	Mähwiesen	±Trockenboden
Flaumiger Wiesenhafer	114	O	gut/sehr gut	Mähwiesen	mäßige Düngung
Italienisches Raygras	142	M/O	sehr gut	Mähwiesen	Jungwiesen

O – Ober-, M – Mittel-, U – Untergras; N – Stickstoff (Nährstoff), Ca – Kalk (Basen)

In lediglich extensiv genutztem Grünland treten vermehrt Wildgräser der folgenden Arten unter starker Zurückdrängung der zuvor genannten auf:

Name	Seite		Futterwert	Hauptfundort	Zeiger für
Rohr-Glanzgras	108	O	mittel/gut	Nasswiesen	Wechselnässe
Pfeifengras	120	O	mittel	Feuchtwiesen	N-Armut, Moder
Rasen-Schmiele	112	O	sehr gering	Feuchtwiesen	Grundwassernähe
Weißes Straußgras	102	M	gut	Feuchtwiesen	Wechselfeuchte
Knoten-Gerste	150	M/O	mittel/gut	Salzwiesen	N, Trittdichte
Gewöhnlicher Salzschwaden	128	U	mittel/gut	Salzwiesen	N, Salztonboden
Strand-Salzschwaden	128	M	gut	Salzweisen	Wattenboden
Silbergras	110	U	gering	Sandrasen	Lockerboden
Borstgras	142	U	sehr gering	Magerrasen	Säure, Ca-Armut
Dreizahn	118	U	sehr gering	Magerrasen	Säure, Torfboden
Draht-Schmiele	122	U/M	mittel/gering	Magerrasen	Säure, N-Armut
Zittergras	122	U	mittel/gering	Magerrasen	Humus, Lehmboden
Rauer Wiesenhafer	114	M/O	mittel/gering	Trockenrasen	N-Armut, Dichte
Schillergras	110	M	gering	Trockenrasen	Ca, ±N-Armut
Schaf-Schwingel	130	U	mittel/gering	Trockenrasen	N-Armut, Säure
Aufrechte Trespe	136	O	mittel	Trockenrasen	N-Armut, Ca
Fieder-Zwenke	140	O	gering	Trockenrasen	N-Armut, Ca
(Kalk-)Blaugras	116	U	gering	Matten	Ca, Steinboden
Alpen-Lieschgras	152	U/M	mittel	Matten	N, Lehmboden
Matten-Lieschgras	152	M/O	gut	Matten	N, Lockerboden
Niedriger Schwingel	130	U	mittel/gering	Matten	Steinboden
Gämsen-Schwingel	130	U	gut	Matten	Ca, Steinboden
Violetter Schwingel	130	U/M	mittel/gut	Matten	N, Lockerboden
Alpen-Rispengras	124	U	gut	Matten	N, ±Feuchtboden
Diverse Binsen	196 ff	–	sehr gering	Nass/Feuchtw.	+N, Bodenstörung
Diverse Seggen	158 ff	–	sehr gering	Nass/Feuchtw.	±Säure, +N

O – Ober-, M – Mittel-, U – Untergras; N – Stickstoff (Nährstoff), Ca – Kalk (Basen)

Register der Gräser

Synonyme in Klammern

Acker-Fuchsschwanzgras 154
Acker-Trespe 138
Acorus calamus 210
Ährenried 158
Ästiger Igelkolben 206
(Agropyron caninum) 146
(Agropyron junceum) 148
(Agropyron repens) 146
(Agrostis alba) 102
Agrostis alpina 102
Agrostis canina 102
Agrostis capillaris 102
Agrostis rupestris 102
(Agrostis spica-venti) 104
Agrostis stolonifera 102
(Agrostis tenuis) 102
(Agrostis vulgaris) 102
Aira caryophyllea 110
Aira praecox 110
Alopecurus aequalis 154
(Alopecurus fulvus) 154
Alopecurus geniculatus 154
Alopecurus myosuroides 154
Alopecurus pratensis 154
Alpen-Binse 200
Alpen-Haarsimse 192
Alpen-Lieschgras 152
Alpen-Rispengras 124
Alpen-Straußgras 102
Alpen-Wegerich 210
Alpenwollgras 192
Amethyst-Schwingel 130
Ammocalamagrostis baltica 148
Ammophila arenaria 148
(Ammophila baltica) 148
Andel 128
(Andropogon ischaemum) 96
(Anthoxanthum aristatum) 116
Anthoxanthum odoratum 116
Anthoxanthum puellii 116
Apera spica-venti 104
Armblütige Sumpfbinse 156
Arrhenatherum elatius 112
(Atropis) 128
Aufrechte Trespe 136
Ausdauernder Lolch 142
Avena fatua 114
Avena nuda 114
Avena orientalis 114
(Avena pratensis) 114

(Avena pubescens) 114
Avena sativa 114
(Avena strigosa) 114
(Avenella flexuosa) 122
(Avenochloa pratensis) 114
(Avenochloa pubescens) 114
(Avenochloa versicolor) 114

Baltische Binse 196
Baltischer Strandhafer 148
Bandgras 108
Bartgras 96
Bart-Weizen 144
Beckmannia eruciformis 98
Beckmannsgras 98
Behaarte Segge 178
Behaartes Liebesgras 122
Benthalm 120
Berg-Reitgras 106
Berg-Segge 182
Bermudagras 96
Besenried 120
Binse 196–202
Binsen-Schneide 190
Blasen-Segge 172
Blauer Helm 148
Blaues Kopfgras 116
Blaugras 116
Blaugrüne Binse 196
Blaugrüne Segge 178
Blau-Segge 178
Bleiche Segge 176
Bluthirse 96
Blutrote Fingerhirse 96
Blysmus compressus 162
Blysmus rufus 162
Bolboschoenus maritimus 190
Borstenhirse 98
Borstgras 142
Borstige Moorsimse 194
Borstige Schuppensimse 194
Borstsimse 194
Bothriochloa ischaemum 96
Brachypodium pinnatum 140
Brachypodium sylvaticum 140
Braunes Schnabelried 188
Braunes Zypergras 190
Bräunliche Segge 168
Breitblättriger Rohrkolben 208
Breitblättriges Wollgras 192

Briza maxima 122
Briza media 122
Briza minor 122
Bromus arvensis 138
(Bromus asper) 136
Bromus commutatus 138
Bromus erectus 136
Bromus hordeaceus 138
Bromus inermis 136
(Bromus mollis) 138
Bromus racemosus 138
Bromus ramosus 136
Bromus secalinus 138
Bromus sterilis 136
Bromus tectorum 136
Bunter Wiesenhafer 114
Buntes Perlgras 118

Calamagrostis arundinacea 106
Calamagrostis canescens 106
Calamagrostis epigejos 106
(Calamagrostis lanceolata) 106
Calamagrostis pseudophragmites 106
Calamagrostis varia 106
Calamagrostis villosa 106
Carex acuta 170
Carex acutiformis 172
Carex alba 180
Carex appropinquata 166
Carex arenaria 162
Carex atrata 184
Carex brachystachys 186
Carex brizoides 160
Carex brunnescens 168
Carex buxbaumii 172
Carex canescens 168
Carex caryophyllea 182
Carex cespitosa 170
(Carex contigua) 164
Carex davalliana 158
Carex diandra 166
Carex digitata 180
Carex dioica 158
Carex distans 176
Carex disticha 162
Carex divulsa 164
Carex echinata 168
Carex elata 170
Carex elongata 168
Carex ericetorum 182

219

Carex extensa 176
Carex ferruginea 184
(Carex filiformis) 178
Carex firma 186
Carex flacca 178
Carex flava 176
Carex frigida 184
Carex fritschii 182
(Carex fusca) 170
(Carex glauca) 178
(Carex goodenowii) 170
Carex guestphalica 164
(Carex gracilis) 170
Carex hartmanii 172
Carex hirta 178
Carex hostiana 176
Carex humilis 180
(Carex inflata) 172
(Carex intermedia) 162
Carex lasiocarpa 178
(Carex leersii) 164
Carex lepidocarpa 176
(Carex leporina) 160
Carex ligerica 162
Carex limosa 178
Carex montana 182
Carex muricata 164
Carex nigra 170
(Carex oederi) 176
Carex ornithopoda 180
Carex ovalis 160
(Carex pairaei) 164
Carex pallescens 176
(Carex paludosa) 172
Carex panicea 180
Carex paniculata 166
(Carex paradoxa) 166
Carex pendula 174
Carex pilulifera 182
(Carex polyphylla) 164
Carex praecox 160
Carex pseudocyperus 174
Carex pulicaris 158
Carex remota 164
Carex riparia 172
Carex rostrata 172
Carex sempervirens 186
Carex spicata 164
(Carex stellulata) 168
(Carex stricta) 170
Carex strigosa 174
Carex sylvatica 174
(Carex tenuis) 186
Carex umbrosa 182
(Carex verna) 182
Carex vesicaria 172
Carex viridula 176
Carex vulpina 164
Catabrosa aquatica 120

Cladium mariscus 190
Corynephorus canescens 110
Cynodon dactylon 96
Cynosurus cristatus 140
Cyperus esculentus 190
Cyperus flavescens 190
Cyperus fuscus 190
Cyperus papyrus 190

Dach-Trespe 136
(Dactylis aschersoniana) 108
Dactylis glomerata 108
Dactylis polygama 108
Danthonia decumbens 118
Deschampsia cespitosa 112
Deschampsia flexuosa 122
Deutsches Spitzried 188
Deutsches Weidelgras 142
Dichtährige Segge 164
Digitaria ischaemum 96
Digitaria sanguinalis 96
Dinkel 144
Draht-Schmiele 122
Draht-Segge 166
Dreiblatt-Binse 198
Dreispaltige Binse 198
Dreizack 210
Dreizahn 118
Duftendes Mariengras 120
Dünnährige Segge 174
Dünnstiel-Segge 186

Echinochloa crus-galli 98
Echte Hirse 100
Eiförmige Sumpfbinse 156
Einblütiges Perlgras 118
Einfacher Igelkolben 206
Einjähriges Rispengras 124
Einkorn 144
Eis-Segge 184
Eleocharis acicularis 156
Eleocharis multicaulis 156
Eleocharis ovata 156
Eleocharis palustris 156
(Eleocharis pauciflora) 156
Eleocharis quinqueflora 156
(Eleocharis soloniensis) 156
(Elymus arenarius) 148
Elymus caninus 146
(Elymus europaeus) 146
Elymus farctus 148
Elymus repens 146
(Elyna myosuroides) 158
(Elyna spicata) 158
Emerald Velvet 102
Emmer 144
Englischer Weizen 144
Englisches Raygras 142

Entferntährige Segge (164) 176
Eragrostis cilianensis 122
Eragrostis minor 122
Eragrostis pilosa 122
(Eragrostis poaeoides) 122
Erdmandel 190
Erd-Segge 180
Eriophorum angustifolium 192
Eriophorum gracile 192
Eriophorum latifolium 192
Eriophorum scheuchzeri 192
Eriophorum vaginatum 192
Espartogras 104

Faden-Binse 198
Fadenhirse 96
Faden-Segge 178
Fahnen-Hafer 114
Falten-Schwaden 128
Federgras 104
Feld-Hainsimse 204
Felsen-Straußgras 102
(Festuca) 128
Festuca altissima 134
Festuca amethystina 130
Festuca arundinacea 134
(Festuca elatior) 134
(Festuca fallax) 132
Festuca gigantea 134
Festuca heterophylla 132
Festuca nigrescens 132
Festuca ovina 130
Festuca pratensis 134
Festuca pulchella 130
Festuca pumila 130
Festuca rubra 132
Festuca rupicaprina 130
(Festuca sylvatica) 134
Festuca violacea 130
Festulolium loliaceum 142
Fieder-Zwenke 140
Fioringras 102
Finger-Segge 180
Flaches Quellried 162
Flaches Rispengras 126
Flatter-Binse 196
Flattergras 100
Flaum-Hafer 114
Flaumiger Wiesenhafer 114
Floh-Segge 158
Flug-Hafer 114
Flutender Schwaden 128
Französisches Raygras 112
Französische Segge 162
Fritschs Bergsegge 182
Frosch-Binse 202

Frühe Haferschmiele 110
Frühe Segge 160
Frühlings-Segge 182
Fuchsrote Borstenhirse 98
Fuchsrotes Quellried 162
Fuchsschwanzgras 154
Fuchsschwingel 104
Fuchs-Segge 164

Gämsen-Binse 198
Gämsen-Schwingel 130
Geknietes Fuchsschwanzgras 154
Gelbe Segge 176
Gelbliches Zypergras 190
Gerste 144, 150
Gewöhnliche Quecke 146
Gewöhnliche Simse 194
Gewöhnliche Simsenlilie 210
Gewöhnliche Strandsimse 190
Gewöhnliche Sumpfbinse 156
Gewöhnliche Teichsimse 194
Gewöhnlicher Salzschwaden 128
Gewöhnlicher Strandhafer 148
Gewöhnliches Rispengras 126
Gewöhnliches Ruchgras 116
Gewöhnliches Straußgras 102
Glanzfrüchtige Binse 200
Glanzgras 108
Glanz-Lieschgras 152
Glatthafer 112
Glieder-Binse 200
(Glyceria aquatica) 128
Glyceria fluitans 128
Glyceria maxima 128
Glyceria plicata 128
Gold-Bartgras 96
Goldhafer 112
Grannen-Ruchgras 116
Graue Segge 168
Graues Schillergras 110
Großes Liebesgras 122
Großes Zittergras 122
Grün-Fennich 98
Grüne Borstenhirse 98

Haargerste 146
Haar-Hainsimse 204
Haarsimse 188, 192
Haber 114
Hänge-Segge 174
Hafer 114
Haferschmiele 110

Haifagras 104
Hain-Rispengras 126
Hainsimse 204
Hartmans-Segge 172
Hart-Weizen 144
Hasenbrot 204
Hasenpfoten-Segge 160
Heide-Segge 182
(Heleocharis) 156
Helicotrichon pratense 114
Helicotrichon pubescens 114
Helicotrichon versicolor 114
Helm 148
Herbst-Rot-Schwingel 132
Hierochloe odorata 120
Hirse 100
Hirsen-Segge 180
Holcus lanatus 108
Holcus mollis 108
Honiggras 108
Hordelymus europaeus 146
Hordeum distichon 144
Hordeum jubatum 150
Hordeum marinum 150
Hordeum murinum 150
(Hordeum nodosum) 150
Hordeum secalinum 150
Hordeum vulgare 144
Horst-Segge 186
Hühnerhirse 98
Hunds-Quecke 146
Hunds-Straußgras 102
Hundszahn 96

Igelkolben 206
Igel-Segge 168
Immergrüne Segge 186
Indische Hühnerhirse 98
Isolepis setacea 194
Italienisches Raygras 142

Jacquins-Binse 198
Japanische Hühnerhirse 98
Juncus acutiflorus 200
(Juncus alpino-articulatus) 200
Juncus alpinus 200
Juncus articulatus 200
Juncus balticus 196
Juncus bufonius 202
Juncus bulbosus 200
Juncus capitatus 198
Juncus compressus 202
Juncus conglomeratus 196
Juncus effusus 196
Juncus filiformis 198
Juncus gerardii 202
(Juncus glaucus) 196
Juncus inflexus 196

Juncus jaquinii 198
(Juncus lampocarpus) 200
(Juncus litoralis) 196
Juncus maritimus 196
Juncus ranarius 202
Juncus squarrosus 198
(Juncus supinus) 200
Juncus tenuis 202
Juncus trifidus 198

Kalk-Blaugras 116
Kalmus 210
Kammgras 140
Kammschmiele 110
Kamm-Segge 162
Kanadisches Blaugras 126
Kanariengras 150
Kapuzengras 126
Kentucky Bluegrass 126
Klebgras 98
Kleine Gelb-Segge 176
Kleiner Rohrkolben 208
Kleines Liebesgras 122
Kleines Rispengras 124
Kleines Zittergras 122
Knäuel-Binse 196
Knäuelgras 108
Knick-Fuchsschwanzgras 154
Knollen-Binse 202
Knollen-Rispengras 124
Knolliges Lieschgras 152
Knoten-Binse 200
Knoten-Gerste 150
(Kobresia bellardii) 158
Kobresia myosuroides 158
(Koeleria gracilis) 110
Koeleria glauca 110
Koeleria macrantha 110
Koeleria pyramidata 110
Kolbenhirse 98
Kopf-Binse 198
Kopfried 188
Kriech-Quecke 146
Kröten-Binse 202
Kukuruz 96
Kurzährige Segge 186

Land-Reitgras 106
Langährige Segge 168
Leersia oryzoides 100
Lein-Lolch 142
Leymus arenarius 148
Liebesgras 122
Lieschgras 152
Lolch 142
(Lolium italicum) 142
Lolium multiflorum 142
Lolium perenne 142

221

Lolium remotum 142
Lolium temuletum 142
Luzula campestris 204
Luzula luzuloides 204
Luzula multiflora 204
(*Luzula nemorosa*) 204
Luzula pilosa 204
Luzula sylvatica 204

Mähnen-Gerste 150
Mais 96
Manna-Schwaden 128
Mariengras 120
Matten-Lieschgras 152
Mäuse-Gerste 150
Mäuseschwanz-Fuchsschwingel 104
Meersimse 190
Mehrzeil-Gerste 144
Melica ciliata 116
Melica nutans 118
Melica picta 118
Melica uniflora 118
Milium effusum 100
Molinia caerulea 120
Mont-Cenis-Rispengras 124
Moor-Blaugras 116
Moor-Segge 172
Moorsimse 194

Nacktried 158
Nadel-Sumpfbinse 156
Nardus stricta 142
Nelkenhafer 110
Nelken-Haferschmiele 110
Nelken-Segge 182
Nickendes Perlgras 118
Niedriger Schwingel 130
Nussried 190

(**P**anicum crus-galli) 98
(*Panicum glaucum*) 98
Panicum miliaceum 100
(*Panicum sanguinale*) 96
(*Panicum viride*) 98
Papyrusstaude 190
Perlgras 116, 118
Pfeifengras 120
Pfriemengras 104
(*Phalaris arundinacea*) 108
Phalaris canariensis 150
Phleum alpinum 152
Phleum arenarium 152
Phleum bertolonii 152
(*Phleum boehmeri*) 152
Phleum hirsutum 152
(*Phleum michelii*) 152
Phleum paniculatum 152
Phleum phleoides 152

Phleum pratense 152
Phragmites australis 120
(*Phragmites communis*) 120
Pillen-Segge 182
Plantago alpina 210
Plantago maritimum 210
Poa alpina 124
Poa angustifolia 126
Poa annua 124
Poa bulbosa 124
Poa cenisia 124
Poa chaixii 126
Poa compressa 126
Poa minor 124
Poa nemoralis 126
Poa palustris 126
Poa pratensis 126
Poa trivialis 126
Polnischer Weizen 144
Polster-Segge 186
Puccinellia distans 128
Puccinellia maritima 128
Pyramiden-Kammschmiele 110

Quecke 146, 148
Quellgras 120
Quellried 162

Rasenbinse 188, 192
Rasen-Haarsimse 188
Rasen-Schmiele 112
Rasen-Segge 170
Raue Segge 178
Rauer Wiesenhafer 114
Rau-Hafer 114
Raues Lieschgras 152
Raygras 112, 142
Reisquecke 100
Reitgras 106
Rhynchospora alba 188
Rhynchospora fusca 188
Riesen-Schwingel 134
Riesen-Segge 174
Rispengras 124, 126
Rispen-Hirse 100
Rispen-Lieschgras 152
Rispen-Segge 166
Roggen 144
Roggen-Trespe 138
Rohr 120
Rohr-Glanzgras 108
Rohrkolben 208
Rohr-Schwingel 134
Rostgelbes Fuchsschwanzgras 154
Rostrotes Kopfried 188
Rost-Segge 184
Rotes Straußgras 102

Rot-Schwingel 132
Ruchgras 116
Rundstiel-Segge 166

Saat-Hafer 114
Saat-Weizen 144
Salz-Binse 202
Salzschwaden 128
Salz-Teichsimse 194
Sand-Hafer 114
Sand-Lieschgras 152
Sand-Segge 162
Saum-Segge 176
Schaf-Schwingel 130
Schatten-Segge 182
Scheiden-Wollgras 192
Scheinzypergras-Segge 174
Scheuchzers Wollgras 192
Schilf 120
Schillergras 110
Schlängel-Schmiele 122
Schlamm-Segge 178
Schlanke Segge 170
Schlankes Wollgras 192
Schmalblättriger Rohrkolben 208
Schmalblättriges Wollgras 192
Schmiele 112, 122
Schnabelried 188
Schnabel-Segge 172
Schneide 190
Schneidried 190
Schoenoplectus lacustris 194
Schoenoplectus tabernaemontani 194
Schoenus ferrugineus 188
Schoenus nigricans 188
Schuppenfrüchtige Gelb-Segge 176
Schuppenried 158
Schuppensimse 194
Schwaden 128
Schwarze Segge 184
Schwarzes Kopfried 188
Schwarzschopf-Segge 166
Schwarzwerdender Rot-Schwingel 132
Schwingel 130, 132, 134
Schwingellolch 142
(*Scirpus cespitosus*) 188
(*Scirpus hudsonianus*) 192
(*Scirpus lacustris*) 194
(*Scirpus maritimus*) 190
Scirpus radicans 194
Scirpus sylvaticus 194
Sechszack 210
Secale cereale 144
Sechszeil-Gerste 144

Seebinse 194
Seegras-Segge 160
Segge 158–186
Seißendüwel 116
Sensendüwel 116
Sesleria albicans 116
Sesleria caerulea 116
(Sesleria uliginosa) 116
(Sesleria varia) 116
(Setaria glauca 98)
Setaria italica 98
Setaria pumila 98
Setaria verticillata 98
Setaria viridis 98
Shuttleworth-Rohrkolben 208
(Sieglingia decumbens) 118
Silbergras 110
Simse 194
Simsenlilie 210
Sonderbare Segge 166
Spanisches Gras 108
Sparganium emersum 206
Sparganium erectum 206
(Sparganium minimum) 206
Sparganium natans 206
(Sparganium ramosum) 206
(Sparganium simplex) 206
Sparrige Binse 198
Sparrige Segge 164
Spitzblütige Binse 200
Spitzried 188
Steife Segge 170
Steppen-Lieschgras 152
Stern-Segge 168
Stipa capillata 104
Stipa pennata 104
Stipa tenacissima 104
Strand-Binse 196
Strand-Dreizack 210
Strand-Gerste 150
Strandhafer 148
Strand-Quecke 148
Strandroggen 148
Strand-Salzschwaden 128
Strand-Segge 176
Strandsimse 190
Strand-Wegerich 210
Strandweizen 148
Straußgras 102
Süßgras 128
Sumpfbinse 156
Sumpf-Blaugras 116
Sumpf-Dreizack 210
Sumpf-Reitgras 106
Sumpf-Rispengras 126
Sumpf-Segge 172
Sumpf-Straußgras 102

Taube Trespe 136
Taumel-Lolch 142
Teichsimse 194
Timotheusgras 152
Tofieldia calyculata 210
Torf-Segge 158
Trauben-Trespe 138
Trauer-Segge 184
Trespe 136, 138
Trichophorum alpinum 192
Trichophorum cespitosum 188
Triglochin maritimum 210
Triglochin palustre 210
(Triodia decumbens) 118
Trisetum flavescens 112
Triticum aestivum 144
Triticum spelta 144
Triticum turgidum 144
Trügerischer Rot-Schwingel 132
Typha angustifolia 208
Typha gracilis 208
Typha latifolia 208
Typha minima 208
Typha shuttleworthii 208
(Typhoides arundinacea) 108

Ufer-Reitgras 106
Ufer-Segge 172
Unterbrochenährige Segge 164

Verschiedenblättriger Schwingel 132
Vielblütiger Lolch 142
Vielstängelige Sumpfbinse 156
Vierzeil-Gerste 144
Violetter Schwingel 130
Vogelfuß-Segge 180
Vogelhirse 98
Vulpia myuros 104

Wald-Binse 200
Wald-Flattergras 100
Waldgerste 146
Waldhaar-Segge 160
Wald-Hainsimse 204
Waldhirse 100
Wald-Knäuelgras 108
Wald-Reitgras 106
Wald-Rispengras 126
Waldsame 204
Wald-Schwingel 134
Wald-Segge 174
Wald-Simse 194
Wald-Trespe 136
Wald-Zwenke 140

Walzen-Segge 168
Wasser-Schwaden 128
Wegerich 210
Wegweisergras 126
Wehrlose Trespe 136
Weiche Trespe 138
Weiches Honiggras 108
Weidelgras 142
(Weingaertneria canescens) 110
Weiße Hainsimse 204
Weißes Schnabelried 188
Weißes Straußgras 102
Weiß-Segge 180
Weizen 144
Welschkorn 96
Westfälische Segge 164
Wiesen-Fuchsschwanzgras 154
Wiesenhafer 114
Wiesen-Knäuelgras 108
Wiesen-Lieschgras 152
Wiesen-Rispengras 126
Wiesen-Schwingel 134
Wiesen-Segge 170
Wiesen-Trespe 138
Wilder Reis 100
Wimper-Perlgras 116
Windhalm 104
Winkel-Segge 164
Wollgras 192
Wolliges Honiggras 108
Wolliges Reitgras 106
Wunder-Segge 166
Wurzelnde Simse 194

Zarte Binse 202
Zea mays 96
Zierliche Segge 170
Zierlicher Schwingel 130
Zierliches Schillergras 110
Zittergras 122
Zittergras-Segge 160
Zusammengedrückte Binse 202
Zusammengedrücktes Quellried 162
Zweihäusige Segge 158
Zweizeil-Gerste 144
Zweizeilige Segge 162
Zweizeiliges Rispengras 124
Zwenke 140
Zwerg-Igelkolben 206
Zwerg-Weizen 144
Zwiebel-Binse 200
Zwiebel-Wiesen-Lieschgras 152
Zypergras 190

223

KOSMOS.
Mehr wissen. Mehr erleben.

Über 1000 Arten

Ob Käfer, Schmetterlinge oder Hautflügler – in über 1400 Farbfotos werden die wichtigsten mitteleuropäischen Arten abgebildet. Alle Insektengruppen sind mit dem Kosmos-Farbcode schnell zu finden. Extra: die häufigsten Spinnentiere.

Dr. Heiko Bellmann |
Der neue Kosmos-Insektenführer
448 S., 1.454 Abb., €/D 24,90
ISBN 978-3-440-11924-2

Mit Raupen und Futterpflanzen

Schillernde Schmetterlinge, rätselhafte Raupen und formenreiche Futterpflanzen – doch wer gehört zu wem? Dieser Fotoführer vereint Falter, Raupen und Futterpflanzen in einem Band. Neben den häufigsten mitteleuropäischen Arten werden auch auffällige seltene und markante südeuropäische Falter berücksichtigt.

Dr. Heiko Bellmann |
Der neue Kosmos Schmetterlingsführer
448 S., 1.172 Abb., €/D 26,90
ISBN 978-3-440-11965-5

www.kosmos.de/natur

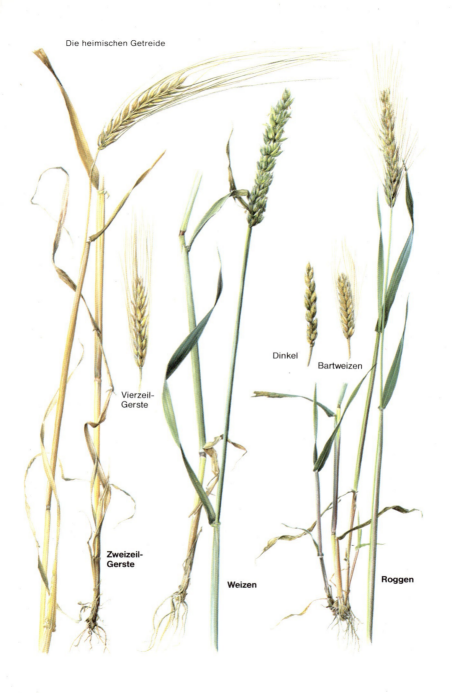